URBAN PRIOL

Was reg ich mich auf?!

URBAN PRIOL

WAS REG ICH MICH AUF

Ein Boomer holt aus

Mit Zeichnungen von Greser & Lenz

Lübbe LIFE

Die Bastei Lübbe AG verfolgt eine nachhaltige Buchproduktion. Wir verwenden Papiere aus nachhaltiger Forstwirtschaft und verzichten darauf, Bücher einzeln in Folie zu verpacken. Wir stellen unsere Bücher in Deutschland und Europa (EU) her und arbeiten mit den Druckereien kontinuierlich an einer positiven Ökobilanz.

MIX
Papier | Fördert gute Waldnutzung
FSC® C014496
FSC www.fsc.org

Originalausgabe

Co-Autorin: Dr. Navina Lamminger
Textredaktion: Dr. Matthias Auer, Bodman-Ludwigshafen
Illustrationen im Innenteil: Greser & Lenz
Umschlaggestaltung: Massimo Peter-Bille
Einband-/Umschlagmotiv: © michael palm; @palmpictures
Satz: hanseatenSatz-bremen, Bremen
Gesetzt aus der Adobe Garamond Pro
Druck und Verarbeitung: GGP Media GmbH, Pößneck

Printed in Germany
ISBN 978-3-431-07049-1

5 4 3 2 1

Sie finden uns im Internet unter luebbe-life.de
Bitte beachten Sie auch: lesejury.de

Für Giulia

Ein Wort vor dem Wort

Seit über 40 Jahren stehe ich nun auf der Bühne. Im Oktober 1982 ging es los, als ich damals, gemeinsam mit Helmut Kohl, anfing, Kabarett zu machen. Nach quälend langen 16 Jahren mit ihm wurde ich oft gefragt: »Herr Priol, was machen Sie denn jetzt, wo der Kohl weg ist?«

Ich sagte nur: »Och, kommt was anderes. Da gibt es genügend Stoff.«

Es kam Gerhard Schröder – und es gab genügend Stoff. Sieben Jahre dauerte es, bis sein Vorhang fiel. Wieder wurde ich gefragt: »Herr Priol, was machen Sie denn jetzt, wo der Schröder weg ist?«

Ich sagte wieder: »Och, kommt was anderes. Der Stoff geht uns nicht aus.«

Es kam Angela Merkel – und der Stoff ging uns wieder nicht aus. Erneut vergingen 16 lähmende Jahre. Nach ihrem längst überfälligen Abgang wurde ich natürlich wieder gefragt: »Was machen Sie denn jetzt, wo die Merkel weg ist.«

Und ich sagte wieder: »Och …«

Nun also die Ampel. Sollte ich nach ihrem Ende gefragt werden: »Herr Priol, jetzt, wo der Scholz weg ist, was machen Sie denn nun?«

Dann sage ich: »Weiter. Immer weiter.«

Ich hoffe sehr, dass mich beim »Immer weiter« meines kabarettistischen Wirkens eine Frau weiterhin so unterstützt, wie sie das in all den letzten Jahren tat: Frau Dr. (darauf legt sie so viel Wert wie ein Weißer Hai auf seinen abendlichen Snack, denn der Titel wurde ehrlich durch ihre eigene geistige Arbeit erworben und nicht aus einem CSU-Trödelshop herausgeramscht. Außerdem liebt sie Haie) Navina Lamminger. Sie ist als Dramaturgin meiner Bühnen- und Fernsehprogramme seit Langem meine kreativ-geistige Sparring-Partnerin und hat als Co-Autorin wesentlich zu diesem Buch beigetragen. Vielen Dank, liebe Navina, ohne dich wären die folgenden Seiten nicht möglich gewesen!

Prolog

Im Akropolis oder: Tempus fugit

»Yamas!«, prostete mir meine vor Erleichterung strahlende Co-Autorin zu. »Ein Hoch auf Corona!«, prostete ich zurück, als wir die Ouzo-Stamperl in der Taverne Akropolis in Konstanz hoben. Wir waren in entspannter Feierlaune: Schließlich hatten wir nach ausgiebiger und konzertierter Beratung beschlossen, den Abgabetermin für unser geplantes Buch, der uns ein bisschen auf den Magen gedrückt hatte, nach hinten zu verschieben. Uns mehr Zeit zu gönnen. Sechs Wochen schienen dann doch etwas knapp zu sein, um ein Buch zu verfassen, zumal ich mit den Nachwirkungen einer Corona-Erkrankung zu kämpfen hatte. Außerdem war das Wetter an diesem Frühfrühlingstag im März 2022 wirklich arg schön und verhieß einen traumhaften Frühling.

Gut, zugegeben, ursprünglich hatten wir mehr Zeit gehabt. Aber wie der Teufel es will, gab es immer andere wichtige Dinge zu erledigen.

»›Geist braucht die Gunst der Schschtunde‹, das wusste schon Shakespeare«, dozierte Navina zu späterer Stunde im Akropolis, mit erhobenem Zeigefinger, wenn auch sprachlich schon etwas unsicher, um unserem Aufschub eine weitere solide Begründung hinzuzufügen.

»So ist es! Yamas!«, pflichtete ich bei und bestellte bei der charmanten Kellnerin die nächste Runde. »Kein Druck!«, meinte ich: »Ich mache jetzt erst mal ein paar Tage nichts.«

Mein Gegenüber war leicht irritiert: »Aber das hast du doch gestern schon gemacht. Und vorgestern auch.«

»Na ja, ich bin eben nicht ganz fertig geworden mit dem Nichtstun …«

Oh, es war ein berauschender Abend mit Ouzo, Tsatsiki und griechischem Wein. Wie erleichtert wir waren: Der Abgabetermin lag wenig bedrohlich in weiter Ferne, und ein halbes Jahr schien eine Ewigkeit zu sein. Ja, ein halbes Jahr schien eine Ewigkeit zu sein, vor einem halben Jahr. Und nun, nach einem großartigen Sommer und mit genauso viel oder wenig Manuskript wie vor sechs Monaten, stehen wir da und fragen uns: »Wo nur, um Himmels willen, ist die Zeit geblieben?«

Respekt, los!

»Sagen sie mal, Herr Piroll, wie wird man eigentlich Kabarettist?«, das ist eine mir oft gestellte Frage. Nun, was mir als dafür nötiges Talent schon in die Wiege gelegt wurde, ist die absolut und vollständig fehlende Ehrfurcht vor Obrigkeiten und Autoritäten, seien sie nun kirchlicher oder weltlicher Art. Das brockte mir schon in meiner Jugend einigen Ärger ein.

Da war meine Aufmüpfigkeit im Unterricht beispielsweise, als deren Folge es unzählige Strafarbeiten hagelte. Nein, nicht Strafarbeiten, so durfte man sie im Zuge der sanften Pädagogik in den frühen 70er Jahren nicht mehr nennen, es waren »Übungsaufgaben«. Den Sinn der strafaufgabenbedingten Übung, fünfmal die Geschichte vom Fischer und seiner Frau abschreiben zu müssen, erschloss sich mir nicht. Nach dem dritten analog in voller Länge abgeschriebenen Text, einem analogen Copy & Paste gewissermaßen, sehnte ich mich nach dem zum Butt verzauberten Prinzen, um mit einem seufzenden »Manntje, Manntje« und irgendwas mit »in der See« und einer Frau namens Ilsebill, die nie das machte, was ihr Mann, ein passionierter Angler wollen willte. Oder willen wollte. Oder so ähnlich. Das immer wiederkehrende »Manntje, Manntje«-Flehen des Fischers ersetzte ich beim Abschreiben schon nach der ersten Kopierung durch ein »wdh« oder »siehe oben«, was mir nach Abgabe der Übungsaufgabe zur Strafe ein zwanzigmaliges Abschreiben des »Manntje, Manntje« einbrachte.

So ging sanfte Pädagogik in der Umsetzung der Ideale der 68er während der sozialliberalen Ära. Der freie Geist war allerdings in der Frühphase bei manch antiquiertem Leerkörper entweder noch nicht angekommen oder wurde von diesem schlicht ignoriert beziehungsweise bewusst verweigert. Seitdem esse ich, wann immer sich mir als Fischliebhaber die Gelegenheit bietet, bevorzugt einen Butt und spreche vor dem Verspeisen in einer Art Tischgebet: »Manntje, Manntje, Timpe Te, Buttje, Buttje in der See. Mine Fru die Ilsebill will nich so, as ik wohl will. Amen!«

Danach schmeckt mir der Plattfisch besonders gut, gerade, wenn ich daran denke, wie viele Tage ich wohl damit hätte verbringen müssen, den *Butt* von Günter Grass als Übungsaufgabe abschreiben zu müssen …

Nach dem Abitur 1980 folgte die nächste obrigkeitliche Herausforderung: die Bundeswehr. Irgendetwas in mir weigerte sich, kaum war ich als Sanitätssoldat zur Grundausbildung angetreten, die seltsamen Zeichen auf den Schulterklappen der Vorgesetzten, also die Portepees der Offiziere, auswendig zu lernen, um die sie Tragenden standes- und ordnungsgemäß begrüßen zu können. Eichenlaub und quergestellte Quadrate, silber- oder goldfarbene Hieroglyphen, je nach Anzahl oder Winkel waren es wohl Unter- oder Ober- oder Stabsoffiziere beziehungsweise Majore, Hauptmänner, Obristen oder Generale, aber all das zu lernen war mir zu blöd, ich begrüßte sie im Kasernenalltag stets höflich mit einem donnernden »Guten Morgen!«, was natürlich, wie ich erfahren durfte, ein Kardinalfehler war und mir genauso viele Rügen einbrachte wie die Respektlosigkeit während meiner Schulzeit. Was hätte ich aber auch machen sollen, wenn mir ein hochaufgeschossener Offizier entgegenkam, von dem ich gar nicht wissen konnte, welchen Dienstgrad er besaß? Ihn bitten, sich etwas zu bücken, damit ich erspähen konnte, was er auf seinen Schulterklappen trug, deren Sinn zu verstehen ich mich ohnehin weigerte?

Nach der Grundausbildung im westerwaldhinterwäldlerischen Rennerod wurde ich als Truppenarztschreiber in eine Sanitätseinheit in Stadtallendorf versetzt, eine dörfliche Schönheit in Nordhessen. Die Aufgabe des Truppenarztschreibers bestand darin, das aufzuschreiben, was der Truppenarzt in der Schreibstube als Befund des truppenärztlich untersuchten Patienten, also Rekruten, dem Truppenarztschreiber diktierte. Natürlich hatte auch der Truppenarzt einen Dienstgrad, den er auf der Schulter trug. »Dr. Truppenarzthauptmann« oder so ähnlich.

Zehn Stunden Truppenarztschreiberdasein in der Truppenarztschreiberstube konnten bei zwei zu beschreibenden Rekrutenpatientenbefunden täglich sehr langweilig sein. Kein Problem, dachte ich mir, ich nehme mir ein Buch, beispielsweise *Doktor Schiwago*, und schmökere einfach in der freien Zeit fröhlich vor mich hin. Dachte ich. Schon kam die nächste Rüge: Das Lesen fachfremder Literatur während der Dienstzeit war verboten. Bleistifte zu spitzen und Dienstvorschriften auswendig zu lernen war hingegen erlaubt.

Während der 20-minütigen Frühstückspause im Aufenthaltsraum durfte man auch lesen. Eines Morgens saß ich da und blätterte im *Spiegel*, las über die bevorstehende Reagan'sche Aufrüstungsorgie in den USA und dachte mir: Du musst hier weg. Ich blätterte versonnen, als plötzlich ein olivgrünes Männlein im Türrahmen stand, das, wie sich herausstellen sollte, der Standortkommandeur auf Kontrollgang war. Ich nahm ihn kurz zur Kenntnis, nickte ihm freundlich zu und begrüßte ihn mit: »Guten Morgen!«

Schlagartig wurde mir klar, dass die höflich-joviale Begrüßung keine gute Idee war. Sein Gesicht nahm eine dunkelrote Färbung an, seine Halsschlagadern begannen wild zu pulsieren, bevor es aus ihm dezibeldonnernd herausquoll: »Nehmen Sie Haltung an, Mann! Begrüßen Sie mich gefälligst standesgemäß! Wissen Sie nicht, wer ich bin?!«

Als Erstes deutete er auf sein aufgesticktes Namensschild, ich entzifferte etwas, das für mich wie »Mömmelmann« oder »Mümmelmann« aussah, was mich schon wieder zum inneren Grinsen brachte. Dann beugte er sich kurz herab und tippte auf seine Schulterklappe. Da war viel Lametta. In Gold. In diesem Moment hätte ich gern einen Telefonjoker gehabt. Ich riet einfach den Dienstgrad, natürlich lag ich falsch, und wurde donnernd aus einer mittlerweile ins Dunkelviolette changierenden Standortkommandeursvisage eines Besseren belehrt: »Wenn jemand wie ich, auch in Ihrer Pause, den Raum betritt, dann haben Sie aufzustehen, Haltung einzunehmen und ordnungsgemäß zu grüßen! Der Gruß, Hand an die Schläfe, ist in jeder nur erdenklichen Situation auszuführen!«

»Jawoll, Herr Standortkommandeur!«, antwortete ich. Damit zeigte er sich zufrieden und zog grummelnd-grunzend ab. Die Gelegenheit zur Rache sollte einige Tage später kommen, als mir mein Truppenarzt mitteilte, der Standortkommandeur komme heute vorbei, da solle außer ihm niemand zugegen sein, er werde mich wieder hereinrufen, wenn die Untersuchung vorbei sei.

»Was hat er denn?«, fragte ich neugierig. Ach, nur das Übliche, meinte der Truppenarzt. Blutbild, Urin und so. Ich legte mich auf die Lauer. Der Standortkommandeur entschwand in die Sanitätseinheitstoilette, um einen Plastikbecher mit seinem Urin zu befüllen, kaum wollte er über den Flur in das Untersuchungszimmer entschwinden, sprang ich hinter der mich bis dahin verbergenden Türzarge hervor, machte Männchen und begrüßte ihn pflichtgemäß, rechte Hand an der Schläfe: »Guten Morgen, Herr Standortkommandeur!«

Ob er nun Oberstleutnant oder Generalmajor war, das wusste ich immer noch nicht, aber er musste seinen uringefüllten Plastikbecher von der rechten in die linke Hand manövrieren, um ordnungsgemäß mit der Hand an seiner Schläfe zurückgrüßen zu können. In tarnolivfarbener Ganzkörperunterwäsche. Welch eine Genugtuung für sein Gepumpe im frühstücklichen Aufenthaltsraum!

Mir war klar, dass meiner militärischen Laufbahn keine große Zukunft beschieden war, und so verweigerte ich nach drei gähnend langweiligen Wochen als Truppenarztschreiber den Kriegsdienst. Kaum einer aus dem Freundeskreis verstand das, meinten doch alle, Sani, das sei doch der coolste Job bei der Bundeswehr überhaupt. Aber ich wollte nicht mehr. Zu viele Widersprüche, der Kalte Krieg, die atomare Aufrüstung, der Kadavergehorsam – das war nichts für mich.

Nach erfolgreich bestandener Gewissensprüfung begann ich meinen Zivildienst beim Malteser Hilfsdienst in Aschaffenburg. Offizielle Bezeichnung: »Rettungshelfer«. Also Fahrer oder Beifahrer auf einem Rettungswagen. Bevor die spannende Zeit beginnen konnte, musste ich einen 14-tägigen Schulungskurs in Passau absolvieren. Verblüfft blickte ich dort den Getränkeautomaten an, der im Wesentlichen mit den verschiedensten Biersorten bestückt war, an denen sich die Krankenwagenbesatzungen in der Mittagspause genüsslich labten. Klar, zu dieser Zeit galt Bier in Bayern noch als Grundnahrungsmittel. Gewissermaßen eine leichte Droge. Wohl eher eine Einstiegsdroge.

Der leichtfertige Umgang mit Alkohol sollte mir bei einem späteren Rettungseinsatz gewahr werden. Morgens um halb sieben wurden wir zu einem Arbeitsunfall in ein nahe gelegenes Werk gerufen, in dem eine neue Montagehalle entstehen sollte. Eine Betonplatte war auf den Unterschenkel eines Mitarbeiters gestürzt. Der Notarzt stellte beim Verunglückten Alkoholgeruch fest, die Platte war mangelhaft befestigt, der Plattenbefestiger zeigte ebenfalls deutliche Ausfallerscheinungen, ebenso wie der Kranführer, der die Platte seinem Bestimmungsort hätte zuführen sollen. Seitdem hat sich im Arbeitsschutz doch einiges verändert …

Bevor ich meinen täglichen Dienst im Rettungswagen antreten konnte, stand noch ein Praktikum in einer privaten Klinik an. Zivildienstleistende waren dort sehr begehrt, da man die unangenehmen Arbeiten auf sie abwälzen konnte. Bettpfannen ausleeren und Betten neu beziehen waren für den späteren täglichen Rettungsalltag aber eher weniger hilfreich.

Um neun Uhr morgens gab es eine 20-minütige Frühstückspause. Am ersten Tag stellte ich mich kurz vor und schnappte mir ein Brötchen. Mich trafen verwunderte Blicke der mich umringenden Krankenschwestern. Ich wurde barsch darauf hingewiesen, dass man mit dem Frühstück erst dann beginnen dürfe, wenn die Oberschwester zugegen war, um die Frühstückstafel zu eröffnen. Strenge Regeln. Ich wartete und hoffte, dass sie nicht auch Schulterklappen trug und ich ihren Dienstrang bestimmen müsste.

Einige Tage später, ich verzichtete meist auf das straff geführte Frühstücksregiment, begegnete ich auf dem Flur dem Chefarzt. Ich passierte ihn, nickte freundlich und wünschte einen »Guten Morgen«. Doch ich kam nicht weit. Ein scharfer Pfiff ließ mich anhalten, ich drehte mich um und sah den mich zu ihm zitierenden Finger des Halbgottes in Weiß. Er belehrte mich: »Wenn Sie in diesem Haus dem Chefarzt begegnen, dann haben Sie gefälligst stehenzubleiben, Haltung anzunehmen und ordnungsgemäß zu grüßen: ›Guten Morgen, Herr Doktor Chefarzt!‹ – haben wir uns verstanden?«

Mir dämmerte, dass der militärische Kommisston wohl

auch außerhalb der Bundeswehr üblich zu sein schien. Ich erwiderte, dass ich die Truppe in der Hoffnung verlassen hätte, einen weniger autoritär-hierarchischen Umgangston bei der täglichen Arbeit zu finden. Er beschied mich knapp: »Wissen Sie, junger Mann, ich habe gewisse Kategorien, nach denen ich Menschen beurteile: An drittletzter Stelle kommen für mich die Alkoholabhängigen, an vorletzter Stelle die Rauschgiftsüchtigen und an letzter Stelle die Kriegsdienstverweigerer. Guten Tag!«

Da fiel selbst mir nichts mehr ein, und ich machte mich sogleich ans Säubern der Bettpfannen.

Fröhlicher Fatalismus

Nach dem Zivildienst begann ich, Englisch und Geschichte auf Lehramt zu studieren, dazu Russisch im Nebenfach, denn schon in der Schule hatten mich Sprachen sehr interessiert. Erste Klasse Gymnasium, los ging es mit Latein. Humanistische Ausbildung. In den ersten Tagen hatten wir noch keine Ahnung davon, wie schwierig dieses blöde Latein noch werden sollte. Am Anfang stand der zu lernende Satz: »Puella saltat.« Ein Mädchen, das tanzt. Easy, dachten wir da noch. Wenn das so weitergeht mit dem Lateinischen, wovor hatten die alle eigentlich immer solch eine Angst, von wegen: »Oh ja, Latein, da wirst du erst mal sehen, wie schön es doch in der Volksschule war.« Hm.

»Puella saltat.« Na und? Okay, danach kamen dann Gerundium und Gerundivum, Futur II, Partizip Präsens Passiv,

Plusquamperfekt und diverse andere Scheußlichkeiten hinzu. Aber beim tanzenden Mädchen wussten wir das ja noch nicht. So lateinisch gestählt konnten wir die anderen zu erlernenden Fremdsprachen gelassen-fröhlich in Angriff nehmen: Im Ernst Klett Verlag ereilte uns in der 7. Klasse zunächst einmal Englisch. Es gab die Wahlmöglichkeiten, das Buch auf Leihe aus der Lernmittelfreiheit der Schulbibliothek oder im freien Verkauf zu erwerben. Natürlich gab es nur einige wenige Exemplare in der Schulbibliothek, weshalb die Möglichkeiten der Lernmittelfreiheit recht rasch erschöpft waren. So bescherte man dem Ernst Klett Verlag gezwungenermaßen einen kleinen Zuschuss.

Im Englischen tanzte zu Beginn zwar kein Mädchen, also keine Puella, die erste Übung hatte aber trotzdem mit einer jungen Frau zu tun. Sie hieß Maud. Und Maud hatte einen Hund. Das erschloss sich uns aus dem ersten Übungssatz, zumal Hund und Mädchen im Bild über dem Übungssatz zu sehen waren. Das war im Grunde ähnlich einfach wie das tanzende Mädchen im Lateinischen. Bevor es mit dem Erlernen des »Ti-Äidsch« für manche in noch ungeahnte Abgründe gehen sollte. »Here comes Maud. Maud has a dog.« Da hatten wir schon was gelernt. Eine Maud, die des Weges kam und die sogar noch einen Hund besaß. Jahrzehnte später kam ein bayerischer Hund des Weges und wollte uns die Maut bringen. Unsere Maud hatte im Übrigen nicht nur einen Hund, sie hatte auch noch ein Fenster, das sie sogar zu öffnen imstande war. Denn der zweite Lernsatz lautete: »Look, a window. Maud opens a window.«

Danach kam, in der 9. Klasse, Französisch dazu. Das theoretische Erlernen der Sprache war verbunden mit einem späteren Schüleraustausch bei Gasteltern in Frankreich – für die Völkerverständigung. Das wollten seit 1963 Adenauer und de Gaulle im Élysée-Vertrag, der gerade erst sein 60-jähriges Jubiläum hatte. Also sollten wir Frankreich, den ehemaligen Erbfeind, jetzt mögen. In den Études Francaises, unserer gymnasialen Lernlektüre, wurde uns allerdings nicht unbedingt Appetit auf unser Nachbarland gemacht. Die uns im Buch begrüßenden Gasteltern, Madame und Monsieur Leroc, waren stets schlecht gelaunt, was sicherlich darin begründet lag, dass Familie Leroc aus der Normandie stammte und das Wetter dort immer schlecht war. Ich kann mich jedenfalls nur an Pfützen im Lehrbuch erinnern. Jahrzehnte später sah ich den großartigen Film *Willkommen bei den Sch'tis* und wusste sofort: Genauso wie im Schulbuch damals, wie in den Études. Immer hat es geregnet, also, zumindest in den ersten Übungssätzen. Während bei uns Sommer, Freibad, Frohsinn und Baggersee angesagt waren.

Was sollte das dann für ein Anreiz sein, nach Frankreich zu reisen, bei den Verheißungen: »Il pleût. La rue est grise et triste. Monsieur Leroc porte son imperméable. Madame Leroc porte son parapluie.« Das war das erste Bild, das wir von unserem Schüleraustauschland hatten: Es ist grau. Es regnet. Monsieur Leroc trägt einen hässlichen Übergangsmantel, und seine Frau trägt ihm seinen Regenschirm hinterher. Und dann wurde er natürlich auch noch krank: »Monsieur Leroc est au lit. Il est malade.« Die arme Socke. »Il a la grippe. Madame Leroc arrive. Elle apporte une lettre et des journaux.« Wie ein Hündchen apportiert sie ihm Brief und Zeitungen, nachdem sie seinen Regenschirm noch brav in den Ständer gestellt hatte? Da waren damals schon die Mädchen in unserer Klasse auf den Zinnen.

Nach den Études Francaises und der *Grammar School English* wurde ich dann zu Beginn meines Russisch-Studiums am Institut für Slawistik gleich mit der Lebensrealität konfrontiert. Im russischen *Lehrbuch für Anfänger* lautete der erste zu lernende Übungssatz zwischen den orangefarben gehaltenen

Buchdeckelseiten: »Eto Anna. Anna kranovtschik po perevodi.« Unter der karikaturhaft vor einem Plattenbau festgehaltenen drallen, in einem übergroßen Overall steckenden Mannsfrau stand die Übersetzung, das, worauf es wohl im erweiterten Arbeiter- und Bauernparadies ankam: »Das ist Anna. Anna ist Kranführerin.« Das war weit weg von der heimeligen Maud-Hund-Fenster-Welt und der Familie Leroc mit der sich für ihren Mann aufopfernden Gattin.

Trotzdem blieb ich bei meinem Russisch-Studium. Zumindest vorübergehend. Zuvor hatte ich mich für das Fach Geografie eingeschrieben, doch merkte ich recht schnell, dass ich dort nicht alt werden würde. Ich erinnere mich noch genau, wie ich in der Vorlesung »Einführung in die Geografie« saß. Der Professor, der mit seiner schneidigen Cordkniebundhose und dem Karohemd aussah, als hätte er gerade den Watzmann bestiegen, begrüßte uns verschüchterte Erstsemester mit den Worten:

»Guten Morgen! Ich bin irritiert. Was, bitte, machen die ganzen Frauen hier? Verehrte Damen! Warum wollen Sie in der Erde rumwühlen und sich Ihre Finger schmutzig machen? Das ist Männerarbeit. Nutzen Sie doch besser Ihre Talente sinnvoll. Bleiben Sie zu Hause, kümmern Sie sich um den Nachwuchs, und kochen Sie etwas Schönes!«

Als wir mit unserem Professor auf Exkursion im Werdenfelser Land waren – der praktische Teil eines Proseminars –, kündigte er am Abend an, dass wir am nächsten Morgen um halb fünf unseren Tag starten würden. Halb fünf! Keiner von uns nahm ihn ernst, immerhin hatte er mit uns Becher um Becher gezecht und dabei eine erstaunliche Trinkfestigkeit an den Tag, also besser gesagt an die Nacht gelegt. Entspannt krochen wir, ordentlich angeheitert, nachts um eins in unsere Zelte, in der festen Überzeugung, morgens nicht allzu früh aufstehen zu müssen. Welch ein Irrtum! Wir hatten die Rechnung ohne unseren Professor gemacht. Punkt halb fünf stand er, gewaschen, rasiert und angezogen, vor unseren Zelten mit einer Trompete und weckte uns mit den Worten: »Auf, auf, ihr Hasen, hört ihr nicht die Tagwacht blasen!«

Während sich die Mehrheit mit »Hase« angesprochen fühlte und sich verschlafen aus ihren Zelten schälte, drehten sich einige wenige einfach wieder um und pfiffen auf den Spinner. Was Professor Eisenherz natürlich mit aller Härte bestrafte. »Disziplin hat oberste Priorität. Und die haben Sie, verehrte Herrschaften, offensichtlich nicht. Packen Sie Ihre Sachen, und fahren Sie nach Hause. Den Schein können Sie selbstverständlich vergessen.«

Schon wieder wurde klar: Auch das war kein Ambiente, in dem ich gedeihen würde. So sattelte ich bereits nach einem Semester auf Lehramt um, auch wenn mir von allen prophezeit wurde: »Um Gottes willen, warum willst du Lehrer werden? Damit findest du niemals nie einen Job, da landest du eh auf der Straße, da brauchst du auch gar nicht studieren. Lern lieber was Gescheites.«

Komisch, entgegen aller Schwarzmalerei waren wenige Jahre später Lehrer begehrt wie nie zuvor. Kein Wunder, dass es zu einem Mangel kam – von uns ergriff tatsächlich fast niemand den Lehrberuf. Während der eine die Knopffabrik seiner Eltern übernahm, tauchte die andere in die Tiefkühltortendynastie ihrer Familie ein, eine weitere wurde erfolgreiche Tantra-Masseurin. Die gleiche düstere, jobarme Zukunft wurde kurz darauf BWLern und Ingenieuren vorhergesagt – wenig später waren sie gesuchte Mangelware. Sollte ich der Jugend einen Tipp geben dürfen, dann den: Studiert das, von dem man euch prophezeit, dass ihr damit garantiert keinen Job finden werdet – damit seid ihr immer auf der sicheren Seite.

Aber, mal ganz ehrlich, das Studium damals kann man mit dem heutigen auch wirklich nicht vergleichen. Das waren schon andere Zeiten, in den Achtzigern, vor der auf Effizienz getrimmten Bologna-Reform. Eine tolle Idee, mit der man Anfang der Nullerjahre das Hochschulwesen revolutionieren wollte. Gefördert und gepusht von der Bundesbildungsministerin Annette Schavan (CDU), deren Chefin die Bildung zu ihrer ellenlangen Liste von »Chefsachen« hinzugefügt hatte, die allesamt scheitern sollten. Bologna, gepaart mit der »Exzellenzinitiative«, ein Meisterwerk einer selbsternannten Mastermindin, die 2012 stolz verkündete: »Bologna ist eine europäische Erfolgsgeschichte!«

Diese Meinung hatte Frau Schavan exklusiv für sich. Alte Abschlüsse wie Magister und Diplom wichen dem Bachelor, der schon nach sechs Semestern Turbo-Studium zu erreichen war. In drei Jahren. Nach dieser Zeit wussten wir an der Uni gerade mal, welche Mittel- und Hauptseminare wir belegen wollten. Zuvor war Frau Schavan schon eine glühende Verfechterin des »Turbo-Abiturs« gewesen, der völlig überhastet und unbedacht eingeführten verkürzten Gymnasialzeit, die die zu Beschulenden schon nach der 12. Klasse zur Hochschulreife führen sollte. Eine »Erfolgsgeschichte«, die nach wenigen Jahren wieder klammheimlich beerdigt wurde, von G8 wurde wieder auf G9 umgestellt. Unzählige G8-Versuchskaninchen werden es ihr gedankt haben.

Unsere Bologna-Effizienz damals konnte sich sehen lassen: Unser Leibgericht in der WG waren »Spaghetti à la Bolognese«, wenn es schneller gehen musste, auch gern mal die Fertigpackung Mirácoli von Kraft. So gestärkt hauten wir uns in verrauchten Kneipen die Nächte mit reichlich Bier und endlosen Diskussionen um die Ohren, flirteten mit Helga, Gabi, Elke und wie sie sonst noch alle hießen und hingen morgens übernächtigt um elf in der ersten Vorlesung. Trotzdem oder auch gerade deswegen eigneten wir uns gewisse Fähigkeiten an. Argumentieren beispielsweise. Denken. Wissenslücken schauspielerisch gekonnt kaschieren, eine Fähigkeit, die man heute bei manch einer politischen Führungskraft wiederfindet: sicheres Auftreten bei völliger Ahnungslosigkeit. Und Flirten, das lernten wir eben auch.

In Amerika regierte damals Ronald Reagan, an dem man sehen konnte, dass eine fundierte schauspielerische Ausbildung nicht von Nachteil ist, wenn man ein Amt bekleidet, in dem man seinem Publikum rund um die Uhr etwas vorspielen muss, um es bei Laune zu halten. Reagan, der durch cineastische Highlights wie *Bedtime for Bonzo* aufgefallen war, ein Film, in dem ein neben ihm agierender Schimpanse dessen Talent bei Weitem übertraf, sorgte auch als Präsident für unvergessene Momente. So etwa, als er in einer Pressekonferenz aus Jux ankündigte: »Die Bombardierung Russlands beginnt in fünf Minuten!«

Welch ein Glück, dass es damals noch keine sozialen Medien gab, weil Bill Gates noch mit der Anmietung einer passenden Garage für sein – heute würde man sagen – »Start-up« beschäftigt war.

Ronald Reagan, der POTUS, kurz für »President of the United States« – was für ein Name für den mächtigsten Mann der Welt. Die noch mächtigere Frau dahinter, Nancy, die ihm wie Madame Leroc alles Mögliche hinterhertragen musste, heißt im Amtsterminus FLOTUS, also »First Lady of the United States«. Potus & Flotus – das klingt doch nicht staatsmännisch. Das hat eher etwas von »Lolek & Bolek«, »Pat & Patachon« oder »Tim & Struppi«.

Uns prägte in dieser Zeit ein gewisser fröhlicher Fatalismus. Das Damoklesschwert einer möglichen atomaren Eskalation schwebte beständig über uns. Das wiederum machte uns das Studium leichter. Wir waren entspannt, weil uns allen klar war: Egal, was wir machen – die Welt geht sowieso unter. Wahrscheinlich schmeißt der Reagan die Atombombe, dann muss der Russe sich wehren und schmeißt sie auch. Auf uns, natürlich. Wir sahen uns, der Begriff war noch nicht erfunden, schon als eine Art »Letzte Generation«. »No future«, keine Zukunft, das war unsere Grundhaltung. Nicht nur wegen der Atombombe.

Es regnet? Oh, Gott, ja, und zwar sauer. Heute regnet es gar nicht mehr, dafür war in den 80ern der Regen sauer und hat dafür gesorgt, dass der Wald stirbt; den es seltsamerweise in Teilen dennoch heute noch gibt. Dafür sind heute vier von fünf Bäumen krank, weil der Wald sauer ist, dass es nicht mehr regnet, und die Dürre den Borkenkäfer explosionsartig sich vermehren lässt. Für uns war damals klar: Der Wald wird sauer und stirbt, und dann machen die gestorbenen Robben das Ozonloch über Tschernobyl so groß, dass uns der Himmel auf den Kopf fällt. Warum also sollten wir uns da morgens um acht an der Uni in eine Vorlesung quälen?

Außerdem, sollte die Welt wider Erwarten doch nicht untergehen und ich als ehemaliger Langzeitstudent später tatsächlich keinen Job finden, hatte ich einen Plan B: Ich würde Taxi fahren. Um meinen Lebensunterhalt zu bestreiten, hatte ich damit schon parallel zu meinem Studium begonnen.

Vom Taxi zur Bühne

»Zentrale Löhergraben Acht« – »Fünfnull Stand Freihof«, antwortete ich. »Fünfnull fährt«, quäkte es mir an einem Oktobertag 1982 aus dem Lautsprecher meines Taxis entgegen. Ich wollte gerade den Rückwärtsgang in meinem Mercedes 240 Diesel einlegen, als aus dem Radio eine Meldung knarzte, die mich schockerstarrt innehalten ließ. Wie angefroren krampfte sich meine Faust um den schmucklosen Knauf der automatischen Schaltkulisse: Bundeskanzler Helmut Schmidt war durch ein Misstrauensvotum gestürzt worden, der neue Kanzler hieß Helmut Kohl. Ausgerechnet Birne. Damit war die 13 Jahre währende sozialliberale Ära zu Ende.

Nicht, dass der von der FDP-Clique um Genscher weggeputschte Helmut Schmidt für uns die große Offenbarung gewesen wäre, im Gegenteil. Mit hunderttausend Gleichgesinnten gingen wir gegen dessen Politik 1981 auf die Straße, vehement wetternd und Parolen schmetternd gegen Aufrüstung und den Nato-Doppelbeschluss. Wie irre, dass wir uns heute, 40 Jahre später, wieder in einem Konflikt mit Russland befinden. Wobei es einen großen Unterschied gibt zu früher. Damals war das Böse für uns der Westen. Wir skandierten »Ami go home«, »Petting statt Pershing« und »Sonne statt Reagan«. Der *Spiegel* druckte auf dem Cover ein Bild von Ronald Reagan mit Reißzähnen, die wie Atomraketen aussahen. Und heute? Hockt der Feind im Osten. Nie, nie, nie hätte ich gedacht, dass ich meinem politisch stark nach rechts tendierenden Ausbilder bei der Bundeswehr einmal recht geben müsste, der im »Staatsbürgerlichen Unterricht« polterte: »Poldaten, der Ruppe itter Peind.« Man muss wissen, er konnte kein »s« sprechen.

Nun also Kohl. Der Schock saß tief, aber die Pflicht rief, ich musste ja meinen Fahrgast abholen. Wie ich die wenigen hundert Meter zum Löhergraben Acht zurücklegte, ist mir noch heute ein Rätsel, doch irgendwie kam ich an. Dort erwartete mich bereits ungeduldig eine in einen beigefarbenen Blazer gehüllte, mit Schulterpolstern zu einem imposanten Kasten aufgebaute ältere Dame, deren Haare zu einer nicht besonders modernen, aber sicherlich pflegeleichten Kurzhaarfrisur getrimmt waren.

»Endlich sind Sie da!«, schnaubte sie mir entgegen. Ich entschuldigte mich pflichtbewusst, obwohl ich doch eigentlich gar nichts falsch gemacht hatte, und stammelte etwas von herumlaufenden Birnen auf dem Freihof. So bin ich, so war ich schon immer. Macht mir eine Frau einen Vorwurf, fühle ich mich sogleich schuldig. Egal, wie wenig berechtigt oder weit hergeholt dieser Vorwurf auch sein mag – ich frage mich sofort, was ICH falsch gemacht habe, und auch, wenn mir überhaupt nichts einfällt, was ich falsch gemacht haben könnte, bin ich mir trotzdem ganz sicher, dass ich etwas falsch gemacht habe. In einer späteren Beziehung habe ich mir mal ein T-Shirt bedrucken lassen: »Schuldiger der Woche«.

Ich habe eine Art vorprogrammiertes schlechtes Gewissen, den sogenannten »Priol'schen Reflex«, der automatisch anspringt, sobald mich eine Frau wegen irgendetwas angeht. Manchmal reicht da schon ein gekränkter Blick oder die schnippische Antwort auf die Frage: »Ist irgendetwas?« – »Nein, es ist nichts.« Dieser spontane Schuldkomplex, den habe ich nur bei Frauen, bei Männern fehlt er mir. Irgendwas muss da in meiner Kindheit gewesen sein, mit meiner Mutter oder dem Meerschweinchen, das ich mit irgendetwas Falschem gefüttert habe, oder den Hamstern, denen ich im Frühling auf dem Rasen im Garten ein bisschen Natur gönnen wollte, die aber danach verschwunden waren, weil sie sich, dank des fehlenden Käfigbodens, nicht am satten Rasengrün labten, sondern sich durch dieses in die Freiheit gebohrt hatten. Oder lag das mit dem Schuldkomplex vielleicht an … ach, was weiß ich. Meine Schulddrüsenüberfunktion ist jedenfalls allzeit aktiviert.

Im Taxi hatte es sich die silbergrauviolett (eine beliebte Haarfarbe damals) ondulierte Dame gerade auf der Rückbank bequem gemacht, als es auch schon aus ihr herausplatzte: »Haben Sie gehört, der Helmut Kohl ist neuer Kanzler.« Mir entfuhr ein knarzendes »Ja … hab ich.«

»Gott sei Dank sind wir diese langhaarigen linken Terroristen mit dem Helmut Schmidt endlich los, gell? Jetzt wird alles besser. Obwohl, um den Schmidt ist's eigentlich schon schad. Aber der war halt einfach in der falschen Partei.«

So. Das war das Sahnehäubchen auf der Hiobsbotschaft. Oder der berühmte Tropfen, der das Fass zum Überlaufen brachte. Meine Hände verkrampften sich am ausladenden Lenkrad, bis die Knöchel weiß hervortraten. Da geriet etwas in mir in Bewegung.

Politische Sauereien, wie der Genscher-Lambsdorff-Putsch, hatten mich bereits als junger Mensch auf die Palme gebracht. Was mich dabei immer wurmte, war meine Machtlosigkeit, das Gefühl, nichts oder zumindest wenig bewirken zu können. Doch ich erkannte bereits früh, dass ich eine Waffe, ein Talent besaß: Ich war der geborene Hofnarr. Das zeigte sich schon in der Schule, insbesondere beim Sportunterricht. Hochsprung beispielsweise. Furchtbar. Einmal rammte sich mir die Eisenstange, über die es zu springen galt, schmerzhaft ins Kreuz. Mein Turnlehrer versuchte noch, mich mit einer Art frühzeitlichen Negativmotivation anzuspornen: »Kommst auf Latte, kriegst schon Finf!« Ich lief dann immer an der zu überspringenden Eisenstange vorbei, in der Hoffnung, ihn so austricksen zu können, da ich die Latte ja nicht berührte. Hat mir im Zeugnis aber nichts gebracht. Ich war der Einzige mit einer Sechs. Später stand dort nur noch: »Hat teilgenommen«. Während andere schon den »Fosbury« sprangen, blieb ich der Flop.

Und auch sonst: Ich war immer schlecht in Sport. Bis heute. Stellt sich mir auf einer Radtour ein Hügel in den Weg, fahre ich lieber einen zehn Kilometer langen Umweg, als dass ich mich der unsinnigen Quälerei des Hochfahrens stelle. Auch mein heißgeliebtes E-Bike hat im Grunde daran wenig geändert.

Schon damals konnte ich also mit meiner sportlichen Leistung meine Mitschüler und vor allen Dingen meine Mitschülerinnen nicht wirklich beeindrucken. Daher musste ich mich auf anderen Feldern beweisen. Humor konnte ich. Also wurde ich zum Klassenclown. Ständig nahm ich Politiker auf die Schippe, sehr zur Freude meiner Umwelt. Und ich merkte: Auch wenn ich nur wenig direkten Einfluss auf die Politik hatte, so konnte ich sie zumindest durch den Kakao ziehen. Und damit sogar manchmal die Mädels beeindrucken.

Und nun, hier im Taxi, mit der triumphierenden lilablassblau getönten Dame auf dem Rücksitz, dem Prototyp der ewig bürgerlichen Unions-Wählerin, reifte in mir der Gedanke: Ich würde von nun an alles tun, um die Regierungszeit dieser übergewichtigen Comicfigur mit der seltsam verschatteten eckigen Brille so kurz wie möglich zu halten. Mit dem scharfen Schwert des Spottes würde ich die Unfähigkeit dieses Scheinriesen entlarven. Ein paar Witze, und dann wäre Helmut Kohl Geschichte. So stellte ich mir die Wirkmacht des Kabaretts damals vor. Gott, was waren wir in unserem jugendlichen Sturm und Drang naiv.

An diesem Tag im Oktober fasste ich den Entschluss, mich fortan ernsthaft als Kabarettist zu versuchen. Durch eine glückliche Fügung sollte ich nur einen Monat später die Chance bekommen, mich auch realiter auf der Bühne beweisen zu dürfen.

Kohl und Kohle

Während meines Zivildienstes beim Malteser Hilfsdienst erheiterte ich in der Wache auch meine Kollegen mit kurzen parodistischen Einlagen. Dort lernte ich Klaus Staab kennen, der hauptberuflich als Sanitäter arbeitete, nebenbei aber auch als Liedermacher auftrat. Gemeinsam mit Norbert Meidhof und Reinhard Paczesny bildete er das Trio »Die drei Musiktiere«.

Wir verstanden uns gut, und so fragte er mich, nachdem ich als frisch gebackener Helmut-Kohl-Parodist die Pause zwischen zwei Rettungseinsätzen zur Kollegenbelustigung genutzt hatte: »Mensch Urban, du hast Talent, du kannst das richtig gut. Wir haben demnächst einen Auftritt in der Jungen Bühne. Willst du da vielleicht eine kurze Nummer spielen?«

Das war sie. Die große Chance, um Kohl so schnell wie möglich loszuwerden. Außerdem sollte ich obendrein noch eine Gage erhalten. 50 Mark – für fünf Minuten! Kohl und Kohle also.

50 Mark. Das war beinahe der Verdienst einer Fahrt zum Frankfurter Flughafen mit dem Taxi. Wenn einer von uns Taxlern die ergattert hatte, machten wir danach sofort Feierabend. Ich war begeistert. Sagte, ohne zu zögern, zu. Hätte ich geahnt, welch Höllenqualen auf mich zukommen würden, hätte ich freundlich dankend abgelehnt.

Bombenstimmung statt Bombenalarm

Je näher der Abend rückte, desto mehr verflog die anfängliche Euphorie, desto mehr stieg die Anspannung. Wurde zur Angst. Steigerte sich am Abend vor dem Auftritt zu blanker Panik. In meinem Kopf rauschte nur ein einziger Gedanke: »Wie komme ich aus dieser Nummer wieder raus, bevor ich da raus muss?«

Nicht, dass ich nicht vorbereitet gewesen wäre. Ich war sogar akribisch vorbereitet: Für die fünf Minuten auf der Bühne hatte ich einen zehnseitigen Monolog geschrieben, Länge lag mir schon damals im Blut, hatte ihn unermüdlich auswendig gelernt und gefühlt hundert Mal vor dem Spiegel geübt.

Doch das beruhigte mich nicht, nicht in dieser Nacht vor meinem ersten richtigen Auftritt. Ich drückte kein Auge zu. Hoffte darauf, dass Klaus Staab ein Auge zudrücken würde angesichts der Tatsache, dass ich wegen einer sehr spontan entstandenen Erkrankung kurzfristig absagen müsste. Mein Gehirn ratterte. Was nur konnte ich anstellen, um am nächsten Tag nicht vor Publikum stehen zu müssen? Das Theaterchen war ausverkauft. 90 Leute!

Meine Verzweiflung gipfelte irgendwann in einem verwegenen Gedanken. Ich würde bei der Polizei anrufen und mit verstellter Stimme vor einer Bombendrohung bei der Jungen Bühne warnen. »Ja, eine Bombe. Am Samstagabend. Genau.« Nur so würde ich der Katastrophe entgehen. Spätestens da stellte ich fest, dass ich mich wie im Fieberwahn in etwas hineinsteigerte. Ich besann mich. Und beschloss, mich der Herausforderung zu stellen. Zum Glück.

Sobald ich am Samstag auf der Bühne stand, war jede Aufregung wie weggeblasen. Ich war ein Fisch im Wasser. Ein Rasenmähroboter auf der in voller Blüte stehenden Wiese. Ein Helmut Kohl beim Saumagenessen. Kurz, ich war in meinem Element.

Freilich wurde aus meinem zehnseitigen Monolog nur eine kurze Nummer, in der ich Helmut Kohl, Willy Brandt und Herbert Wehner parodierte. Und ich mimte, während Klaus Staab Klavier spielte, den Stammtischspießer Alwis als dessen pantomimische Begleitung. Unser Auftritt wurde mit wohlwollendem Applaus goutiert. Und der schmeckte süß. Sehr süß. Ich hatte Blut geleckt.

Ich zögerte keine Sekunde, als mir Klaus später anbot, von nun an regelmäßig mit zwei Soli bei seinen Auftritten mitzuwirken.

Auf der Schafweide

Auch wenn ich Taxi fuhr und ab und zu mit Klaus auftrat, war ich doch immer noch an der Uni in Würzburg eingeschrieben. Neben meinem sehr ernsthaft und intensiv betriebenen Studium blieb etwas Zeit, um mich bei der English Drama Group der Uni zu engagieren. Okay, zugegeben, es war eigentlich umgekehrt: Das Theaterspiel zog mich so sehr in den Bann, dass mir nur wenig Zeit blieb, um Seminare zu besuchen.

Bei der English Drama Group lehrten uns ausgebildete englische Regisseure die Basics des Schauspiel-Handwerks, ein Luxus, der heute unvorstellbar ist. Unser Können durften wir in einer Aufführung am Ende des Semesters unter Beweis stellen. Meine erste Rolle war der Clown Feste in Shakespeares *Twelfth Night* (*Was ihr wollt*), eine irrwitzige Liebeskomödie mit Irrungen und Wirrungen aller Art. Ich war in meinem Element: vom Seminar zum Seminarr.

Shakespeare und das englische Drama faszinierten mich von Beginn an, ich wollte gern tiefer eintauchen in diese Welt, und so bewarb ich mich 1984 im Rahmen des DAAD-Austauschprogramms, um zwei Semester in Großbritannien zu studieren, auch in der Hoffnung, dort noch mehr Bühnenluft schnuppern zu können. Dafür musste ich einige Tests absolvieren, bei denen ich wohl nicht allzu schlecht abschnitt, denn mir wurden folgende Unis in nähere Aussicht gestellt: Oxford, Cambridge sowie die University of Wales, die als drittbedeutendste des Königreichs galt.

Großbritannien, hatte ich mir gedacht, wie toll, das war für mich schwarzer englischer Humor, *Das Leben des Brian*, Monty Python. Ich würde jahrhundertealte Kultur atmen, großartige Theater und Kinos besuchen. Im Geiste sah ich mich schon gravitätisch im Talar über den perfekt getrimmten Rasen des Christ Church College wandeln. Lauschte bei der Cambridge Union illustren Rednern. Badete im tosenden Jubel eines begeisterten Publikums bei Auftritten mit der legendären Oxford Shakespeare Company. Oh ja, ich hatte große Erwartungen.

Es kam anders. Ich wurde nicht für Oxford auserwählt. Auch nicht für Cambridge. Sie hatten mich auserkoren für das walisische College Trinity Saint David in Llanbedr Pont Steffan. So nannten die Einheimischen dieses Kleinod. Der Rest des Königreichs nannte es Lampeter. Dorthin also. Ausgerechnet.

Sobald ich erfahren hatte, wo die Reise hingehen sollte,

kramte ich meinen Diercke-Weltatlas hervor. Heute, in Zeiten von Google Earth und Google Maps, unvorstellbar. Mein Versuch, den Ort Lampeter im Atlas zu finden, blieb erfolglos. Glücklicherweise schickte uns der Dekan dieser Universität von Weltrang mit den Studienunterlagen eine detaillierte Wegbeschreibung. Eine Road Map to Hell, wie sich bald herausstellen sollte.

Die Hinfahrt war lang. Sehr lang. In Dover fuhr ich mit meinem zu einem rustikalen Behelfscamper umgebauten Mercedes 207D, einem ehemaligen geschundenen Speditionsfahrzeug, von der Fähre. Vorbei ging es an der Metropole London. Dann an Birmingham. Über die Clifton Suspension Bridge, dem Wahrzeichen der Stadt Bristol, ging es weiter. Ich legte eine kurze Pause ein, blickte auf die den River Avon überspannende Brücke und erinnerte mich an einen der legendären Weihnachtsvierteiler im ZDF: *Die Schatzinsel.* Bristol. Jim Hawkins im Gasthaus Admiral Benbow. Bill Bones mit der Schatzkarte seines alten Piratenkapitäns Flint, gejagt vom Schwarzen Hund, gefunden vom blinden Bettler Pew, der ihm den Schwarzen Fleck in die Hand drückte, was seinen sicheren Tod bedeutete. Long John Silver! Spannung! Ich blickte auf ein am Hügel liegendes Pub, es schien mir dem Admiral Benbow zu ähneln, ich wähnte mich schon auf der Hispaniola, um gemeinsam mit Squire Trelawney und anderen Gefährten unter vollen Segeln dem Schatz entgegen … es klopfte gegen die Fahrertür, ich schreckte auf: Der Schwarze Hund von Käpt'n Flint – er kommt mich holen!

Nichts dergleichen. Ein freundlicher Uniformierter, Ordnungsamt oder so etwas Ähnliches, wies mich Uninformierten freundlich darauf hin, dass Overnight Camping hier auf dem Parkplatz nicht erlaubt sei. Das hatte ich auch gar nicht vor, war nur kurz weggedämmert. Und es war noch zu früh zum

Übernachten, ich hatte ja noch ein Stück des Weges vor mir. Ich warf den Diesel an, nagelte raus aus England, rein nach Wales. Swansea und Cardiff, beide noch als Städte erkennbar. Dann verließ ich die Autobahn. Schlich behäbig auf immer enger werdenden Landstraßen dahin. Dem Ziel näherte ich mich auf Single Traffic Roads mit einzelnen Ausweichbuchten für den unwahrscheinlichen Fall eines entgegenkommenden Fahrzeugs.

Dann war ich da. In Llanbedr Pont Steffan. Mit der wohl kleinsten Universität Europas. Am Arsch der Welt: drei Telefonzellen, zwei Pubs, ein Tesco, ein Bach, der euphemistisch »River« genannte Teifi, und der Campus. Das war's. Der zuständige Tutor begrüßte uns Gaststudenten mit den Worten: »Welcome to this beautiful outpost in the middle of nowhere.«

Obwohl ich den britischen Humor liebe, war mir in diesem Moment nicht zum Lachen zumute.

Mein Zimmer im Studentenwohnheim grenzte direkt an eine Schafweide und war, kein Witz, nach dem Grundriss schwedischer Gefängniszellen gestaltet. Wollte ich an den Schreibtisch, musste ich das Bett hochklappen, ging ich ins Bett, musste der Schreibtischstuhl weg.

Auch mit meinen Kommilitonen hatte ich nur wenig Freude. Mit den fränkischen Mädels aus Bamberg und Neustadt an der Aisch, die mit mir angereist waren und die sich, im Gegensatz zu mir, sehr angetan von der ruralen Idylle zeigten, konnte ich mich arrangieren, die waren okay. Schlimm war George, einer meiner Mitbewohner, mit dem ich mir im Wohnheim die Küche teilte. Ein englischer Schnösel, der aussah wie die junge Ausgabe von Jacob Rees-Mogg, dem Flegel-Tory aus dem britischen Unterhaus. Für George war jeder Deutsche ein Nazi. Morgens begrüßte er mich in der Küche hackenknallend und den rechten Arm reckend mit den Worten: »Gutten Morrrgen, Adolf!« oder, in der sanfteren Variante, mit »Hello, Kraut!«.

Das machte das Frühstück zu einer recht unerfreulichen Angelegenheit. Oft schlich ich nur kurz zum Kühlschrank, schnappte mir ein paar Bissen und zog mich in meine schwedische Zelle mit den Gardinen zurück. Bis ich eines Tages herausfand, wie ich mir das Scheusal vom Hals halten konnte.

Dabei half mir ausgerechnet meine besorgte Mutter, die davon überzeugt war, dass der Bub im fernen Norden verhungerte, und mir deswegen regelmäßig Carepakete schickte. Mit zünftiger deutscher Hausmannskost: Presssack, Leberwurst und Schwartenmagen. Gurken und Senf.

Das war die Lösung. Denn meinen ungeliebten Kommilitonen, der sich morgens ausschließlich von Porridge und Tee ernährte, packte das Grauen, sobald ich genüsslich meinen Presssack, den Schwartenmagen (vulgo: Schlimme-Augen-Wurst) und die Gurken auspackte. Von Ekel übermannt nahm er angewidert Reißaus – ich hatte meine Ruhe und die Küche für mich allein. So war zumindest ein entspanntes Frühstück gewährleistet.

Nein, so hatte ich mir meinen Aufenthalt in Großbritannien nicht vorgestellt. Dennoch glaube ich, dass all das für mich nur halb so schlimm gewesen wäre, wenn es denn eine anständige Theatergruppe gegeben hätte. Gab es aber nicht. Kein Wunder – die ganzen fantastischen britischen Regisseure waren ja bei mir daheim in Würzburg. Ein Kino gab es weit und breit auch nicht – so viel zu der Beachtung der im Anforderungsprofil angegebenen Vorlieben.

Congratulations! You cracked the bone!

Um in diesem kleinen Kaff nicht komplett zu versauern und zumindest ein bisschen britische Großstadt-Kultur zu erleben, unternahm ich häufig Ausfahrten zu den größeren Städten in der näheren Umgebung wie Manchester, Liverpool und Birmingham. Nun, nähere Umgebung von »the middle of nowhere« hieß trotzdem jedes Mal drei bis vier Stunden Fahrzeit. One way. Das nahm viel Zeit in Anspruch. Zeit, die mir fehlte, um Seminararbeiten zu schreiben. Die sich anstauten und sich am Ende meiner Auslandssemester zu einem beträchtlichen Arbeitsaufwand summiert hatten, einem so erschreckend mächtigen Berg an Arbeit, dass ich darum von vornherein lieber einen großen Bogen machte. Wie bei den Hügeln beim Radfahren. Oder einem zu schreibenden Manuskript.

Man sieht, Prokrastinieren war schon immer eine meiner Stärken. In allen Bereichen. Immer denken: Wird schon irgendwie. Oder: Kriegen wir schon hin. Tatsächlich hatte ich Glück. Oder besser gesagt, Glück im Unglück. Die Arbeiten blieben mir erspart. Fortes Fortuna adiuvat!

Kurz vor Weihnachten bekam ich für eine Woche in der Einöde Besuch von meiner damaligen Freundin Helga. Endlich Abwechslung. Wir unternahmen viel, also, so viel, wie man dort eben unternehmen konnte. Es hatte ja nicht viel. Aber wie heißt es in Schmachtschmonzetten und Telenovelas immer so schön: »Wir haben doch uns.« Wir sagten uns damals auch: »Was hätten wir jetzt von einer Woche London, wenn wir uns nicht hätten?« Die Schafe auf der Weide sekundierten laut blökend Zustimmung.

Die Woche verging wie im Flug, ich brachte Helga zum Airport nach Birmingham und fuhr zurück in mein eremitisches Kleinod. Für mich war es eine Tagesreise. Ich erreichte das College ein paar Stunden, nachdem der Flieger aus Birmingham schon längst in Deutschland gelandet war. Jetzt schnell noch ein Pint in der Union Bar, dachte ich mir.

Die Union Bar, das war eine Art Mensa, nur ohne Essen, dafür mit umso mehr Getränken aller Art. Ein Pub auf dem Unigelände, von einem traditionellen Pub nicht zu unterscheiden. Es war das Wochenende vor Weihnachten, und es war Sonntag. Im Distrikt Lampeter, so hatte es uns der Tutor erklärt, gebe es ein altes Gesetz aus dem 19. Jahrhundert, das die Schankrechte regele. Ausgeschenkt werden durfte an Sonntagen demzufolge nur in Pubs, die rechts der Fließrichtung des Flusses, also eher Bächleins Afon (walisisch für »River«) Teifi lagen. Die zwei Pubs des Ortes lagen links davon. Die einzige Ausschankstation, die rechts der Fließrichtung lag, war unsere Union Bar auf dem Campus. Was zur Folge hatte, dass sich allsonntäglich dort ein buntes Publikum versammelte: Studierende (eine Bezeichnung, die erst Jahrzehnte später Einzug in die deutsche Sprache finden sollte), die Landbevölkerung, Schäfer, die gerade von der Schur oder der Fütterung kamen, Ortsansässige, die sich in einer Ecke zum Bridge oder Bingo trafen, und Landwirte mit mistbesprenkelten Gummistiefeln. Eine bunte Mischung, alles ganz harmonisch. Hauptsache, die Lagerfässer (ein im Grunde untrinkbares Dünnbier) waren prall gefüllt und es gab genügend Tütchen mit Kartoffelchips der Geschmacksrichtung Cheese & Onion und Bacon & Cheese.

Kurz vor Heiligabend allerdings wurde beim Trinkmodus der Turbo zugeschaltet. Das Umfeld von Heiligabend in Großbritannien hat nichts, aber auch gar nichts, mit unserem Weihnachten zu tun: Christmas Eve, also der hochheilige Abend, wird bei den Briten zu einer Art Rosenmontag: Alle tragen seltsame Plastikzylinder und Pappnasen und feiern, was das Zeug hält, während die Deutschen besinnlich unter dem Weihnachtsbaum sitzen und auf den ersten massiven Familienstreit warten. Heiligabend bei den Briten, das ist Fasching, Fassenacht, Karneval. Am ersten Weihnachtsfeiertag, dem Christmas Day, gibt man sich dann dem traditionellen Truthahn hin und lauscht der Weihnachtsansprache der Queen. Also, man lauschte. Nach über 70 Jahren mussten sich die Briten neu aufstellen, umorientieren und erstmals, gefühlt seit der Kreidezeit, der Weihnachtsansprache eines King lauschen. Shocking! Der zweite Weihnachtsfeiertag, der Boxing Day, bei uns oft immer noch mit sumsigem Weihnachtsfeeling und trister Larmoyanz begangen, kurbelt bei den Briten die Konjunktur an: Ein verkaufsoffener Superschnäppchenfeiertag, an dem alle in die Kaufhäuser strömen. In Lampeter gab es keine Kaufhäuser, dort wusste niemand, wohin er sich verströmen sollte.

Ich erreichte nach meiner Fahrt nach Birmingham die Union Bar gegen 22 Uhr, eine halbe Stunde, bevor die unerbittliche Glocke die letzte Runde ankündigte. Der zentimeterdicke Teppichfilz klebte und schwappte über vor ausgeschütteten Getränken, meine Kommilitonen begrüßten mich überschwänglich, was sicherlich der Tatsache geschuldet war, dass sich alle nach einem langen Hineintrinken in die bevorstehenden Weihnachtsfeierlichkeiten schon jenseits der einskommafünf Promille befanden. Ich versuchte, stocknüchtern angekommen, mich dem Pegel anzugleichen, um mich in dem bunten Treiben einigermaßen wohlzufühlen, es gelang nicht. Im nüchternen Zustand vollalkoholisierten Horden ausgeliefert zu sein, das war eine Erfahrung, die schwer zu ertragen war. Man muss schon mit den Wölfen heulen, also in diesem Fall: trinken.

Die Gelegenheit ergab sich im März. Es war Rag Day, das ist in Großbritannien eine Institution, kurz könnte man es als Saufen für den guten Zweck beschreiben: »A day on which students do silly things for charity.« Jedes Getränk an diesem Tag war mit einem Beitrag zu versehen, der in den allgemeinen Charity-Pot floss. Wir starteten nach dem Frühstück mit einer Korbflasche Lambrusco, auf dem Campus zog sich das über den ganzen Tag hin, es wurde, extra für diesen Tag, eine mobile Krankenstation eingerichtet, falls es manchen zu viel wurde und manche zu voll wurden und sie ärztliche Hilfe benötigten.

Ich wollte am frühen Abend meine Freundin anrufen, hatte aber wieder einmal Probleme mit den öffentlichen Münzfernsprechern, in die man, nach einem beharrlichen Tuten, immer wieder Pence- oder Ein-Pfund-Stücke durch die Barriere drücken musste, um das Gespräch fortführen zu können. Ich telefonierte, es tutete, ich drückte, der Apparat schluckte die Münzen, und das Gespräch war beendet. Ich hämmerte wild auf den Automaten ein, um die verdrückten Münzen zurückzubekommen, vergeblich. Gefrustet ging ich zu Bett, um kurz vor dem Wegdämmern von einem pochenden Schmerz am Einschlafen gehindert zu werden. Licht an, Blick, Schock. Mein kurz zuvor auf den Telefonapparat einhämmerndes Handgelenk hatte die Größe eines gut trainierten Unterschenkels angenommen. Ich ging benebelt zur Krankenstation, laberte etwas von, ja, ich sei auf der Treppe gestürzt und habe mich abfangen wollen, dabei müsse das wohl passiert sein. Die Anamnese legte mir nahe, es am Morgen röntgen zu lassen. »Okay«, stammelte ich, »wo muss ich da hin, im Ort, zu welchem Doktor?« Ein süffisantes Lächeln ereilte mich. Hier? Im Ort? Röntgen? Die Nurse konnte einen Lachanfall kaum unterdrücken. Ich müsse ins Hospital nach Carmarthen, 25 Meilen entfernt.

Am nächsten Morgen machten wir uns auf den Weg, ich

fuhr, Jack, ein Austauschstudent aus Wyoming, legte beim Kuppeln die Gänge ein, was mir dank meines geschwollenen Handgelenks nicht möglich war. In der Klinik wurde ich von einem indischstämmigen Arzt behandelt, dem ein kurzer Blick auf meine lädierte Hand genügte, um mir gutgelaunt mit indischem Akzent, der perfekt walisisch klang, die frohe Botschaft zu überbringen: »Cooongraatulations! You cracked the bone! We haaave to plaaaster that.« In dem Moment wurde mir klar: Im Kampf mit der Telefonzelle hatte ganz sicher ich den Kürzeren gezogen.

Rückblickend war die gebrochene Hand eigentlich nur der konsequente Höhepunkt eines insgesamt eher suboptimalen Aufenthalts. Zurück daheim in Deutschland schrieb ich erzürnt einen dampfenden Brief an den DAAD, in dem ich mich darüber mokierte, dass man junge, erlebnishungrige Menschen in diese gottverlassene Einöde versetze und sie dort versauern lasse. Überhaupt schreibe ich leidenschaftlich gern und häufig spitz formulierte Briefe, um meinem Ärger Luft zu machen. Das hat etwas sehr Befreiendes, das kann ich nur empfehlen.

Etwas Gutes hatte die gebrochene Hand. Da es die rechte war, konnte ich natürlich unmöglich auch nur eine einzige Seminararbeit schreiben. Geschweige denn einen ganzen Berg von Seminararbeiten, den abzuarbeiten ich mir bis zum Schluss aufgehoben hatte. Diesen Berg musste mir das College gipsbedingt damit gezwungenermaßen erlassen. Womit bewiesen wäre: Prokrastination kann sich lohnen.

Das regelt der Markt

Zurück in Deutschland interessierte mich mein Studium weniger als je zuvor, stattdessen konzentrierte ich mich auf die Bühnenauftritte mit Klaus, die in den Achtzigern, lassen Sie es mich so sagen, mit Höhen und Tiefen verliefen.

Ich erinnere mich noch gut an einen Auftritt in Tittmoning, einer im südöstlichsten Zipfel Deutschlands gelegenen bayerischen Kleinstadt nahe der österreichischen Grenze. Wir hatten uns gefreut auf den Termin, von wegen, endlich würden wir bayern- und dann vielleicht schon bald bundesweit auftreten.

Um in das hübsche Städtchen an der Salzach zu kommen, fuhren wir gut gelaunt fast 500 Kilometer quer durch die blauweiße Idylle und staunten darüber, wie ausgedehnt dieses Bundesland doch ist. Biege ich in Aschaffenburg in Fahrtrichtung rechts auf die A3 ab, bin ich nach 450 Kilometern immer noch in Bayern. Fahre ich nach links, bin ich nach 450 Kilometern in Lüttich. Manchmal kann eine simple Fahrtrichtungsänderung den Horizont erweitern.

Es hat auch durchaus Vorteile, am Rand Bayerns zu wohnen, in meinem Fall am anderen Rand, in der »Metropolregion Rhein-Main«, nahe der hessischen Grenze. Beispielsweise dann, wenn ich im Rest der Republik unterwegs bin und gefragt werde, wo ich herkomme. Wenn politisch im CSU-Freistaat mal wieder eine total peinliche Fremdschämnummer abläuft, was bei uns beinahe täglich vorkommt, kann ich, dank unseres mainfränkischen Dialekts, der sehr ins Ebbelwoihafte changiert, ganz entspannt sagen: »Ei, ich bin da so ... bei Frankfurt.«

Bundesweit bekannt wurde unsere Region durch die jahrelang zuverlässig stattfindenden Dauerstaus auf der A3. Ständig werde ich darauf angesprochen: »Sag mal – da bei euch an der A3, was ist denn da immer los?«

Aber die Staus haben auch etwas Gutes. Zumindest für die Region. Nach ein paar Tagen im Stillstand zwischen Aschaffenburg-West und Aschaffenburg-Ost lassen viele Menschen entnervt ihr Auto stehen, werfen den Zündschlüssel weg, marschieren zum Landratsamt und holen sich eine Baugenehmigung. Das belebt die Wirtschaft.

Klaus und ich kamen staufrei nach Tittmoning. Hätten wir gewusst, was uns am anderen äußeren Rand Bayerns erwartet, wir wären ein bisschen weniger euphorisch gewesen. Als wir ankamen, teilte uns der Veranstalter mit, dass gerade mal zwei, ja, wirklich nur ZWEI Karten verkauft worden seien: »Aber normalerweis' geht da immer noch was an der Abendkasse!«

Das »Normalerweis'« blieb aus, obwohl wir uns natürlich einen wahren Sturm auf die Abendkasse erhofft hatten. Am Ende spielten wir als Duo an diesem Abend für genauso viele Zuschauer und wenig Kasse. Aber wir traten auf, das war für uns Ehrensache: Gespielt wurde von unserer Seite immer, ganz gleich, wie viele Zuschauer auch kamen. Das waren und sind wir unseren Gästen schuldig, das ist eine Art Ehrenkodex. Bis zu dem Tag, an dem ein winziges Virus die Welt ins Chaos stürzte, kann ich mich an nur zwei Veranstaltungen erinnern, die in all meinen Berufsjahren wegen einer Unpässlichkeit meinerseits nicht stattfinden konnten. So musste ich einmal wegen Schüttelfrosts ein Gastspiel in Regensburg absagen, ein anderes Mal hatte ich eine Kehlkopfentzündung und konnte deswegen nicht in Würzburg auftreten. Ich für meinen Teil wäre auch krächzend, heiser oder stimmlos auf der Bühne gestanden, doch meine Schwester, eine Ärztin, bewachte – oder soll ich besser sagen: überwachte – mich in meiner Wohnung aus medizinischer Fürsorgepflicht so lange, bis sichergestellt war, dass die Veranstaltung ohne mich begonnen hatte – also gar nicht.

Nach den bescheidenen Zuschauerzahlen in Tittmoning dämmerte mir: Das wird kein Selbstläufer, es würde ein langer, steiniger Weg werden. Als ich meiner Mutter von unserer kleinen Privatvorstellung erzählte, war sie voller Sorge und flehte mich an: »Bub, du wirst mir aber doch wenigstens dein Studium fertig machen, gell? Des machste schon!« Ich ließ mir meine durchaus vorhandenen Zweifel nicht anmerken und zeigte mich unerschütterlich optimistisch: »Mach dir keine Sorgen, Mama, ich komme klar, das kriegen wir schon.«

Oder, anders gesagt: Das regelt der Markt. Damit lag ich voll im Trend, schließlich begann in dieser Zeit die Entfesselung der Märkte. In Amerika unter Ronald Reagan, der mit seinen »Reaganomics« genau jenen Raubtierkapitalismus ankurbelte, unter dem die Welt 40 Jahre später immer noch ächzt. Reagans Vorgänger, der oftmals belächelte Erdnussfarmer Jimmy Carter, hatte ganz andere Ideen. Er plädierte schon Ende der 70er Jahre für die Versöhnung von Ökonomie und Ökologie. Gerade drei Monate im Amt, schwor er die Amerikaner darauf ein, Energie einzusparen, ihre Häuser besser zu isolieren und sparsamere Autos zu fahren. Bis 2050 sollte das Land vollständig auf erneuerbare Energien umgestellt sein. Carter gründete ein Energieministerium, legte ein millionenschweres Forschungsprogramm für Solarenergie auf, ließ eine Solaranlage auf dem Dach des Weißen Hauses installieren und besteuerte die Profite der Ölkonzerne in einem bis dahin für unmöglich gehaltenen Ausmaß. Seine erste Rede an die Nation im April 1977 eröffnete er, wissend, was er seinem Volk im Land der unbegrenzten Energieverschwendungsmöglichkeiten damit zumuten würde, mit den Worten: »Guten Abend, ich habe ein ernstes Wörtchen mit Ihnen zu reden.«

1981 wurde alles gestoppt. Ronald Reagan zog ins Weiße Haus ein, ließ als erste Maßnahme die Solaranlage auf dem Dach entfernen und strich das Budget der Carter'schen Energiesparprogramme um 90 Prozent. Reagan statt Sonne. Natürlich strich er auch die hohe Besteuerung der Ölkonzerne, hatte die Ölindustrie den Wahlkampf des Schauspielers doch wesentlich mitfinanziert. Man fühlt sich heute an Barack Obama erinnert, dessen Klimapolitik über Nacht einem anderen kapitalistischen Raubtier zum Opfer fiel – Donald Trump. Ein typischer Vertreter der Konservativen, die unter der Bewahrung der Schöpfung oftmals nur eins verstehen: Erhalt der Wertschöpfung für ihre eigene Klientel. Mittlerweile hat die Biden-Regierung ein neues Klimaschutzprogramm aufgelegt, ein riesiges Subventionspaket, geschickt getarnt als »Inflation Reduction Act«. Sollte Trump gegen jedwede Vernunft 2024 wiedergewählt werden, wird er wahrscheinlich auch dieses mit sofortiger Wirkung einstellen. Und so weiter und so fort …

Reagan fand gleich zu Beginn eine Schwester im Geiste, die eiserne neokonservative Schnatze in England, Margaret Thatcher, die in den 80ern die Parole ausgab: »Lasst uns für die Banken die Regeln wegwerfen, die den Erfolg bremsen!«

Damit entfesselte sie die Kapitalkräfte in der City of London; alles außerhalb dieses Finanzmarktplatzes, der Rest der Insel, erschien ihr während der gesamten Amtszeit eher als lästiges Beiwerk. Gesamtgesellschaftliches, womöglich gar noch soziales Handeln widerte die – bis heute noch bewunderte – Ikone der Konservativen an. Ihre Maxime war: »There is no such thing as society!« So verfolgte sie auch bei aufkommender Kritik stets ihr Prinzip der »TINA«-Politik: »There is no Alternative.« Eine radikal-fundamentalistische Abbügel-Argumentation, die bei uns, Jahre später, in Gerhard Schröders »Basta«-

Politik und der stets »alternativlos« durchregierenden Angela Merkel ihre Fortsetzung finden sollte.

Reagan und Thatcher – bezeichnend, dass beide im hohen Alter Alzheimer ereilte. Eigentlich ungerecht, dass sie sich an ihre Schandtaten nicht mehr erinnern konnten. Bei Reagan hatte man es bei manchen Ansprachen schon sehr früh gemerkt: »God bless … now … God … bless … now … what's the name of that fucking country?!«

Da hatte ihm Thatcher oft noch souffliert: »America, Ronald.«

Bei seiner Beerdigung stand sie am Grab und wunderte sich: »What is there in this box?«

Als sie selbst das Zeitliche segnete, zeigte das Volk, was es von ihr hielt. Überall tanzten Menschen auf der Straße, tranken Champagner und schmetterten den neuen Nummer-Eins-Hit in den Charts: »Ding, dong – the witch is dead, the wicked witch is dead!«

Bei uns singen manche heute noch: »My Angie is over the ocean, my Angie is over the sea. Oh bring back, bring back, oh bring back my Angie to me.«

Grenzen der Satire

Darf Satire alles? Vieles, ja, aber es gibt Grenzen. Eine wichtige Lektion lehrte uns ein Gastauftritt in der Kabarett-Nachwuchssendung *Sprungbrett* beim WDR in Köln im November 1987. Kurz zuvor hatte unser örtlicher Fußballclub Viktoria

Aschaffenburg den damals noch großen FC Köln unter dessen Trainer Udo Lattek aus dem DFB-Pokal geworfen. Toll, dachten wir uns, das ist doch ein ganz aktueller Bezug, wir aus Aschaffenburg gastieren in Köln, unsere Fußballclubs haben gerade gegeneinander gespielt, unser Verein hat auch noch gewonnen, das bauen wir gleich mit ein. Wir beschlossen, mit Regenschirmen und Fan-Schals von Viktoria Aschaffenburg aufzutreten. Das war Salz in der Wunde der Kölner. Und keine gute Idee. Gar keine gute Idee.

Wir spielten 20 Minuten vor einem Publikum, das uns mit versteinerter Miene und verschränkten Armen feindselig anstarrte, ohne auch nur ansatzweise mit den Mundwinkeln zu zucken. 20 Minuten, die sich anfühlten wie eine Ewigkeit.

Nach diesem Auftritt war uns klar: Man kann sich über wirklich fast alles und jeden lustig machen. Aber nicht über Fußball. Da hat der Spaß ein Loch. Ein gedemütigter Fußballfan kann nicht über sich oder seinen Verein lachen. Niemals. Lektion gelernt. Gerade beim »Eff-Zeh« in Köln, das ist nicht einfach nur Fußball, das ist Religion.

Doch es gab auch Höhepunkte in dieser Zeit. 1986 erhielt ich gemeinsam mit Klaus das Passauer »Scharfrichterbeil«, einen damals wie heute hoch begehrten Nachwuchspreis und eine tolle Karriere-Rampe für junge Künstler. Eigentlich. Bei uns schlug sich die Auszeichnung zumindest zunächst nicht unbedingt auf die Kartenverkäufe nieder, wie man an Tittmoning sehen konnte.

1988 durften wir in der legendären Lach- und Schießgesellschaft in München auftreten. Dort wurde Dieter Hildebrandt auf mich aufmerksam und lud mich daraufhin in seine Satire-Sendung *Scheibenwischer* bei der ARD ein. Ich sollte in einem Dialog mit ihm Dr. Futterknecht spielen, einen alten Nazi-Arzt. In der Nummer ging es darum, wie viele Mediziner und

Wissenschaftler aus der NS-Zeit später hochdotierte und -dekorierte Posten im Nachkriegsdeutschland und sogar weltweit bekleidet hatten. Ein Auftritt mit der Kabarett-Legende Dieter Hildebrandt – das war ein Ritterschlag.

Ich erinnere mich noch gut, wie aufgeregt und angespannt ich war, als ich ihn in einem Hotel in Berlin treffen sollte. Wie würde sich der Großmeister mir gegenüber, einem noch unbekannten Jungspund, verhalten? Wäre er hochmütig, würde er mich links liegen lassen oder von oben herab behandeln?

Es geschah – nichts dergleichen. Als ich ihn traf, erwiesen sich all meine Sorgen und Befürchtungen als völlig unbegründet. Dieter Hildebrandt ging offen, warmherzig und wohlwollend auf mich zu. Er war privat genauso lustig wie auf der Bühne, hatte ständig Spaß und tat alles, um mir meine Ängste vor dem bevorstehenden Auftritt zu nehmen. Ein wacher, neugieriger Geist, dem der Schalk beständig im Nacken saß.

Schon damals fiel mir seine große Begeisterungsfähigkeit auf, die er sich bis ins hohe Alter, ja bis zu seinem Tod bewahrte. Ich erinnere mich noch gut, wie er uns, viele Jahre später, bei der ZDF-Sendung *Neues aus der Anstalt* als Zuschauer besuchte. Nach der Sendung kam er zu uns hinter die Bühne und versprühte eine solch überbordende Euphorie und Begeisterung, dass alle davon angesteckt wurden. Da war kein Dünkel zu spüren, er wollte nicht als Kabarett-Legende bewundert und beweihräuchert werden, er war nicht berauscht von seiner eigenen Wichtigkeit wie so viele andere. An diesem Abend war er nur ein begeisterter Zuschauer, der sich wie ein Kind über eine gelungene Sendung freute.

Damals, beim *Scheibenwischer*, nahm er mich schützend unter seine Fittiche, und es ist sicherlich auch ihm zu verdanken, dass ich meinen Auftritt als Dr. Futterknecht einigermaßen pannenfrei überstand.

Überyl war Tschernobyl

Im April 1986 erschütterte eine Katastrophe unvorstellbaren Ausmaßes Europa – im Block vier des Kernkraftwerks in Tschernobyl explodierte ein Reaktor, und es kam zur Kernschmelze. Viele packte das blanke Entsetzen, als sie im Fernsehen das kahle Gerippe der Anlage sahen. Mich auch.

Nachdem Schweden als Erstes die Atomkatastrophe registriert und gemeldet hatte, war ganz Europa in Alarmbereitschaft. Selbst die Apparatschiks der damaligen Sowjetunion erkannten sofort die immense Gefahr. Angeblich schickten sie sogar in »Jeder ist sich selbst der Nächste«-Manier Kampfjets los, um Wolken mit Silberjodid zu »impfen«, damit deren gefährliche Ladung über Weißrussland abregnete und nicht über dichtbesiedeltem russischen Gebiet. Heute will Putin in Belarus taktische Atomwaffen stationieren.

In Deutschland gab es die deutschlandüblichen Reaktionen. Erst einmal abwiegeln, um dann rasch panisch zu werden. Kinderspielplätze wurden gesperrt, bis der Sand ausgetauscht wurde, tonnenweise wurden vermeintlich verstrahlte Salatköpfe und Freilandgemüse vernichtet, es kam zu Hamsterkäufen von Geigerzählern und Jodtabletten, ganze Familien flohen nach La Gomera, um sich vor der Radioaktivität in Sicherheit zu bringen. Entspannt ging es ausgerechnet im besonders betroffenen Bayern zu, vor allem von Seiten der Regierung. Keine Warnhinweise, keine Maßnahmen, nichts. Natürlich nicht. Warum auch? Die radioaktive Wolke, die über ganz Europa zog, schreckte kurz vor dem Freistaat zurück, legte Zentimeter vor der Staatsgrenze eine satte Vollbremsung hin und sagte sich wohl: »Huch, das ist ja Bayern, da ziehe ich mal ganz schnell woandershin.«

Schwupps, weg war sie. Dachten zumindest die Bayern. Gut, in Bayern glaubt man immer alles, bis man daran glauben muss. Die Bauern ließen ihre Kühe weiterhin draußen auf den Wiesen grasen. Die wiedergekäute verstrahlte Kost führte zu verstrahlter Milch, die zu Käse verarbeitet wurde, als dessen Restprodukt verstrahlte Molke entstand. Verstrahlt, wie sie war, galt sie als Sondermüll, mit dem man nichts anzufangen wusste. So saß die Bundesrepublik auch zwei Jahre später noch auf über 5000 Tonnen radioaktiv verseuchter Molke, die in 242 Güterwaggons der Deutschen Bahn zwischengelagert waren. Ein stillstehendes Wackersdorf-Züglein, gewissermaßen. Gut, in die Molke können sich Fahrgäste der DB auch heute noch gut hineinversetzen: scheinbar zwischengelagert in stark verspäteten Zügen, die gefühlt niemals anzukommen scheinen. Geisterzüge. »Fliegende Holländer« auf Schienen.

Für die Entsorgung der Molke gab es verschiedene Pläne: Man überlegte sich unter anderem, sie an Nutzvieh zu verfüttern, in Müllverbrennungsanlagen zu verbrennen oder nach Afrika zu exportieren. An die Ärmsten der Armen, die einfachste Form der Entsorgung. Heute unvorstellbar. Eigentlich. Obwohl – noch gut in Erinnerung sind mir die Pläne des damaligen Gesundheitsministers Jens Spahn in der von ihm so hervorragend gemanagten Corona-Zeit. Nach einer wahren Bestellorgie von FFP2-Masken, an der sich als windige Vermittler Vertreter von CDU und CSU gesundstoßen konnten, gab es Kritik. An den sich dank der Masken Bereichernden, aber auch an den Masken selbst. Viele davon, für die Millionen an Provisionen geflossen waren, erwiesen sich als minderwertig. Da kam Jens Spahn auf die geniale Idee, diese Masken an Hartz-IV-Empfänger, Obdachlose und das Pflegepersonal verteilen zu wollen. Eine Entsorgung am lebenden Objekt, quasi. Gut, Jens Spahn hatte vor Jahren schon seine Empathie-Kompetenz unter Beweis gestellt, als er meinte, mit Hartz IV habe jeder das, »was er zum Leben braucht«.

Aber unseren Müll einfach ins Ausland abschieben, so skrupellos kann doch niemand … äh … doch: 2021 exportierten wir schlappe 766.000 Tonnen Plastikmüll in den neuerdings sogenannten »Globalen Süden«. Klingt besser als »Entwicklungsländer«. Das Mikroplastik vermüllt nicht nur die Meere, es gelangt über die Nahrungskette Fisch nachweislich auch wieder zu uns zurück. In den menschlichen Körper. Allwetteroptimisten sprechen schon von einer gelungenen Form des Recyclings. Viele unserer ausgedienten Schiffe werden teilweise illegal in Asien abgewrackt. Unser Elektroschrott landet auf Mülldeponien in Afrika, wie der zu zweifelhaftem Ruhm gekommenen größten Halde Agbogbloshie in Ghana, auch bekannt als »Sodom und Gomorrha« oder »Toxic City«. Dort wird unser E-Müll von Kindern nach Brauchbarkeit sortiert, die oftmals frühzeitig versterben, weil sie ständig von giftigen Blei- und Cadmiumdämpfen umwabert werden. Kleiner Kollateralschaden für unseren Wohlstand. Immerhin eines sieht man daran: Kreislaufwirtschaft funktioniert. Hatten die Kinder doch Jahre zuvor die für unsere nun zu entsorgenden Smartphones benötigten Seltenen Erden aus den Höhlenwänden gekratzt. Aber Hauptsache, wir haben den Müll von der Backe.

Die Gefahr der Atomkraft war uns schon vor Tschernobyl bewusst, bereits im März 1986 waren wir gegen die WAA, die geplante Wiederaufbereitungsanlage für abgebrannte Brennstäbe in Wackersdorf in der Oberpfalz, auf die Straße gegangen. Dieses Projekt der Deutschen Gesellschaft zur Wiederaufarbeitung von Kernbrennstoffen genoss die volle Unterstützung der CSU unter Franz-Josef Strauß. Ein schönes, bombastisches, strahlendes Mausoleum für den barocken Bayern sollte es werden.

Natürlich hatte die Antiatomkraft-Bewegung nach dem

verheerenden Unglück in Tschernobyl, das allen eindrücklich das brandgefährliche Potential der Kernkraft vor Augen geführt hatte, noch mehr Zulauf, und so kamen an Pfingsten 1986 mehr als 15.000 Demonstranten in den Taxöldener Forst nach Wackersdorf, um an dem stählernen Bauzaun der WAA zu demonstrieren. Unter den überwiegend friedlichen Teilnehmern gab es auch einige gewaltbereite Demonstranten aus dem linken Spektrum, die die ohnehin schon explosive Stimmung zusätzlich aufheizten.

Offensichtlich hatte die bayerische Landesregierung die Situation falsch eingeschätzt: Sie schickte nur rund 1000 Polizisten, deren Leitstelle, die mit der Situation völlig überfordert war, auf einem Schwandorfer Weinberg saß. Als man erkannte, dass das Personal vor Ort dem Chaos nicht Herr wurde, orderte man Einsatzkräfte aus der ganzen Republik nach, auch 44 schwere Wasserwerfer rückten an – der Staat fuhr schweres Geschütz auf.

Am Pfingstmontag eskalierte die Situation. Es ist noch immer offen, wie genau alles geschah, ob zuerst Einsatzfahrzeuge der Polizei in Brand gesteckt wurden, die von Wasserwerfern gelöscht werden mussten, oder ob Wasserwerfer Demonstranten löschten, die danach Einsatzfahrzeuge in Brand steckten, weil die Wasserwerfer neu befüllt werden mussten. Jedenfalls kreiste irgendwann direkt über den Demonstranten, unter denen viele Kinder und Frauen waren, ein Hubschrauber, der in Styropor verpackte Blechpatronen mit dem international geächteten CS-Reizgas abwarf. Dabei wurden zahlreiche Menschen zum Teil schwer verletzt, Notärzte und Sanitäter waren stundenlang im Einsatz, ein Mann, der an Asthma litt, starb an den Folgen. Der sonst beschauliche Taxöldener Forst wurde zum Kriegsschauplatz, an dem der bayerische Staatsapparat gegen die eigene wehrlose Bevölkerung vorging.

Statt Reue zu zeigen und sich zu entschuldigen, kommentierte der damalige bayerische Innenminister Karl Hillermeier, Spitzname »Killermeier«, das Geschehen lakonisch mit dem Satz: »Wer sich in Gefahr begibt, kommt darin um.«

Spätestens da erkannten wir, für was das »C« und das »S« im Namen der CSU bis heute stehen: Reizgas.

1989 wurden die Pläne für die Wiederaufbereitungsanlage, das bis dato teuerste Industrieprojekt Deutschlands, endgültig auf Eis gelegt. Allerdings nicht aufgrund der Proteste, nein, natürlich nicht. Das geplante Mausoleum für dessen Hauptförderer Franz-Josef Strauß wurde am Ende beerdigt, weil die Wirtschaft mit spitzem Bleistift nachgerechnet und festgestellt hatte: »Lohnt sich finanziell nicht für uns.«

Na bitte, wie ich meiner Mutter schon gesagt hatte: »Das regelt der Markt.« Manchmal, äußerst selten zwar, aber doch, hat er auch sein Gutes.

Nichtsdestotrotz: Protestkultur war uns wichtig. Mit stolzgeschwellter Brust und leuchtenden Augen antworteten wir auf die Frage, was wir denn an Pfingsten gemacht hätten, wo wir gewesen wären: »Wir waren in Wackersdorf!«

Wir fühlten uns wirkmächtig, waren der Meinung, wir hätten unglaublich viel bewegt … na ja … wie einst schon Dieter Hildebrandt scharfsinnig bemerkte: »Kein Atomkraftwerk ist jemals ohne unseren Protest ans Netz gegangen!«

Das muss man erst mal hinkriegen.

Die Studentenunruhen von Wolfsburg im Mai 1996

Ins Bockshorn gejagt

Sommerhausen. Ein idyllischer kleiner Flecken im Fränkischen, vor den Toren Würzburgs. Berühmt durch seine Weinberge und das Torturmtheater, geleitet von Veit Relin, Ex-Mann von Maria Schell. Im Schatten des Torturmtheaters hatte Mathias Repiscus in einem alten Gewölbekeller die Kleinkunstbühne »Bockshorn« gegründet. Mathias Repiscus – ein in Künstlerkreisen bekannter kleingewachsener Kauz mit hohen Ansprüchen an Perfektion. Klaus und ich bewarben uns mit unserem Duo-Programm »Türmen? Zwecklos!« – und bekamen keine Antwort. Also fuhr ich persönlich hin, um vorzusprechen. Ich traf auf einen Mann, der hektisch und leise fluchend Bratwürste aus der Küche ins darüberliegende Restaurant trug. Nach längerem Warten kam ein genervtes: »Was wünschen Sie?«

Ich sprach den vermeintlichen Kellner an: »Ich suche einen Herrn Repiscus.«

»Das bin ich. Was wollen Sie?«

»Auftreten.«

Das durften wir einige Wochen später, wir sprangen für einen Künstler ein, der absagen musste. Später fragte mich Mathias dann, ob ich Lust hätte, unter seiner Regie ein Kabarett-Ensemble mitzugründen. Ich stand zwar nur noch drei Scheine vor meinem Studienabschluss – aber ich sagte sofort zu, da ich nach über einem halben Jahrzehnt als Freizeitstudent erkannt hatte, dass ich für eine akademische Laufbahn eher nicht geschaffen war – ich wollte beim Kabarett bleiben. Natürlich tauchte immer wieder der flehende Gesichtsausdruck meiner Mutter vor meinem geistigen Auge auf, auf dem ich aber zum Glück blind blieb.

Das »Bockshorn Ensemble«, das Mathias zusammenstellte, bestand aus Helga Siebert, Rainer Hannemann und mir, mit 27 Jahren der Youngster, heute würde man wohl sagen: »Junior Joke Assistant« (JJA). Das Programm »Sodumm und Camorra« war ein klassisches Rollenkabarett, in dem ich mich nach Herzenslust austoben konnte. Parodien, Persiflagen, Schauspielerei. Später musste ich für eine zweiminütige Überleitung aus der Rolle schlüpfen, um privat zum Publikum zu sprechen. Ich als ich? In keiner Rolle, in keiner Kunstfigur, hinter der ich mich verstecken konnte? Es fiel mir sehr schwer, und ich musste lange proben, bis es schließlich klappte, bis ich mit mir auf der Bühne auf »du und du« war. Dieser Moment des privaten Bühnengelingens sollte die Grundlage für meine späteren Soloprogramme werden, bei denen ich als ich selbst, also als Urban Priol auftrat. Auch wenn mich Leute immer wieder fragen, wie ich denn auf solch einen originellen Kunstnamen gekommen bin.

Die Programme, als zweites sollte »Trendzeichen D« folgen, unter der Knute eines immer leicht cholerischen Regisseurs, der mit allen Wassern alter Theatertricks gewaschen war, mussten wir stets werkgetreu abliefern. Am erarbeiteten und einstudierten Text durfte nichts, aber auch gar nichts, nicht einmal ein Wort, geschweige denn ein Halbsatz, verändert werden: »Das ist sonst nicht mehr mein Programm!«

SEIN Programm, das WIR geschrieben hatten und aufführten. Schon regte sich wieder der Rebell in mir, mein Anti-Obrigkeits-Reflex schlug wieder zu. Natürlich hielten wir uns nicht daran, wenn wir auf Tour und vom Maestro unbeobachtet waren. Da hatten wir einen Heidenspaß an spontanen Einfällen und Änderungen.

Das große Zittern begann immer bei der Rückkehr, wenn wir im Künstlerkeller in Sommerhausen gastierten, in dem seine Argusaugen auf uns hafteten. Dann mussten wir das Geänderte wieder rausschmeißen, um die Werktreue zu gewährleisten, egal, ob Textteile noch zeitgemäß waren oder schon leicht angestaubt wirkten. Hauptsache, wir erfüllten den Befehl des Meisters, der wie Rumpelstilzchen in der winzigen Garderobe neben den Brettern stets aufmerksam und explosionsbereit lauschte.

Dennoch habe ich viel bei Mathias gelernt und profitiere noch heute davon, dass er mich damals unterstützte.

Die Mauer fällt

»Dann geh doch nach drüben!« Das war die Standardantwort in den 80er Jahren, wenn man versuchte, am Rande manch einer hitzigen Diskussion über mögliche gesellschaftliche Veränderungen oder bei Themen wie Umwelt, Waldsterben, Tempolimit auf einen gemeinsamen Nenner zu kommen, auf den wir ohnehin nie gekommen wären. Da war der Bruch in mancher Diskussion stets größer als der kleinstmögliche gemeinsame Nenner. Fiel dem Gegenüber argumentativ nichts mehr ein, dann kam, einem Pawlow 'schen Reflex gleich: »Dann geh doch nach drüben!« Diskussion beendet.

Doch dann, von jetzt auf gleich, gab es plötzlich kein »Drüben« mehr. Die Mauer nach drüben, der »Antifaschistische Schutzwall« war weg. Sieht man heute, in welch erschreckendem Ausmaß sich rechtsnationales Gedankengut im deutschen Nahen Osten breitmacht, könnte man der Versuchung erliegen, sich einen neuen antifaschistischen Schutzwall herbeizuwünschen, nur diesmal zur anderen Seite ausgerichtet. Nach dem Wegfall des »Dann geh doch nach drüben«-Arguments hieß es eine Zeit lang »Dann flieg doch rum nach Kuba!« Bitte? Rum nach Kuba fliegen? Da könnte man auch Eulen nach Athen tragen. Heute sagt man: »Dann geh doch …«, nein, nicht zu Netto. »Dann geh doch nach Venezuela!«, ist eine sehr beliebte Aufforderung der Wut- und Hutbürger geworden. Klimaaktivisten rät man, sie sollten sich auf dem Platz des Himmlischen Friedens in Peking festkleben oder zum Protestieren nach Moskau ziehen.

Der Fall der Mauer. Wie wahrscheinlich die meisten von uns erinnere ich mich noch genau, wo ich war und was ich an diesem »Abend der Geschichte« machte. Wir waren gerade dabei, ein altes Haus in Obernburg zu renovieren, das mir meine kürzlich verstorbene Tante vererbt hatte, ein Glücksfall, der allerdings viele Jahre später meinem Scheidungsverfahren zum Opfer fiel. Wie gewonnen, so zerronnen. Während wir alte Tapeten von den Wänden lösten, lief der am Boden stehende alte »Graetz Landgraf Color«, der wohl noch aus der Zeit stammte, als Willy Brandt feierlich das Zeitalter des Farbfernsehens verkündet hatte. Im Landgrafen wurde es auf einmal hektisch. Reporter und Korrespondenten wuselten wie Ameisen herum. Es war dunkel, bis Rüstwagen entlang der Mauer aufzogen, um die Grenzübergänge taghell zu erleuchten.

Wir unterbrachen unsere ohnehin nicht sehr erfolgreiche Arbeit nur allzu gern. Das Ablösen alter Tapeten gehörte schon immer zu den von mir besonders verachteten Aufgaben. Genau wie Betten zu beziehen oder Frischhaltefolie in der benötigten Größe am Stück von der Rolle abzuziehen. Keine Ahnung, was das eine mit dem anderen zu tun hat. Auf dem Boden sitzend verfolgten wir gebannt mit einem Bier in der Hand, wie sich

Schlagbäume öffneten, wie sich wildfremde Menschen tränenüberströmt in die Arme fielen und jubelnd herumsprangen. In der Bruchbude hockend und unser Bier immer fester umklammernd begriffen wir, dass wir in diesem Moment Zeugen eines historischen Ereignisses wurden.

Später gab sich, auf dem Balkon des Schöneberger Rathauses, die Crème der damaligen Politcrème ein pathosgeschwängertes Stelldichein. Der regierende Bürgermeister von Berlin, Walter Momper (nie gab es einen passenderen Namen für einen Regierenden der Hauptstadt: Walta Mompa!), war anwesend, ebenso wie Hans-Dietrich Genscher. Willy Brandt hielt eine bewegende Rede und wurde gefeiert, Helmut Kohl hielt auch eine Rede – und wurde ausgepfiffen. Alle gemeinsam schmetterten, voller Inbrunst, mit stolz geschwellter Brust und Deutschland-Fähnchen am Revers in abenteuerlich-schräger Stimmlage das Deutschlandlied.

Es war eine Zeitenwende, und wie in jeder Zeitenwende, auch heute, schien es schier unendliche Möglichkeiten für gesellschaftliche Veränderungen zu geben. Damals vereinten sich zwei konträre politische Systeme, es bestand die reale Chance, Positives aus beiden Welten miteinander verbinden zu können. Keine Frage, die DDR war ein autokratischer Überwachungsstaat, und es gibt kaum jemanden, der sich nach der Stasi zurücksehnt. Aber es gab dort zumindest einen starken sozialen Zusammenhalt, wenn auch aus der Not heraus geboren, ein Netz, das auch den Schwächsten eine gewisse Würde zugestand und sie auffing, etwas, das bei uns oftmals zu kurz kommt.

Und so hatten wir damals die Hoffnung, dass sich in dem »Drüben«, in das wir doch gehen sollten, wenn uns etwas nicht passte, etwas Neues entwickeln könnte, ein etwas anderes, vielleicht sozialeres System. Es herrschte eine euphorische Aufbruchsstimmung. Sie sollte nicht lange anhalten.

»O Hoffnung, du Scheherezade!«, wie es einst die österreichische Lyrikerin Betty Paoli ausdrückte. Rasch wurde die Hoffnung von der Realität ausgetrickst.

Der wild gewordene Westen fiel ein in das Tal der Ahnungslosen wie einst die westlichen Siedler in die ewigen Jagdgründe der Delawaren, der Cree oder der Apachen. Unser Feuerwasser, das die Hirnzellen der neuen Bundesländler ähnlich willenlos machen sollte wie einst hochprozentiger Rohalkohol die Vernunft der indigenen Ureinwohner Amerikas, das waren Satelliten-Schüsseln, hoffnungslos überteuerte, bei uns mühsam durch den TÜV gekommene Opel Kadetts und Daihatsu Cuores, vielleicht noch der eine oder andere gammelige Ford Escort. Oder, als Knallfrosch der neu errungenen Freiheit: Ein von Kampfspuren gezeichneter Walkman, auf dem man sich West-Kassetten mit dem »Sonderzug nach Pankow« oder irgendwas mit den Puhdys oder Abba (passend zur Wende-Zeit: »The Winner Takes It All« oder »Money, Money, Money« oder, für beide Seiten treffend: »Waterloo«) in die Ohren blasen konnte.

Aufgeblasene besserwessiwissende Westdeutsche, die zu Hause nichts mehr zu melden hatten und oftmals als festen Wohnsitz »Insolvenz« angeben mussten, durften den Insolvenznovizen aus dem Osten auf einmal erklären, wie wundersam westliche Marktwirtschaft funktioniert, wenn auch nicht für alle. Wer abgehängt wurde, der galt als zu vernachlässigender Kollateralschaden, es ging ja um das große Ganze, die »DDR«, wie man sie bei Springer gern als nicht existentes Phänomen bezeichnete, ein Volk in Gänsefüßchen, ein Land als Kolonialwarenladen, in dem der Westen hinter der Ladentheke stand. Grundlegende Regeln des Marktes wurden ignoriert. Jeder BWLer lernt im ersten Semester »Grundkurs Betriebswirtschaftslehre«, dass ein Überangebot am Markt die Preise verdirbt, dennoch wurden von der Treuhand zahlreiche ostdeutsche Unternehmen gleichzeitig auf den Markt geschmissen. Oder auch ohne Not plattgemacht, wie die Kaligrube in Bischofferode, obwohl für einen Weiterbetrieb alles vorhanden war: ein westlicher Investor, Maschinen, Arbeitskräfte, die sich mit einem Hungerstreik gegen die Schließung wehrten, und Kalisalz von bester Qualität. Doch man befürchtete ein Überangebot, was wiederum westlichen Kali-Produzenten, unter anderem indirekt der BASF, geschadet hätte, das galt es zu vermeiden. Heute, dreißig Jahre später, führt ein australischer Konzern Probebohrungen unweit des gefluteten und damit unbrauchbaren Schachts durch, wegen der hohen Qualität des dort lagernden Kalisalzes. Das ist Salz in der Wunde der Bischofferoder.

Dabei hatte der Dicke den darbenden Ossis damals blühende Landschaften versprochen. Was stattdessen kam, das waren erst mal zwei Jahrhunderthochwasser. Helmut Kohl hätte das in seiner pfälzischen Bräsigkeit wohl so kommentiert: »Na, ahzo – wer blühemnde Lamndschaften will, der muss halt erst mal amnständig wässern.«

Im Osten gab es durchaus auch patente Unternehmen. Einige bewiesen viel mehr Innovationsgeist als manche Firma im Westen. Der kleine, von der Treuhand schon in Abwicklung sich befindende Hausgeräte-Hersteller Foron in Nieder-Scharfenstein im Erzgebirge beispielsweise.

Schon 1987 hatte das Montrealer Protokoll den verpflichtenden Ausstieg aus den Fluorchlorkohlenwasserstoffen (FCKW) eingeleitet, um die rasch voranschreitende Zerstörung der Ozonschicht durch diese Stoffe zu stoppen. Das immer größer werdende Ozonloch ließ die gefährlichen UV-Strahlen im Sommer auf die ungeschützte Haut britzeln, verursachte vermehrt Hautkrebserkrankungen und führte zum Phänomen des Sommer-Smogs, dem man, man höre und staune, mit temporären Tempolimits in betroffenen Regionen begegnete. Im Montreal-Abkommen verpflichteten sich knapp 200 Staaten darauf, künftig auf Treibhausgase zu verzichten, um das Ozonloch zu flicken. In Deutschland sollte die Herstellung mit FCKW bis 1995 gestoppt werden. Viel zu spät, aber immerhin per Gesetz. Haarspray, Deodorants und Kühlschränke mussten künftig FCKW-frei sein. Heute wissen wir, dass sich dank dieser Maßnahmen die Ozonschicht erholt und das Ozonloch bis 2040 vollständig geschlossen sein könnte. All dies wurde erreicht durch – ein Verbot. Oh, ein in der heutigen Politik verpönter Begriff.

Aber auch schon damals jammerte die Wirtschaft: »Das geht nicht, das können wir nicht! Zu aufwendig! Wir stehen in einem knallharten Wettbewerb! Mimimimimi.« Die Tüftler von Foron aus dem Erzgebirge präsentierten 1993, wie aus dem Hut gezaubert, den ersten FCKW-freien Kühlschrank, dessen Ingenieure waren ganz entspannt: »Keen Problem für uns, in vier Wochen ham wa das serienreif. Mir hatten ja nie was bei uns, es gab ja nüscht, ooch keen FCKW. Das machen wir jetzt mit Propan und Butan.«

In kurzer Zeit gab es schon 70.000 Vorbestellungen. Die düpierten Großhersteller warnten: Dürft ihr nicht kaufen, da besteht Explosionsgefahr! Du machst die Kühlschranktür auf, da kann es eine Stichflamme geben, der Kunde wird verkohlt. Das Festhalten an Althergebrachtem (»Keine Experimente!«) nutzte ihnen aber nichts, es hatte sich ausgeboscht. AEG wurde aus Erschöpfung grün, und die Bauknechte mussten auch zur Kenntnis nehmen, dass sich ein Ozonloch nicht mit marktüblichen Durchhalteparolen oder mit Nadel und Faden stopfen lässt. Nur kurz nach dem verbotsbedingten, angeblich unabwendbaren Ruin hatten auch die Großserienhersteller auf »Greenfreeze« umgestellt, und so wurden dank der Idee der kleinen Erzgebirgstüftler seitdem 600 Millionen Kühlschränke verkauft – alle FCKW-frei. So kann's auch gehen.

Aber damals, nach der Wende, irgendetwas vom Osten zu übernehmen – das war ausgeschlossen. Polikliniken, KiTas, Ganztagsschulen und ein funktionierendes Recycling-System (SERO), all das, was bei uns später Einzug fand, galt als untaugliche Sozialistenfolklore. Seit wann schreibt der Klassenprimus vom Sitzenbleiber ab?

An der Hand ins Wunderland

Kurz vor dem Mauerfall hatten wir noch gehofft, mit Kohl sei es nun aber wirklich ganz bestimmt bald zu Ende, so, wie wir ihn seit Jahren mit Witzchen und Parodien traktiert hatten. Aber dann plumpste ihm der Fall der Mauer wie ein Gottesgeschenk in den Schoß. Bei Kundgebungen in der Noch-DDR erschallten Sprechchöre im weiten Rund: »Helmut, nimm uns an die Hand, führ uns ins Wirtschaftswunderland!« Da ahnten wir, dass wir von einem soziallinksliberalen, vielleicht sogar – zaghaft dachten wir daran – ökologischen Aufbruch weit entfernt waren.

Während viele noch glaubten, bei den anstehenden Volkskammerwahlen könnte die SPD vielleicht punkten, da die Ostpolitik der 70er Jahre, von vielen Seiten angefeindet, nicht unwesentlich dazu beigetragen hatte, dass der Weg zur Einheit geebnet werden konnte, erlebten wir nach einem Gastspiel im Nationaltheater in Weimar mit dem Bockshorn-Ensemble im Frühjahr 1990 folgende Szene, während wir durch die angrenzende Schiller-Straße schlenderten: Die Stadt lag unter dem damals üblichen schweren Smog, ein ätzender, beißender Gestank ließ die Augen tränen, und nach einem kurzen Hustenanfall entfuhr es mir: »Na ja, das wird bestimmt alles besser, wenn die CDU gewinnt. Der Dicke wird es dann schon richten. Und die Leute werden es glauben, wenn er ihnen verspricht, den Smog einfach wegzupusten, der Mann aus dem Wunderland.«

Plötzlich baute sich neben uns ein Mitarbeiter der Straßenreinigung auf, der wohl mitgehört hatte, eine Paradedisziplin in der ehemaligen DDR, und blaffte mich an: »Mäßigen Sie sich! Was fällt Ihnen ein?! Beleidigen Sie nicht unseren hochverehrten Bundeskanzler Dr. Helmut Kohl!«

Volkes Stimme im gelben Nebel machte uns klar: Könnte schwierig werden, das mit der Erfüllung unseres soziallinksökoliberalen Wunschdenkens. Bei der Volkskammerwahl im März 1990, der ersten und auch letzten freien Wahl in der DDR, gewann dann auch die tiefschwarze Allianz für Deutschland, ein Bündnis der ehemals linientreuen Blockflötenparteien der DDR.

Nach dem tränenreich begangenen Tag der Deutschen Einheit am 3. Oktober 1990 triumphierte bei der ersten gesamtdeutschen Wahl am 2. Dezember natürlich die Union mit dem Wirtschaftswunderlandsmann Helmut Kohl, der alle an der Hand nahm, um ihnen zu zeigen, wo sie ihr Kreuz zu machen hatten.

Der Tag der Deutschen Einheit – warum aber ausgerechnet am 3. Oktober? Nun ja, am 1. Oktober 1988 brach der barocke Landesvater Bayerns, Franz-Josef Strauß, nach einem ausgiebigen Wiesn-Besuch vor einer Treibjagd im fürstlichen Revier von Johannes von Thurn und Taxis mit den Abschiedsworten »Warten Sie noch!« zusammen. Er verstarb am 3. Oktober. Helmut Kohl, der ewige Erzrivale, witterte seine Chance: Von nun an war der straußsche, eigentlich bis in alle Ewigkeit mit feierlichen Festparaden durch München und Berlin zu begehende voralpine Nationaltrauertag überlagert vom Tag der Deutschen Einheit. Strauß rotierte grollend in seinem Grab, und Kohl lachte sich ins Fäustchen, hatte er doch seinem intimfeindlichen Parteifreund, der ihn zu Lebzeiten permanent als »unfähigen Pygmäen« gepiesackt hatte, der felsenfest der Meinung war, eher würde man in Alaska Ananas züchten, als dass ein Helmut Kohl Kanzler würde, den Ehrentag versaut. Nun ist es zwar im Zeichen der globalen Erderwärmung vielleicht gar nicht mehr so lange hin, bis im ehemaligen ewigen Eis Ananasplantagen entstehen könnten, Kohl aber hatte Strauß ein posthumes Schnippchen geschlagen. Das war, nach dem Erringen der Kanzlerschaft, der kohlsche Endsieg über die »Männerfreundschaft«. Birne schlägt Ananas.

Helmut Kohl. Ich weiß, über die Toten soll man nur Gutes sagen. Nur fällt mir bei ihm dazu recht wenig ein. Kohl begann seine Amtszeit mit der Flick-Spendenaffäre, aus der er sich nur zog, weil er sich dank eines Blackouts nicht mehr erinnern konnte (Jahrzehnte später nahm sich Olaf Scholz in der Cum-Ex-Affäre ein Beispiel an ihm), und er beendete seine Amtszeit mit einem veritablen Spendenskandal. Einfach gesagt: Er war wohl ein durch und durch korrupter Sack. Doch nach seinem Tod begann die Verklärung: Straßen und Plätze sollten nach ihm benannt werden. Viele fanden es schade, dass in Rheinland-Pfalz kein passender Flughafen aufzutreiben war, der seinen Namen würde tragen können. In seiner Heimatstadt Ludwigshafen sollte die Rheinallee in Helmut-Kohl-Allee umbenannt werden – warum nicht gleich noch den Rhein in »Bimbes-Kanal« umtaufen? Glücklicherweise wurde das von den schlauen Pfälzer Bürgern abgelehnt.

Nur in Erfurt, da hat man ihm ein Denkmal gesetzt, ein kleines Gässchen trägt dort seinen Namen, eine im Nichts endende Stichstraße, also: Sackgasse. Passt. Bei seinem Begräbnis gab es einen kurzen Aufreger – die Kanzlerin hielt eine Rede. Sie, die ihn aus allen Ämtern entfernt hatte, hielt die Traueransprache, obwohl es seine Witwe, Maike Kohl-Richter, nicht wollte. Als sie sprach, da hörte man plötzlich aus dem Sarg ein Grummeln: »Maike – mach die böse Frau da weg!«

Ein frommer Wunsch, der leider nicht half. Sie sollte noch lange bleiben.

Persönlichkeiten der Geschichte

Wichtig für einen Politiker ist ja immer: Was wird von mir dereinst in den Geschichtsbüchern stehen? Aber ist das denn wirklich so wichtig? Was bleibt am Ende denn übrig von den großen Persönlichkeiten? Irgendwas mit Essen und Trinken.

François-René de Chateaubriand zum Beispiel, ein französischer Diplomat, Politiker und Schriftsteller, der die Wirren der Französischen Revolution als melancholischer Augenzeuge begleitete und von dem solch richtungsweisende Sätze stammen wie: »Die Bedrohung durch den Stärksten bewirkt bei mir, dass ich mich auf die Seite des Schwächeren stelle.« Er hat viel

Kluges gesagt, aber was bleibt von ihm, von Chateaubriand? Ein Fleischgericht mit dreierlei Soßen und Gemüsebeilage, für zwei Personen.

Sir Arthur Wellesley von Wellington, der Napoleon die historische Niederlage in der Schlacht bei Waterloo zufügte, endet in der Wahrnehmung als Rinderfilet Wellington, bestrichen mit Pilzpüree, eingewickelt in Blätterteig.

Und Napoleon selbst steht heute als billiger Brandy im Discounter-Regal bei Rewe. Direkt neben den Wodka-Marken Jelzin oder Gorbatschow.

Im Supermarkt stehen die Billig-Wodkas neben dem Schaumwein Fürst von Metternich. Da hat man nur die Wahl zwischen schlimmem Fusel und ganz schlimmem Fusel.

Bismarck endete als Hering in Salzlake, der kongolesische Freiheitskämpfer Lumumba als Kakao mit einem Schuss Rum, und Brandt bleibt als Zwieback im Gedächtnis. Kohl kennen wir als Wintergemüse, das schwere Blähungen erzeugt. Und die mythisch verklärte Prinzessin Diana begegnet uns regelmäßig als Rehbraten zur Herbstzeit. Bleibt die Frage – als was wird uns die ehemalige Kanzlerin dereinst kulinarisch beglücken? Ich schätze mal als Sättigungsbeilage »Angela« oder als »Kalter Hund«. Und Kanzler Scholz endet vermutlich als »Armer Ritter«.

Kochsmühle oder: Wie es zu Tilt! kam

Ich wuchs in Obernburg auf – einem kleinen Städtchen am Untermain, pittoresk eingebettet zwischen zwei Mittelgebirgen, dem Odenwald und dem Spessart. In dieser idyllischen Provinz verbrachte ich meine ersten Lebensjahre.

Dort gab es eine alte Mühle, die sogenannte Kochsmühle, die 1988 brachlag und die man wiederbeleben wollte. Verschiedene Vorschläge waren im Gespräch, man überlegte sich unter anderem, ob man sie zum Pflegeheim umbauen oder einen Discounter von ALDI in dem Gemäuer unterbringen sollte. Ich hingegen hatte eine andere Vision – ein Theater für Obernburg, eine Begegnungsstätte. Also schlug ich meinem Cousin Roland vor, der für die CSU im Stadtrat von Obernburg saß, aus der alten Mühle eine Kleinkunstbühne zu machen. Roland war zunächst gar nicht begeistert und zweifelte an meiner Idee, ich aber blieb hartnäckig. Auf seine Frage: »Ja, wer zum Himmel soll so etwas denn machen?«, fiel mir spontan keine bessere Antwort ein als: »Ich!«

Roland nahm mich beim Wort, setzte sich im Stadtrat beim Bürgermeister für die Idee ein und, oh Wunder, der Entschluss fiel schließlich zugunsten des Theaters. Die Stadt übernahm die Umbauarbeiten und ich die künstlerische Leitung. Von der ich absolut überhaupt keine Ahnung hatte, geschweige denn irgendeine Qualifikation – außer vielleicht, dass ich beginnender Kabarettist war.

Egal, ich warf mich da rein. Wie immer in meinem Leben. Einfach machen, mich ins Abenteuer stürzen, ins Risiko gehen, der Rest ergibt sich schon. Gut, zugegeben, betriebswirtschaftlich hatte sich bei meinen unternehmerischen Abenteuern, abgesehen von meinen Bühnenauftritten, meistens eher weniger ergeben, zumindest wenig Gewinn, aber egal. Das hielt mich nie davon ab, mich immer wieder in solche zu stürzen.

Tatsächlich wurde die etwa 110 Zuschauer fassende Kochsmühle ein voller Erfolg. Also künstlerisch. Das Who is who der Kabarettszene beehrte uns, es spielten so große Namen wie Sigi Zimmerschied, Volker Pispers, Georg Schramm, Dieter Nuhr und Andreas Giebel. Mit Letzterem ergab sich aus unserem Treffen in der Kochsmühle sogar eine Kooperation, und wir spielten Anfang der Neunziger in Folge zwei Programme zusammen: »Gehen tut alles« und »Mehr untenrum«.

In der Kochsmühle trat ich auch mit meinen ersten Monatsrückblicken auf. Auf die Idee kam ich durch meine Zeit als Bedienung – als Siebzehnjähriger hatte ich in der Wirtschaft »Zum Karpfen« gekellnert.

In meiner konservativ geprägten randbayerischen Provinz galt es, wie überall in Bayern, als gesetzt: Während am Sonntag die Ehefrauen im trauten Heim den sonntäglichen Braten zubereiteten, besuchten ihre Gatten den Gottesdienst, über dessen Predigt sie den Gattinnen zu Hause über dem dampfenden Sonntagsbraten zu berichten hatten. Die Wirtschaft »Zum Karpfen« schien allerdings einen ungleich stärkeren Sog auf die Herren der Schöpfung auszuüben als die kalte Kirche, und so ergab sich an vielen, eigentlich an allen mir bewussten Sonntagen das gleiche Bild: Eine Gruppe Männer unterschiedlichen Alters setzte sich kurz nach zehn – Punkt zehn begann ja der Gottesdienst – an den Stammtisch, auf dem ein Holzbrett stand, in das das vielsagende Motto eingeritzt war: »Hier sitzen die, die immer hier sitzen.«

Die, die immer dort saßen und heute immer noch dort sitzen, schleuderten erst einmal ihre Gebetsbücher auf den Tisch und bestellten eine Runde halbe Gerstensaft für alle, um die Sonntagspredigt mit dem nötigen Geist auferstehen zu lassen. Nicht NACH der Predigt, sondern währenddessen. Dabei gab es abwechselnd immer einen armen Tropf, der später erschien, weil er sich den Sermon in der Kirche anhören musste, um im Anschluss seine Stammtischkollegen darüber zu unterrichten, man musste schließlich informiert sein. In erster Linie wegen der Ehefrauen, denen Bericht zu erstatten war. Das war der Deal: Eine Stunde Wirtshaus war ihnen gegönnt, dafür musste in der Kirche aufgepasst werden. Dass aus der einen Stunde durch das Klerikalschwänzen drei wurden, geschenkt. Und falls es mal rauskommen sollte, weil der Pfarrer eine der Angetrauten fragte: »Deinen Mann habe ich aber auch schon lange nicht mehr gesehen, am Sonntag in der Kirche!« Wozu gibt es die Beichte? Ob das nur im Karpfen so war oder auch in anderen Wirtshäusern der Republik – ich weiß es nicht, aber die Vermutung liegt nahe.

Sobald sich die Herren gesetzt hatten, ging auch schon das Gepolter los, es wurde politisiert, kritisiert, theoretisiert, auf den Tisch gehauen und sich aufgeregt. Es entbrannten heftige und deftige Diskussionen, oft polemisch geführt, da war Stimmung in der Bude, bis der Wirt angesichts der zum Mittagessen erscheinenden Gäste zur Mäßigung aufrief. Das ganze politische Geschehen der vergangenen Woche wurde auseinander- und unter die Lupe genommen, mal mit mehr, mal mit weniger Scharfsinn, aber immer mit vollem Einsatz und Leidenschaft. Einen Außenseiter gab es, einen einsamen SPD-Wähler, der es schwer hatte als absolute Minderheit im weiten Rund tiefschwarzer CSU-Anhänger.

Hatte irgendeiner völligen Blödsinn geredet, und das kam öfters vor, nahm man ihm das nicht übel, sondern es wurde schnell ad acta gelegt, nach dem Motto: »Was hat denn der

Harald gestern wieder für einen Scheiß gebabbelt, der hatte wohl zwei, drei Halbe zu viel.«

Dann war's auch wieder vergessen, und der Schwachsinn war aus der Welt. Was waren das für schöne analoge Zeiten!

Heute setzt sich Harald nach dem Stammtisch an seinen Rechner oder an sein Handy, haut in die Tasten und lässt die ganze Welt an seinen Einsichten teilhaben, die am Stammtisch nicht goutiert wurden. Da geifert der Hass aus dem Smartphone. Selten zum Wohl der Welt. Dafür gern in den Online-Foren der *Welt*. Dort treffen sich die ganz alten weißen Männer und Frauen, das merkt man meist an den Klarnamen und der oftmals gewählten Schriftart Sütterlin. Auch Jüngere sind darunter, zum Ausgleich alt im Geiste. Drei Themen bringen die Foristen zuverlässig zum Rasen: Klimaschutz und Klimawandel, Ausländer und Migration und alles, was mit »grün« zu tun hat. Die Beiträge atmen den Mief der 50er Jahre. Klimaaktivistinnen wie Luisa Neubauer werden verächtlich als »die Dame« bezeichnet, immerhin, nicht mehr als »Frollein«.

Die empfohlenen Nutzungsregeln im Forum der selbsternannten bürgerlichen Mehrheit befolgt niemand. Es gibt dort auch niemanden, der manch unterirdische Kommentare löscht. Wahrscheinlich, weil sich Redakteure wie Ulf Poschardt, Anna Schneider oder Don Alphonso denken: »Da schreiben ja Leute, die das denken, was wir schreiben!«

So kann ein norbert E. über den Grünen-Politiker Robert Habeck unkommentiert foren: »Wenn der Habeck bei mir vor der Tür stünde, würde ich nicht in die Luft schießen.«

Oder ein CBimüller fordert mit Blick auf die Aktivisten der Letzen Generation: »Einfach mit dem Panzer über die Hand fahren, das klebt garantiert«, und ein Thomas S. schreibt: »Ich würde nur paar wegschaffen und den Rest geklebt lassen beim vollen Verkehr. Neue Erfahrungen schaden nicht.«

Ja, so etwas liest man unzensiert und wörtlich bei der *Welt*, der *BILD*-Zeitung für Architekten und Studienräte, in deren Edelfederstuben doch angeblich so viel Wert auf einen respektvollen und höflichen Umgangston gelegt wird.

Zurück zum Stammtisch. Damals gab es glücklicherweise nicht nur die Haralds, und wenn es sie gab, wurden sie von den anderen zumeist eingefangen. Ich fand die geselligen Runden mit den erhitzten Diskussionen jedenfalls immer erhebend. Der lebendige Meinungsaustausch während des sonntäglichen Frühschoppens brachte mich auf den Gedanken, etwas Ähnliches auf der Bühne zu probieren, ein Rückblick auf das politische Geschehen, eine Art satirischer Frühschoppen also. Damit war Anfang der Neunziger die Idee zu *Tilt!* geboren.

Dazu kam, dass 1987 *Der Internationale Frühschoppen*, die Mutter aller Talkshows in der ARD, eingestellt wurde. Das Ende der Serie wurde nötig, da deren Moderator, das wandelnde Kassengestell Werner Höfer, mit eigenen Artikeln aus den 40er Jahren konfrontiert wurde, in denen er Durchhalteparolen im Sinne der NS-Diktatur verbreitete und Künstler zur Unterstützung der Nazis aufforderte. *Der Internationale Frühschoppen* war Pflichtprogramm in den meisten Haushalten, also zumindest in denen, die dem Bildschirm nicht fernblieben, weil sie währenddessen über den Inhalt der sonntäglichen Predigt unterrichtet wurden. Nach dem *Internationalen Frühschoppen* wurde so an dem einen Mittagstisch über das Weltgeschehen debattiert, an dem anderen über die Kerninhalte des Matthäus-Evangeliums oder den Korinther-Brief, falls es von den Stammtischbrüdern noch korrekt wiedergegeben werden konnte. *Der Internationale Frühschoppen*, den Höfer voller Euphorie stets mit den Worten eröffnete: »Heute mit fünf Journalisten aus sechs Ländern.«

So kam's einem zumindest vor – frei nach dem sportbegeisterten Motto der Österreicher, die am Rande der Abfahrtsläufe immer ganz narrisch die Fahnen schwenken: »Sechs Österreicher unter den ersten fünf!«

Es wurde Wein ausgeschenkt, der Flaschenform nach zu urteilen muss es ein fürchterlicher Wein gewesen sein. Irgendeine entsetzliche Moselplörre, Kröver Nacktarsch oder Edelgunder Liebfraumilch, bei denen der Zusatz von Glykol sicherlich für Qualitätsverbesserung gesorgt hätte. Den Journalisten aus den verschiedenen Ländern rauchten beim Talk nicht nur die Köpfe, sie qualmten auch ansonsten, was das Zeug hielt. Im Fernseher waberte eine Wand aus Nebelschwaden, als Kind dachte ich nur: »Die Röhre ist kaputt, gleich implodiert er!«

Beim Nachfolgeformat, dem sterilen *Presseclub* in der ARD, der bis heute läuft, da implodiert leider gar nichts mehr. Da halten sich die Journalisten an einem Glas Wasser fest und unterhalten sich gesittet. Wie langweilig.

Eine wilde Zeit war es, die damalige Fernsehlandschaft. Dieser unbekümmerte Umgang mit gesundheitsgefährdenden Ritualen. Wie beim *Kommissar*, der legendären Krimiserie im ZDF – Karl Lauterbach wäre heute auf der Zinne, müsste er auch nur eine Folge davon ertragen. Noch in der Nacht würde er den ausstrahlenden Sender mit Brand-Tweets bombardieren und das Zuschauertelefon lahmlegen.

Erik Ode als Kommissar Keller mit seinen fantastischen Assistenten Walter Grabert, Robert Heines und Harry Klein. Stets in elegantes Schwarz-Weiß gekleidet. Während des Kommissars späterer Nachfolger Stephan Derrick zu Ermittlungszwecken meist nur in den Edelvillen von Grünwald herumtapperte, überwogen beim *Kommissar* schwer zu lösende Alltagsfälle aus dem ärmlichen Sozialmilieu. Beim *Kommissar* zählte die Realität. Da wurden Probleme nicht schöngeredet

Juhu, Derrick wird im Frühstücksfernsehen fortgesetzt!

oder denen in die Schuhe geschoben, die dafür nicht verantwortlich waren. Ermittler kamen von einem Mordfall ins Büro, die Aschenbecher waren zum Überlaufen voll, Ratlosigkeit grub tiefe Furchen in die Ermittlerstirnen, mitten im qualvollen Nachdenken erschien dann morgens um zehn eine sogleich Hoffnung verheißende Person, natürlich eine Frau. Die Chefsekretärin. Logisch, dass sie Chefsekretärin war, denn es gab außer ihr keine andere, es gab nur sie. Käthe Rehbein. Eine Art bajuwarischer Miss Moneypenny im Hol- und Bringdienst ihrer nach A13 gut besoldeten, majestätisch anmutenden Beamtenriege. Käthe R., die mit ihrem devot-waidwunden Augenaufschlag der seligen Lady Di in nichts nachstand – liebevoll mit dem Kosenamen »Rehbeinchen« versehen. Ihr besorgter Gesichtsausdruck nahm die morgendliche Schwere der grübelnden Ermittler auf: »Ein schwieriger Fall?«

Alle nickten, ganz betroffen und bedeutungsschwanger, die ganze Mühsal der Arbeit auf ihren gebeugten Schultern lastend. Aber Rehbeinchen hatte immer die Lösung parat. Frei nach Wilhelm Buschs Therapieansatz: »Wer Sorgen hat, hat auch Likör!«, wusste auch sie stets Rat: »Ich hol euch erst mal was zu trinken.«

Und dann kam sie, um die Lösung zu präsentieren, zurück, um kurz nach zehn, randvolle Cognacschwenker schwenkend, und alle haben sich gedacht: Wenn einem so viel Übles wird beschert – das ist schon einen Asbach Uralt wert. Denn im Asbach Uralt steckt der Geist des Weines.

Ich habe diesen Spruch schon als Kind nicht verstanden.

Als ermittelnder Kommissar des Politikgeschehens spielte ich von nun an jedenfalls einmal im Monat sonntagmorgens auf der Bühne der Kochsmühle *Tilt!*. Während ich die Politik des abgelaufenen Monats satirisch unter die Lupe nahm, taten sich die Zuschauer unten an ihrem Bier gütlich. Gut, jeder musste das politisch Geschehene auf seine Weise verarbeiten. Da ich nun jeden Monat einen Rückblick schrieb, erschien es mir irgendwann nur konsequent, aus den gesammelten Monatsrevuen einen Jahresrückblick zu formen – etwas, das mich bis heute begleitet. Wobei es mich manchmal irritiert, so sehr es mich auch freut, wenn mich schon im Sommer Leute ansprechen, von wegen: »Ach, Herr Priol, wir freuen uns jetzt schon auf Ihren Jahresrückblick! Ihr *Tilt!*, das ist für uns ein fester Termin im Kalender! Dann wissen wir wieder, was in diesem Jahr alles schiefgelaufen ist. Das ist so lustig!«

Die künstlerische Leitung der Kochsmühle hatte ich einige Jahre inne, bis sie schließlich von dem Verein Arbeitskreis Kul-Tour e.V. übernommen wurde, der bereits zuvor die wirtschaftliche Leitung übernommen hatte.

Für mich eröffnete sich ein neues Kapitel. 1998 übernahm ich mich und den »Hofgarten« in Aschaffenburg, ein ehemaliges Programmkino.

Vaffanculo!

Ich bin begeisterter Skifahrer. Also, gewesen. In einer Zeit, in der es noch möglich war, in gemäßigten Höhen verschneite Hänge hinunterzuwedeln und man nicht auf einem dünn beschneiten weißen Band inmitten eines weiten grünen Runds mit Frühblühern auf Kunstschnee ins Tal rutschte.

Vor allen Dingen liebte ich Skifahren, wenn mich die Skier zu einer behaglichen Hütte gleiten ließen, in der ich gemütlich auf einen Jagertee, einen Bombardino oder ein ähnlich erwärmendes Trinkgut einkehren konnte. Ähnlich ist das beim Wandern, das ich bisweilen eher als notwendige Schinderei empfinde. Auch da freue ich mich hauptsächlich auf die Einkehr in die Hütte. Für mich ist nicht der Weg das Ziel, sondern nur das Ziel des Weges wert, und wehe, es ist geschlossen, also weg, das Ziel.

Häufig zog es mich zum Skiurlaub nach Livigno, ein auf bis zu 3000 Höhenmetern gelegenes Skigebiet in der Lombardei. Es ist ein zollfreies Gebiet, eignet sich also hervorragend zum Shoppen, und wird aufgrund seiner Höhe auch als »Little Tibet« bezeichnet.

Um wieder einmal in dieses Einkaufs- und Skiparadies zu kommen, machte ich mich mit meinem geleasten Tourneegeschäftswagen auf den Weg. Nach dem Hinweis vor der Einfahrt in einen einspurigen Tunnel: »Bitte Motor abstellen« sprang, nachdem die Ampel auf Grün gewechselt hatte, zwar der Motor an, bei der elektronisch geregelten Automatik ließ sich der Wählhebel aber nicht auf »D«, also auf Fahrbetrieb, stellen, war ja nicht mechanisch. Vielleicht war es der Elektronik zu frostig, um den Fahrbefehl an die Vorwärtsbewegungskommandozentrale weiterzugeben.

Hier stand ich nun im Hier und Jetzt, vor einem Tunnel in eisiger Kälte. Und machte mich ziemlich lächerlich, als ich etwas hilflos und entschuldigend die Arme hob und in leicht gebrochenem Italienisch einem drei Wagen hinter mir wild hupenden Tifoso zu erklären versuchte, dass ich erst einmal ein, zwei Minuten auf- und ablaufen müsse, damit das Bordsystem sich in der Zeit wieder auf null fahren könne, sodass der Gang sich wieder einzulegen bereit wäre. Der Fiat-Fahrer radebrechte zurück: »Ikke denke, ihr Deutsche baut-e dokk-e imme die best-e Auto, no? Habb-e imme gross-e Klapp! Oder? Vaffanculo!«

Die Übersetzung der Beschimpfung merkte ich mir, als ich an mein verwaistes Fortbewegungsmittel dachte. Schon damals wurde der Grundstein für meine Aversion gegen moderne und hochelektrifizierte Autos gelegt, die ich bis heute leidenschaftlich pflege.

Autos mit Erfahrung

Seitdem fahre ich wieder analog. Auch, wenn ich beruflich auf Tour bin. Mein Sommerkombi ist 40 Jahre alt, mein Winterkombi wird 30 – beide kennen die Straßenbeläge noch von früher, und ich kann mich beim Autofahren auf das konzentrieren, wofür es mal gedacht war: um von A nach B zu kommen. Mein Auto ist kein rollendes Büro, in dem ich E-Mails checke oder Präsentationen vorbereite.

Einmal musste ich mir, aus logistischen Gründen, einen Leihwagen nehmen. Nachdem der ganze Papierkram in der Mietwagenzentrale erledigt war, stand ich abwartend vor dem Tresen und fragte: »Wo ist denn der Autoschlüssel?«

Woraufhin mir die Mitarbeiterin der Mietwagenfirma nicht ohne Stolz verkündete: »Alle unsere Fahrzeuge haben Keyless Go.«

Bitte? Keyless Go?! Aha. Früher sagte man da: Die polnische Automafia hat ihn geholt.

Kaum war ich keyless eingestiegen, kam ich in den Genuss der Rundumbeplankung mit all den Sensoren. Einparkhilfe! Ich kann das wohl noch allein! Die ganzen entmündigenden

Helferlein an Bord, das grenzt doch schon an Altersdiskriminierung. Bei meinem Leihwagen habe ich gleich im Kofferraum nachgesehen, ob ein Rollator oder eine Gehhilfe sich darin verbergen. Als ich in eine Parklücke wollte und rückwärtsfuhr, begann das Auto, wie verrückt zu piepen, ich wusste gar nicht, wie mir geschah und stand kurz vor einem Tinnitus. Früher gab es an den Autos solche Dinger, die nannten sich Stoßstangen. Da war ein dicker Gummiwulst dran, und wenn man rückwärts irgendwo anstieß, machte es »dunk« und, aha, man wusste, man war drin.

Irgendwann sagte sich wohl die Industrie: schlecht. Da verdienen wir ja nichts. Wir müssen Sollbruchstellen einbauen. Also kamen als technische Innovation die in Wagenfarbe lackierten Stoßfänger. Plötzlich machte es nicht mehr »dunk« beim tastenden Einparken, sondern »knicks«, und es war ein kleiner Riss in der Stoßstange. In der aufgesuchten Werkstatt hörte man dann: »Oh, oh – da müssen wir leider das ganze Modul austauschen.«

Geht das mit der Elektrifizierung des Automobils so weiter, wird es in zehn Jahren wahrscheinlich heißen: »Sorry, die Software bei Ihrem Auto, die ist ja total veraltet, der muss zum Elektronikschrott, Sie brauchen einen Neuen.«

Wahrscheinlich wird das ganze Auto dann als immobiler Sondermüll nach Agbogbloshie verschifft.

Spurhalteassistent. Elektronische Berganfahrhilfe. Für wie degeneriert halten die uns eigentlich? Das haben wir doch alle mal gelernt. Du stehst am Hang, die Ampel springt auf Gelb, Handbremse lösen, Kupplung kommen lassen, fahren. Heute musst du warten, bis dein elektronischer Berganfahr-Hilfeassistent es dir erlaubt. Und wenn du Pech hast, sagt er: »Hab grad Mittag«, dann stehst du blöd rum. Dauernd quäkt und blinkt es, man ist permanent abgelenkt, zack, schon hat man eine Geschwindigkeitsbegrenzung übersehen und landet im blitzenden Rotlicht. Dagegen gibt es, logisch, wiederum elektronische Helferlein. Die Blitzer-App, zum Beispiel. Natürlich verboten, wird man damit erwischt, gibt es Punkte in Flensburg und ein saftiges Bußgeld. Was aber, wenn nicht der Fahrer die App auf seinem Smartphone spazieren fährt, sondern die Beifahrerin oder der Beifahrer? Unsere Justiz wäre nicht unsere Justiz, hätte sie sich nicht auch über so etwas den Kopf zerbrochen. Ganz salomonisch fiel das Grundsatzurteil aus: Auf dem Beifahrersitz darf die Warn-App aktiviert sein, die Person geht straffrei aus, aber nur, wenn sie Blitzer-Informationen nicht an den Fahrer weitergibt. Realistischer und praxisnäher geht es mit deutscher Gründlichkeit wohl kaum.

Vor einigen Jahren fuhr ich gemeinsam mit Freunden wieder mal in den Skiurlaub. Ich mit meinem alten Diesel, meine Freunde mit ihrem neuen Geschäftswagen, auf den sie sehr stolz waren, es war eine C-Klasse mit jedweder Elektronik an Bord.

Damals war es wirklich saukalt. Als wir nach einer Woche zurückwollten, stieg ich in meinen alten Kombi, er glühte erst einmal lange vor, dann hustete er sich frei. Feinstaub ist für ihn ein Fremdwort, da fliegen die Briketts aus dem Endschalldämpfer und fallen sauber gewürfelt direkt zu Boden.

Da ich langsamer war, fuhr ich schon mal vor, sie würden mich auf der Autobahn sowieso einholen. Dachte ich. Nach zehn Minuten im Auto kam der Anruf: »Unser Auto macht keinen Mucks, kannst du zurückkommen und uns in die Werkstatt schleppen? Da muss ein Fehler ausgelesen werden.«

Ein Abschleppseil hatte ich nicht mit, also wendete ich und fuhr zu einer vor Kurzem passierten Tankstelle. Ich fragte nach dem benötigten Hilfsmittel, dort guckten sie mich an wie ein Auto: »Oh, das haben wir schon lange aus dem Sortiment genommen. Aber wenn sie Katzenfutter bräuchten oder ein Deo mit Wildrosenduft, das hätten wir da. Auch unser Diddl-Maus-Sortiment ist sehr interessant.«

Meine Freunde brachten den Wagen dann ohne meine Hilfe in die Werkstatt. Im Display stand immer noch »Fehler auslesen«. Der Wagen stand in der Halle und taute langsam auf. Nach sechs Stunden, ich genoss schon ein Bier in meiner Stammkneipe zu Hause, hatten sie den Fehler ausgelesen, da stand, kein Witz: »Zu kalt.«

Die Segnungen des Fortschritts.

Autonome Bevormundung

Eine Frage, die schon seit Jahren diskutiert wird: Ein Fahrer braucht ein Auto, klar. Aber braucht das Auto noch einen Fahrer? Groß im Kommen, ein Riesentrend, gepusht von dem Elektroguru aus dem arabischen Raum, Musk-el-Kater: das autonome Fahren. Brauchen wir das? In welchen Bereichen? Was wird aus den autonom dann überflüssigen Berufskraftfahrern? Begrüßt dich im Taxi eine computeranimiert säuselnde Blechliesel, um dir dein Fahrziel zu entlocken?

Was wird aus den Taxifahrern? Sonst jaulen doch auch bei jedweder Reform die Arbeitgeber auf: »Das gefährdet Arbeitsplätze!«

Hier scheinbar nicht. Als ich früher Taxi fuhr, wie oft fiel nachts einer auf die Rückbank: »Fahr mich heim!«

»Und wohin?«

»Na ja – heim halt!!«

Also ging ich zurück in die Kneipe, fragte die Wirtin, wo er wohnt, klingelte bei der Adresse und stellte das Promillepaket im Hausflur ab: »Überraschung!«

Nein, wahrscheinlich brauchen wir das führerlose Fahren, wenn in Zukunft die »Rente mit 70« kommt. Wir sollen ja alle länger arbeiten. Auch am Tag. Dann kann der gestresste 70-Jährige wenigstens entspannt nach Hause gefahren werden, die ein bis zwei Stunden aufs Land, weil er sich eine Stadtwohnung nahe am Arbeitsplatz ja nicht mehr leisten kann und die Rente sowieso vorn und hinten nicht reicht. Aber dafür hat sein autonomes Auto vermutlich einen Scanner, der beim Vorbeifahren von Abfallkörben erkennt, ob Pfandflaschen drin sind. Greifarm raus, Flasche rein, lasst uns froh und munter sein.

Autonomes Fahren, so ein Quatsch. Autonomes Fahren, das hieß bei uns früher: Der Beifahrer hält's Maul.

Schwarze Katze

Aber zurück zu meinem Skiurlaub in Livigno. Nachdem mein Auto schließlich netterweise beschlossen hatte, doch wieder zu Diensten zu sein, kam ich dort an und fand gleich eine besonders charmante Bar zur Einkehr: die Gatto Nero, in der ich einen großen Teil meines Skiurlaubs verbrachte.

Als ich dort während eines wunderbaren sonnigen Skitages gerade den köstlichen kulinarischen Genüssen Italiens frönte, wurde ich von meinem Bekannten GiGi angerufen. GiGi saß für die Grünen im Aschaffenburger Stadtrat: »Du, hör mal, das Kino im Hofgarten hört auf, und wir haben uns überlegt, dass man dort ein Theater oder irgendwas machen könnte. Was mit Kultur halt. Wir bräuchten jemanden, der sich darum kümmert. Ich habe da sofort an dich gedacht, könntest du dir das vorstellen?«

Hm, ein Theater in Aschaffenburg, aus der Provinz in die Stadt, das hörte sich gut an.

An der Kochsmühle in Obernburg hatte ich eh schon länger keine Freude mehr, denn dort arbeitete seit einiger Zeit eine strenge Hausmeisterin, die mit unseren manchmal etwas chaotischen, linksorientierten und freigeistigen Künstlern überhaupt nicht konnte, sich an Kleinigkeiten wie nicht ordentlich entsorgten Zigarettenkippen störte und insgesamt ein sehr rigoroses Regiment führte. Das entsprach ganz und gar nicht meiner Mentalität und führte zu unangenehmen Konflikten. Um es kurz zu machen: Wir verstanden uns nicht gut. Ich war nicht besonders erpicht darauf, in einer derartig streng von einem feuerspeienden Hausdrachen dominierten Umgebung länger zu arbeiten. Da kam die Aussicht auf etwas Neues, noch dazu in der Stadt, wie gerufen.

Außerdem war ich, als ich mit GiGi sprach, nach drei Bombardino in der Gatto Nero bereits gut angeheitert und in äußerst euphorischer Stimmung. Also zögerte ich nicht lange und sagte zu: »Ja, klar, mach ich.« Mit diesem Satz hatte ich Erfahrung. Wie auch mit der Leitung eines Theaters, ich wusste also, was auf mich zukam. Dachte ich zumindest. Welch ein Irrtum!

Vielleicht hätte mich schon der Name der Bar, in der ich den Anruf erhielt, stutzig machen sollen. »Gatto Nero« heißt übersetzt »Schwarze Katze«. Ein Omen. Kein gutes. Zumindest wirtschaftlich.

Obwohl … nach nun 25 Jahren kann ich rückblickend feststellen, dass nach all den Anfangsschwierigkeiten etwas sehr Schönes entstanden ist: Eine der führenden Kleinkunstbühnen im Land, ein multikultureller Schmelztiegel mit einem Theaterleiter aus Sachsen-Anhalt, einer bürotechnischen Schaltzentrale aus Brandenburg, einem familiengeführten sizilianischen Restaurant mit einem indischen Koch, der auch zu manch vorgerückter Stunde stets bereit ist, knurrende Mägen kulinarisch zu füllen. Danke Axel, danke Kati, danke Antonella und Claudio, danke Bobby danke Technik-Tausendsassa Andi und allen, die mir und uns seit 20 Jahren die Treue halten.

Um damals dem Projekt »Hofgarten« eine Chance einzuräumen, um es im von der CSU dominierten Stadtrat durchzubringen, wurden die Kosten für den erforderlichen Umbau des Kinos, das vorher ein Tanzcafé und davor eine Orangerie gewesen war, auf 155.000 DM beziffert. Das wunderte mich und die zu Rate gezogenen Fachleute, sollte doch schon allein die Technik nach ihrer Schätzung mehr als 300.000 DM kosten. Nachdem es so vorläufig im Stadtrat genehmigt worden war, nahm man mich beiseite und forderte mich auf, freie Architekten zu beauftragen, um die wahren Kosten zu ermitteln. Deren Einschätzung divergierte etwas von der ersten Schätzung, es fiel die Summe von 1,8 Millionen DM. Seit dieser Erfahrung bringen mich die explodierenden Kosten bei deutschen Großprojekten wie Stuttgart 21, dem BER oder der Elphi nicht mehr zum Staunen.

Die CSU, ein unerschöpflicher Pool an Steilvorlagen für jeden Kabarettisten, die sowieso kein großes Interesse an einem Theater hatte, in dem Kabarett stattfinden und das von einem linksliberalen Künstler geleitet werden sollte, nahm die realistische Kostenschätzung begierig auf. Sie drohte damit, dem Projekt die finale Zustimmung zu verweigern, die Kosten seien dem Steuerzahler nicht zumutbar. Wie es denn mit einer

Sportsbar mit Fußballübertragungen wäre, da hätten alle doch viel mehr davon, man könne die an einigen Abenden ja auch für Kulturveranstaltungen nutzen. Noch dazu sollte während der Fußballspiele Binding-Bier ausgeschenkt werden, ich sollte also einen Liefervertrag mit der Binding-Brauerei abschließen. Der Grund dafür war, dass Aschaffenburg einen Vertrag mit dieser Brauerei geschlossen hatte, der für die Stadt zu unglaublich schlechten Konditionen verhandelt worden war. Die verpflichtende Abnahmemenge, unter anderem für die Stadthalle, war viel zu groß, die Laufzeit zu lang. Die CSU hoffte, durch einen zusätzlichen Vertrag mit dem Hofgarten bessere Bedingungen aushandeln zu können.

Da gab es nur ein Problem. Binding-Bier war absolut grauslich, ein nicht zu trinkendes, Kopfweh verursachendes Gesöff und neben der CSU eines meiner Lieblingsspottthemen. Ich verunglimpfte es ständig als Bim-Bim-Bier. Bim-Bim-Bier und Fußball. Das war keine wirklich gute Option.

Um ganz sicher zu sein, dass aus der Orangerie kein Kabaretttheater wird, bot man mir alternativ an, dass ich das Gebäude in Erbpacht erwerben könne, um dort zu schalten und walten, wie ich wolle. Die CSU war sich sicher: Das macht der nie, so blöd ist er nicht, so deppert ist niemand.

Doch. Ich war so blöd. Mein Ehrgeiz war geweckt: »Denen zeig ich's, jetzt erst recht«, so dachte ich mir. Ich besprach mich mit meiner damaligen Frau Gabriella, die ebenso schnell und unvernünftig Feuer und Flamme für die Idee war, sie ist temperamentvolle Sardin, und wir sagten zu. So kam ich zu einem Theater. Und einem unendlich großen Berg an Schulden. Wie schon erwähnt, eigentlich hasse ich Berge, gleich welcher Art.

Im September 1998 eröffnete ich das Theater im Hofgarten mit meinem Programm »Leinen los«. Der erste Abend, an dem die Karten im freien Verkauf waren, lief großartig.

Am zweiten Abend waren all die Honoratioren und Würdenträger der Stadt geladen, der Oberbürgermeister war da, wie auch zahlreiche Mitglieder des Stadtrats. Ein schwieriger Auftritt. Denn man muss wissen: Es gibt nur eine Sache, die wir Kabarettisten noch weniger mögen, als vor Kollegen aufzutreten, und das ist, vor geladenen Gästen zu spielen. Dieser Abend war keine Ausnahme, die Resonanz im Publikum äußerst überschaubar, der Applaus verhalten, der Abend war Schwerstarbeit für mich. In der Pause regte ich mich fürchterlich über die verklemmten Politnasen auf, schimpfte darüber, was für humorlose, steife Lachverweigerer sie doch seien. Bis eine Kollegin backstage zu mir hinter die Bühne gestürzt kam, um mir mitzuteilen, dass das Mikro noch offen und meine Tirade damit für alle Anwesenden hörbar gewesen sei.

Als ich nach der Pause auf die Bühne kam, war die Temperatur gefühlt um einige Grad gefallen, mich empfingen, wieder mal, verschränkte Arme und ein eisiges Schweigen, ich hatte mir meinen Auftritt nicht unbedingt leichter gemacht.

Immerhin, eines hatte ich erreicht. Im September 1998 war es so weit, die CDU unter Helmut Kohl wurde endlich abgewählt. Zwar musste ich 16 lange Jahre darauf warten und mich mit knapp zwei Millionen D-Mark verschulden, konnte mich aber so zumindest der Illusion hingeben, das geschafft zu haben, was ich mir zu Beginn meines Wirkens in dem Taxi mit der ondulierten Dame vorgenommen hatte: Der Dicke war Geschichte.

Der Genosse der Bosse

Hooray! Yeah! Regime-Change! Was hatten wir, mal wieder, Hoffnung, als 1998 Kohl und seine schwarze Bagage endlich abgewählt wurden und eine rot-grüne Koalition die Regierung übernahm. Die Fenster würden aufgestoßen werden, um ordentlich durchzulüften, damit wir den bräsigen Mief der kohlschen Biedermeier-Jahre loswerden könnten. Wir witterten Aufbruch und Erneuerung. Um dann die nächste herbe Enttäuschung serviert zu bekommen.

Dass sich nach der Wahl doch nicht so viel verändern würde, zeigte sich schon an der Reaktion der Wirtschaft, die nicht, wie von vielen erwartet, in hellem Aufruhr war und am nächsten Morgen das Land verlassen wollte, sondern das Ganze eher achselzuckend zur Kenntnis nahm: »Die denken jetzt vielleicht, sie seien an der Macht. Dabei sind sie nur in der Regierung.«

Mit Gerhard Schröder, »Genosse der Bosse« genannt, hatten sie ohnehin einen großen Fürsprecher auf ihrer Seite. In der SPD kursierte damals der Witz, dass die Topleute der Industrie bei einem Anruf im Kanzleramt sofort durchgestellt würden, um mit den Worten begrüßt zu werden: »Büro Schröder, BDI-Präsident Henkel am Apparat. Was kann ich für uns tun?«

Herbert Wehner sagte einmal: »Sozialdemokraten müssen in der Wolle gefärbt sein.« Dann kam Gerhard Schröder. Gewandet in edle Brioni-Anzüge, über die er feine Kaschmir-Wollmäntel warf.

Ich persönlich hätte ihm das nicht unbedingt vorgeworfen. Ein gewisses Maß an äußerer Eleganz darf meiner Meinung nach durchaus sein, auch in der Politik. Vor allen Dingen damals, nach Helmut Kohl, der immer aussah, als hätte er sich in ein Zelt der Marke »Mehr Mode für mehr Figur« gewickelt. Aber von Politikern wird nun mal erwartet, dass sie einem bestimmten Bild entsprechen. Das musste jüngst auch die finnische Kurzzeitministerpräsidentin Sanna Marin erfahren. Die hatten sie in der Mangel, weil sie ein Rockkonzert besucht und auf Partys getanzt hatte. Hallo? Klar, da geiferten die Konservativen: Eine junge, intelligente, gut aussehende Frau, die trotz ihres Amtes auch noch Spaß hat! Das darf nicht sein, das geht allenfalls als Übergangslösung, es müssen endlich wieder die langweiligen alten grauen weißen Männer ran, die nach nassem Hund und Mottenkugeln riechen. Nur so kann ein Land anständig regiert werden. Was für ein Bohei!

Leider waren die Brioni-Anzüge bei Schröder aber nicht nur Zeichen eines gewissen Stilempfindens, sie waren mit den Cohiba-Zigarren und der Vorliebe für erlesene Rotweine auch Sinnbild seiner Politik. Aus kleinen Verhältnissen stammend, gefiel es ihm schon, qua Amt mit den großen Hunden pinkeln zu können. Mit dem größten Hund, seinem Alpha-Rüden, hebt er auch heute noch gern gemeinsam das Bein – Wladimir Putin. Eine echte Männerfreundschaft. Auf Augenhöhe. Zwei Machos tanzen Kasatschok. Der nach Sibirien verbannte russische Oppositionelle Nawalny sah das etwas anders. Vielleicht war er 2020 auch einfach nur grantig, weil in seinem Blut die vergifteten Liebesgrüße aus Moskau zirkulierten, jedenfalls steckte er der BILD-»Zeitung«, Schröder sei nichts weiter als der »Laufbursche Putins«.

Da war Stimmung bei seinem obersten Gasableser: »Wladi, hast du schon gehört, was der Nawalny über mich gesagt hat. Ich sei dein Laufbursche, hat er …«

»Quatsch keine Chopern, Gerchard, zieh mir chendlich die Stiefel chan!«

»Mach ich, Wladi!«

Selbst jetzt, nach dem Überfall Russlands auf die Ukraine, hält Schröder dem lupenreinen Demokraten unverbrüchlich die Treue. Einem, den es loszuwerden gilt. Aber wie? Ich hatte eines Nachts einen ganz wilden Traum: Schröder besucht seinen Buddy Putin, geht zu ihm in sein Bernsteinzimmer, lacht sein kehliges Wolfslachen, zieht ein Feuerzeug aus seinem Brioni-Anzug und meint: »Kuck mal, Wladimir, was man mit so einem kleinen Zippo alles anstellen kann, wenn man unser Gas mal so richtig aufdreht!«

Und bumm! Ein Riesenknall, der Kreml erbebt in seinen Grundfesten wie ein beschossener Wohnblock in Kiew. Tage später tanzen die Menschen auf den Plätzen, die Welt feiert, Schröder ruht einbalsamiert im Mausoleum am Roten Platz neben Lenin, als Puzzle, und die frisch gewählte DPR, die »Demokratische Partei Russlands«, beschließt einen neuen Feiertag, den »Tag des großen Weltenretters«, im ewigen Gedenken an den großen Ehrenrussen Gerhard Schröder. Dann bin ich aufgewacht.

Schröder, mit dem hatte ich ja gleich zu Beginn seiner Regierungszeit eine persönliche Begegnung der besonderen Art.

Großer kleiner Mann

Wie bereits erwähnt, musste ich einen gewaltig hohen Kredit aufnehmen, um die Bühne im Hofgarten zu finanzieren. Bis dieser endlich abbezahlt war, hat es lange gedauert. Als es dann endlich so weit war und ich dachte, wow, endlich verdiene ich Geld mit dem Schuppen, kam Corona.

In der ersten Zeit trat ich manchmal fünf Mal am Tag auf, um die Kredite bedienen zu können. Ich nahm alles: 50ste, 60ste und 73ste Geburtstage, Mitternachtsshows bei Computerherstellern genauso wie Auftritte im Möbelhaus.

1999 rief mich Prinz Karneval Andreas I. alias Andreas Etienne an, der Leiter der Bonner Kabarettbühne Springmaus, und fragte mich, ob ich Lust hätte, beim Empfang der Karnevals- und Faschingsprinzen ein Kurzprogramm zu spielen. Der Empfang der Tollitäten sollte im alten Kanzleramt in Bonn stattfinden, kurz vor dessen Umzug nach Berlin. Sie erinnern sich? Den schon damals wahnsinnig aufgeblähten Beamtenapparat in die Hauptstadt zu verfrachten glich einer logistischen Meisterleistung. Die Entscheidung, Berlin zum Regierungssitz zu machen, fiel Anfang der Neunziger nach einer flammenden, vor Pathos triefenden Rede Wolfgang Schäubles im Bundestag. Als entscheidendes Argument für den 600 Millionen Euro teuren Umzug diente unter anderem, man sei dort näher dran an der Lebensrealität und den Problemen der Menschen. Manche waren irritiert und fragten sich, ob es rund um Bonn und in den Wahlkreisen keine Menschen gebe. Andere erinnerten daran, dass alles Üble stets aus Preußen und Berlin gekommen und das heimelige Bonn ein guter Schutzschild vor Größenwahn und Großmannssucht gewesen sei. Es war eine knappe Entscheidung, die Befürworter feierten: »Berlin, Berlin, wir fahren nach Berlin!«

Näher dran an den Menschen also. Klar, dafür hat's auch erst mal eine neue U-Bahn-Linie gebraucht, mit genau drei Stationen und eigenem Halt »Bundestag«. Die noch unter Helmut Kohl geplante U 55, die mit 1,8 Kilometern kürzeste U-Bahn-Linie Europas, verkehrte im »Inselbetrieb«, war also in keiner Weise an das restliche U-Bahn-Netz angeschlossen. Nach langer Bauzeit und für schlappe 320 Millionen wurde sie 2009 in Betrieb genommen. Schön für die Abgeordneten, deren morgendliche Anreise zum Arbeitsplatz nicht mehr durch den Anblick schlechtgelaunter Pendler in berstend vollen U-Bahnen verdorben wurde. Plebejische Pendler, an deren Problemen man doch näher dran sein wollte.

Praktisch auch, dass das Jakob-Kaiser-Haus, in dem noch heute ein Großteil der Abgeordnetenbüros liegt, durch einen Tunnel mit dem Reichstag verbunden wurde, der wiederum weiterführt zum Paul-Löbe-Haus. Damit sich die Abgeordneten im Beamtenlabyrinth nicht verirren, wurden die Wege teilweise mit einem gelben Streifen markiert. Das entbehrt nicht einer gewissen Ironie, munkelt man doch, der ehemalige Bundestagsvizepräsident Hermann-Otto Solms von der FDP habe sich einmal im weit verzweigten Tunnelsystem verlaufen. Auch wenn der das entschieden abstreitet. Vielleicht war er in Gedanken noch in Bonn, durfte er dort im Juli 1999 doch die letzte Sitzung im alten Plenarsaal leiten.

Jedenfalls können die Abgeordneten heute wie Maulwürfe im Reichstag auftauchen, ohne auf dem Weg von der Realität auf Berlins Straßen behelligt zu werden. Das passt zu manch abgehobener Politik: Die Abgeordneten sind in Berlin abgeschottet wie in einem Hochsicherheitstrakt, der nur für gelegentliche Abstecher ins Nobelviertel Gendarmenmarkt verlassen wird, um dort gepflegt mit ihresgleichen und hochrangigen Vertretern der Wirtschaft im Borchardt zu speisen. Der Bundestag wirkt auch heute noch wie das Raumschiff Enterprise (»Scotty, beam me up«), und die Einzigen, die dort munter ein und aus traben, an denen man gern näher dran ist, sind Lobbyisten. Das Fußvolk darf sich in der Besucherkuppel austoben. In der Lobby tummeln sich die Einflüsterer der Groß- und

Finanzindustrie, die dank eigens ausgestellter Hausausweise jederzeit Zugriff auf die unabhängigen Volksvertreter haben, Entscheidungen beeinflussen und gern auch mal an Gesetzentwürfen mitschreiben. Laut Lobbyregister kommen auf jede und jeden Abgeordneten bis zu 38 Lobbyisten. Das Register gibt es erst seit 2022, nachdem CDU und CSU ihren jahrelangen Widerstand aufgegeben hatten. Nach den Maskendeals galt es, Schadensbegrenzung zu betreiben.

So abgeschottet ist man ganz nah dran an der Lebensrealität der Menschen, den Problemen des kleinen Mannes und den allseits beschworenen Rezepten der schwäbischen Hausfrau, deren legendäre Sparsamkeit besonders gern von Angela Merkel ins Feld geführt wurde, wenn es darum ging, dringend notwendige staatliche Investitionen für die Zukunftsfestigkeit des Landes zu verhindern …

Aber zurück zu der Anfrage für den Auftritt beim Empfang der Karnevals- und Faschingsprinzen. Um es kurz zu machen: Ich war jung, und meine Bühne brauchte das Geld. Also sagte ich sofort zu.

Schon Wochen vor meinem Auftritt bat mich die Textprüfungsabteilung des Kanzleramts um den Text, den ich vorhatte zu spielen. Man wolle sichergehen, dass die Gefühle der Tollitäten nicht verletzt würden. Welch Fürsorge für das seelische Befinden der Karnevalsprinzen, dachte ich. Oder waren nicht vielleicht doch die Befindlichkeiten der politischen Tollitäten gemeint? Schon Wochen vorher einen nah am Tagesgeschehen orientierten Text einzureichen, das war für einen politischen Kabarettisten wie mich, für den Aktualität alles ist, dessen laufendes Programm nicht ohne Grund »Im Fluss« heißt und der oftmals noch fünf Minuten vor Beginn einer Sendung Texte umschreibt und damit Redakteure zur Verzweiflung bringt, natürlich ein Unding, völlig unmöglich. Und, hallo?! Dafür ruft mich extra das Kanzleramt an? Haben die nichts Wichtigeres zu tun? Ich antwortete ihnen, dass ich gern bergeweise Texte schicken könne, dass es aber absolut nicht sicher sei, ob ich diese Texte dann auch aus mir herausquellen lassen würde.

Als ich vor Ort im Kanzleramt in der Adenauerallee 139 in Bonn die Treppe hinaufstieg, kam mir von oben der frisch gewählte Bundeskanzler Gerhard Schröder übellaunig entgegen und knurrte mir, ohne ein weiteres Wort der Begrüßung, im Vorbeigehen zu: »Übrigens: Ich kann Karneval nicht ausstehen!«

Immerhin, dachte ich mir, da haben wir schon eine Gemeinsamkeit. Auch wenn der Karneval bei uns im bayerisch rheinlosen Rhein-Main-Gebiet Fasching heißt, in Mainz, wo Main und Rhein zusammenfließen, heißt er Fassenacht.

Vor meinem Auftritt bekam ich ein Briefing von Michael Steiner, dem damaligen sicherheitspolitischen Berater von Schröder, der zwei Jahre später seinen Hut nehmen musste, weil er auf dem Flughafen Wnukowo in Moskau hochrangige Militärattachés beleidigt hatte, was später als die sogenannte »Kaviar-Affäre« in die Geschichte einging. Tja, Kaviar, das passte schon wieder zu Schröder, es heißt ja nicht umsonst: »Wie der Herr, so sein G'scherr.«

Auch wenn er sich auf Flughäfen offensichtlich wie ein Rüpel aufführte, fand ich Steiner damals in Bonn eigentlich ganz nett und fühlte mich außerdem geschmeichelt, von einem sicherheitspolitischen Berater gebrieft zu werden, zeigte es mir doch: Satire schießt scharf, zumindest nach Ansicht des Kanzleramts.

Während er mich unterwies, eigentlich war es sowieso eher eine nette Plauderei, betrat eine zierliche dunkelhaarige Frau den Raum, Sigrid Krampitz, die Büroleiterin Schröders, die mich vollständig ignorierte. Es war, als hätte ich mich in Luft aufgelöst und Michael Steiner einen Plausch mit sich selbst geführt.

Nach der Karnevalssause sollte Gerhard Schröder nach Russland reisen, um dort Boris Jelzin zu treffen. Offensichtlich war die Beschreibung der äußeren Erscheinung Gerhard Schröders in seinem Pass recht willkürlich und hatte nur bedingt etwas mit der Realität zu tun, denn Frau Krampitz fragte Herrn Steiner: »Was schreiben wir denn da in den Pass?« Der antwortete: »Moskau? Jelzin? Machen wir ihn vier Zentimeter größer.« Man muss wissen, Boris Jelzin war ein Hüne.

Schon auf der Treppe, als wir kurz nebeneinander standen, war mir aufgefallen, dass Schröder im Fernsehen viel größer wirkte als in der Realität, da schien er ungefähr so groß wie ich, keine Ahnung, wie er das machte. Er kam trotz der vier Zentimeter natürlich nicht gegen Jelzin an, der 1,87 maß, aber so oft wie der Trunkenbold unter dem Tisch lag, nachdem ihn sein üppiger Wodka-Konsum in sich zusammensacken ließ, relativierte sich das.

Muss man, so dachte ich mir damals, was Schröders Größe angeht, wirklich den Diplomatenpass manipulieren, um ein geringes körperliches Gardemaß aufzuhübschen wie andere ihre Lebensläufe? Und wenn ja, trägt er in Russland dann auch die berühmten Vergrößerungsschuhe aus der ehemaligen Werbung in den Kleinanzeigen der ADAC-Hauspostille *Motorwelt*: »Sieben Zentimeter in zwei Sekunden«? Oh, pardon, ich glaube, da habe ich etwas verwechselt.

Jelzin hat Schröder also bei Weitem überragt. Bei Gorbatschow und Kohl war es genau umgekehrt, 175 cm zu 193 cm. Die Körpergröße sei ein entscheidender Faktor, behauptet zumindest das Fachblatt für unendliches Wachstum, die *Welt*, und beruft sich dabei auf wissenschaftliche Studien: Kleine Menschen bekämen seltener Krebs, dafür seien sie oft kurzatmig, es verengten sich die Herzkranzgefäße, das Risiko für Bluthochdruck steige. Bei den US-Wahlen gewinnt meist der Größere von zwei Präsidentschaftskandidaten. Bei uns bleiben Größere offensichtlich auch länger im Amt, Helmut Kohl war mit 16 Jahren ein Jahr länger Kanzler, als seine beiden über 20 Zentimeter kleineren Vor- und Nachgänger, Helmut Schmidt und Gerhard Schröder, zusammen. Wenn das die Regel ist, oh weh, dann schwant mir Übles: Der CDU-Haudrauf Frieder Merz misst stattliche 198 cm, der mittelfränkische Rüpel Markus Söder 194 cm. Kommt es am Ende etwa doch auf die Länge an? Vielleicht sollte dann die SPD bei der nächsten Wahl auf Lars Klingbeil, 196 cm, setzen und nicht auf den laufenden Meter Olaf Scholz.

Körpergröße ist entscheidend, kein Wunder also, dass Gerhard Schröder immer so gern in Asien war. Das war toll für sein Selbstbewusstsein. Da konnte er mit seiner damaligen Ehefrau durch Peking marschieren und ihr zuraunen: »Guck mal, Doris – hier bin ich wirklich der Größte.«

Mich jedenfalls erinnerte der kurze Dialog zwischen der Büroleiterin und dem sicherheitspolitischen Berater an einen Spruch von Georg Christoph Lichtenberg: »Gelegenheit macht nicht Diebe allein; sie macht auch große Männer.« Obwohl, wenn ich so genau darüber nachdenke – ich glaube, das hat er anders gemeint. Wobei: Wo er recht hat, hat er recht.

Rot-grüne Benchmarks

Bei allem Spott über Gerhard Schröder muss man auch mal sagen: Er hatte es zum Start nicht leicht. Gerade frisch gewählt steckte er mit seiner Mannschaft schon mitten im Kosovokrieg und musste die Entscheidung der Vorgängerregierung mittragen, die, noch übergangsmäßig im Amt, beschlossen hatte, deutsche Soldaten in einen Kampfeinsatz gegen den serbischen Großschlächter »Milošević« zu schicken. Die rot-grüne Regierung folgte dieser Entscheidung, und so beteiligte sich die Bundeswehr mit 14 Tornado-Kampfflugzeugen an der NATO-Operation »Allied Force«. Es war der erste Kampfeinsatz deutscher Soldaten seit dem Zweiten Weltkrieg, und er diente als Blaupause für weitere Einsätze im Ausland.

Während es in den Parteispitzen von Grünen und SPD offensichtlich wenig Zweifel an dem Militäreinsatz gab, der ohne UN-Mandat entschieden worden war, brodelte es an der Basis. Die Spannung entlud sich schließlich beim Sonderparteitag der Grünen in Bielefeld im Mai 1999, der von derart heftigen Protesten begleitet wurde, dass die Delegierten nur unter Polizeischutz in den Veranstaltungsort gelangen konnten. Kurios: Rezzo Schlauch musste sich bei der Staatsmacht dafür bedanken, dass sie ihn in den Saal trug. Das war ungefähr so, als hätten sich seinerzeit Alfred Dregger und Franz-Josef Strauß aus Protest gegen den NATO-Doppelbeschluss an die Schienen von Mutlangen gekettet und gemeinsam gesungen: »Sag mir, wo die Blumen sind.«

Als die Polizisten mit Bombenspürhunden die Halle in Bielefeld durchkämmten, waren einige der Grünen-Abgeordneten so nervös, dass sie an ihren Fingernägeln kauten und aufgeregt von einem Fuß auf den anderen traten. Verständlich, kannten manche doch schnüffelnde Polizeihunde aus einem ganz anderen Kontext.

Den Unmut der Basis bekam insbesondere Joschka Fischer zu spüren, der mit einem roten Farbbeutel bombardiert wurde. Von einem Mann im Rock! Einem entsetzlichen! Aus mausgrauer Kratzwolle. Der rote Joschka – noch heute ein ikonisches Bild.

Grüner Rotwein

Mit Joschka Fischer kam ich einige Jahre später, wenn auch indirekt, in Kontakt.

Ich wurde von der London School of Economics and Political Science eingeladen, um dort einen Vortrag zu halten. Bei dieser renommierten staatlichen Hochschule in England gibt es die Tradition, dass Studierende prominente Redner aus Deutschland und der ganzen Welt einladen. Dafür gibt's zwar keine Gage, aber das Hotel wird übernommen, und außerdem laden die Studierenden die Redner nach der Veranstaltung noch auf ein Getränk im Pub ein.

Als wir nach meinem Auftritt zum gemütlichen Teil im Pub übergingen, bestellten sich alle Studenten ein Bier. Ich mag Bier ganz gern, insbesondere am Samstagvormittag, wenn ich mit meinen Freunden nach einem Marktbesuch in unsere Aschaffenburger Kneipe Schlappeseppel einkehre. Im Pub erinnerte ich mich wieder an das wässrige Lager in Lampeter und fragte nach einem Wein. Die gesamte Runde der Studierenden blickte plötzlich betreten zu Boden, beredtes Schweigen erfüllte den Raum. Ich fragte mich sofort, ob ich etwas Falsches gesagt hätte: Hatte es vielleicht kurz zuvor wieder einen Todesfall wegen Glykol im Wein gegeben, weil die Briten ihren Rebensaft aus irgendwelchen Gründen aus Österreich bezogen, und ich würde tot umfallen, sobald ich einen Schluck getrunken hätte, oder braute der Gastwirt vielleicht sein eigenes legendäres Bier, und es war ein unverzeihlicher Affront, dieses nicht trinken zu wollen – ich wusste es nicht und konnte mir keinen Reim aus dieser Reaktion machen.

Nach und nach rückte die Runde mit der Sprache heraus. Kurz zuvor war Joschka Fischer als Gastredner geladen gewesen. Im Pub bestellte dieser auf Kosten der Studis eine Flasche des teuersten Rotweins, den der Laden anzubieten hatte, was das ohnehin knappe Budget der jungen Leute bei Weitem sprengte. Schau mal einer an, dachte ich mir, der Grüne Joschka Fischer, der früher selbst bei der Studentenbewegung aktiv war und juvenil in Turnschuhen im Parlament Reden schwang, der Joschka Fischer, der als Berater mit seiner Joschka Fischer Consulting bestimmt nicht wenig Geld verdiente, dieser Joschka Fischer lässt sich von Studierenden zu einem sündhaft teuren Wein einladen? What a message in a bottle! Eigentlich unglaublich. Ich schämte mich so für meinen Landsmann, dass ich als Ausgleich die Runden im Pub für die Studenten schmiss.

Alter Wein in alten Schläuchen

Es waren irre Zeiten, damals, im Vorfeld des nahenden Millenniums. SPD und Grüne, gerade frisch gewählt, sahen sich mit einem Krieg in Europa konfrontiert. Zu Hause standen sie vor einem Scherbenhaufen, den ihnen 16 Jahre schwarz geführte Vorgängerregierungen hinterlassen hatten. Hm. An was nur erinnert mich das aktuell gerade?

Wobei, es hat sich schon einiges getan in den letzten zwei Jahrzehnten. Während kurz vor der Jahrtausendwende im Kosovokrieg die Basis der Grünen mit großer Vehemenz und voller Überzeugung gegen Kampfeinsätze protestierte, ist im jetzigen Krieg eine Mehrheit für die Lieferung schwerer Waffen in die Ukraine. Mal ehrlich: Wenn ich im Sommer 2021, mitten im Wahlkampf – nach dessen Ende, schenkte man den Umfragen Glauben, alles wohl beim Alten bleiben würde –, trotz des schwesterlichen Kampfes zwischen CDU und CSU gesagt hätte: »Passt mal auf – nach der Bundestagswahl wird die SPD stärkste Partei und stellt den Kanzler, der dann als Erstes mit seiner Friedenspartei ein 100-Milliarden-Paket für die Bundeswehr schnüren muss und Waffen in ein Kriegsgebiet liefert, während die Grünen im Nahen Osten um fossile Brennstoffe betteln, Kohlekraftwerke neu anfeuern und auf Ostermärschen nicht mehr versonnen singen: »Kumbaya my lord, Kumbaya«, sondern lautstark die Banner hochhalten: »Frieden schaffen mit immer schwereren Waffen!«– da wären die Männer mit den weißen Jacken gekommen und hätten mich abgeholt.

Ich finde es ausgesprochen amüsant, wenn heute nun ausgerechnet den Grünen, die in dieser ampeligen Legislaturperiode bisher die meisten ihrer Ideale über Bord werfen mussten, ideologische Borniertheit vorgeworfen wird. Oder wahlweise Opportunismus und kein Rückgrat. Was sie auch machen, sie machen es falsch. Die schlechten Botschaften, die sie überbringen müssen, Energieknappheit, Klimawandel und die damit verbundene dringend notwendige Veränderung, werden, wie so oft, mit dem Überbringer der Botschaft verwechselt. Allerdings legen die Grünen auch oftmals ein ähnliches diplomatisches Geschick an den Tag wie der ehemalige ukrainische Botschafter Andrij Melnyk. Da müssten sie schon etwas behutsamer sein, denn: Wenn der Deutsche etwas gar nicht mag, dann ist es das – Veränderung.

Gut, dass es für die Bewahrung des Status quo in der Politik verlässliche Garanten gibt: die Alles-bleibt-beim-Alten-Fetischisten, die auch in Zeitenwende-Zeiten den lauwarm aufgewärmten Rezepten anhängen und den Leuten angesichts kolossaler Probleme wie Zoonosen, Krieg, Energiekrise, Artensterben und frei drehendem Klimawandel versprechen: Ihr müsst nichts ändern. Ihr könnt immer so weitermachen. Das erledigt sich alles von selbst. Wenn wir nicht vorher erledigt sind. Irgendjemand wird uns schon retten. Jesus vielleicht. Oder der Markt. Zumindest James Bond, wenn sie endlich einen neuen Darsteller finden.

Vorneweg beim Marsch durch die Zeitenwende ins Gestern und Vorgestern die morschen Konservativknochen, denen nie etwas Neues einfällt, die sich stets an den immer gleichen Themen aufhängen und abarbeiten: Arbeitsplätze, ewiges Wachstum und natürlich: Ausländer. Alter Wein in alten Schläuchen.

Das haben sie gerade wieder eindrücklich bewiesen, bei der neuerlichen Diskussion um die doppelte Staatsbürgerschaft, als die Ampel einen Vorstoß zu dieser längst überfälligen Reform des Zuwanderungsgesetzes wagte. Eine Reform, die angesichts des eklatanten Fachkräftemangels selbst von den Wirtschaftsweisen und den Industrieverbänden empfohlen wird. Aufschrei bei den Konservativen! Teile der Union warfen der Ampelregierung vor, mit dem geplanten Fachkräfteeinwanderungsgesetz unterstütze sie »massiven Asylmissbrauch« und fördere die Zuwanderung in die Sozialsysteme. Die alte Leier. Die Union ging in die Fundamentalopposition, angeführt vom Landesgruppen-Chefkläffer der CSU, Alexander Dobrindt. Doppelter Pass? Die deutsche Staatsbürgerschaft wird verramscht! Aufstand! Moment mal, habe ich mir gedacht, das kommt mir bekannt vor. Das hatten wir doch schon mal … das war doch … klar, damals bei der Landtagswahl in Hessen, 1999. Da kochte ein Hoffnungsträger sein xenophobes Süppchen, das andere auszulöffeln hatten.

Der Todesscheitel aus Eschborn

Bei der Landtagswahl in Hessen im Februar 1999 verlor die SPD ihre Mehrheit, und der bisherige Amtsinhaber und spätere Finanzminister Hans Eichel musste sein Ministerpräsidentenamt an den CDU-Fraktionsvorsitzenden Roland Koch abgeben. Das kam überraschend. Roland Koch? Der Todesscheitel aus Eschborn? Den kannte zuvor kaum jemand, nicht mal in Hessen.

Sich einen Namen gemacht und letztendlich die Wahl gewonnen hatte er mit einer populistischen Kampagne, die von

Edmund Stoiber und Wolfgang Schäuble initiiert worden war. Schon damals, also vor über 20 Jahren, wollte die rot-grüne Regierung das Staatsbürgerschaftsrecht reformieren, unter anderem durch die Einführung einer doppelten Staatsbürgerschaft für hier geborene Kinder. Die Union war vehement dagegen und startete eine Unterschriftenaktion, die Roland Koch, in der Hoffnung, sie möge ihm Aufwind bei der Landtagswahl verschaffen, mit voller Kraft unterstützte. Dafür stellte er sich persönlich in die Fußgängerzonen, um dafür zu werben, gegen die Reform zu stimmen. Mit großem Erfolg. Die zuvor meist verwaisten CDU-Werbestände in hessischen Städten wie Frankfurt, Marburg und Gießen erfuhren plötzlich regen Zulauf. Reihenweise schlurften beigegewandete Rentner heran und fragten: »Wo könne mir da unnerschreiwe gesche die Auslänner?«

Fünf Millionen Unterschriften sammelte die Union, und Roland Koch gewann die Wahl. Dadurch verloren SPD und Grüne die Mehrheit im Bundesrat, was dazu führte, dass aus der Reform ein Reförmchen wurde. Ein voller Erfolg für die Verhinderungspartei CDU also.

In die Bredouille kam Koch kurze Zeit später, als im Rahmen der zweiten Spendenaffäre der CDU, die 1999 ans Licht kam, bekannt wurde, dass zu Beginn der 90er Jahre auch die Hessen-CDU Spendengelder erhalten hatte, die erst in die Schweiz und dann nach Liechtenstein in die »Zaunkönig-Stiftung« transferiert worden waren, um danach, als Erbe jüdischer Vermächtnisse getarnt, wieder zurück nach Deutschland überwiesen zu werden. Mit freundlichen Küsschen von Ferrero. Schmiergelder als jüdisches Erbe zu deklarieren, um damit die Wahlkampfkasse zu füllen – auf solch eine perfide Idee muss man erst mal kommen. Da war sogar der Zentralrat der Juden so sprachlos, dass sich kein Wort des Protests erhob. Einer war beeindruckt:

Du bist so herrlich integriert, ich sage dir ganz ungeniert, ich liebe dich, du Rose vom Bosporus
Sepp & Suleika
GRESER & Lenz

Helmut Kohl, das Mastermind illegaler Parteispenden. Der klopfte Koch anerkennend auf die Schulter: »Kombblimemnd, Roland! Ahzo, bass mal uf: Wemnn du mir verrätst, wie ihr des gemachd habbd, in Hessen, dann verrat ich dir vielleicht die Namen von den Spemndern, die mich mit ihrem Schwarzgeld zum Bimbeskönig von Oggersheim gemacht habm!«

Federführend bei der Schmier- und Schwarzgeldsause war neben dem Landesschatzmeister Casimir Johannes Prinz zu Sayn-Wittgenstein-Berleburg, schon bei dem Namen wird's einem schwindlig, auch Manfred Kanther. Ausgerechnet Manfred Kanther, der von 1993 bis 1998 Innenminister im Kabinett Kohl gewesen war und sich einen Namen als »Law-and-Order-Minister« gemacht hatte. Law and Order, das galt offensichtlich nur für die anderen, er selbst sah sich weniger an das Gesetz gebunden. Als er sich dem gestiegenen Druck im Januar 2000 nicht mehr gewachsen fühlte, trat er schließlich mit den Worten zurück: »Ich werde die Treibjagd beenden und mein Bundestagsmandat niederlegen.«

Moment, dachte ich: Seit wann kann eine Wildsau aus dem Unterholz kommen und die Treibjagd für beendet erklären?

Roland Koch wäre aber nicht Roland Koch gewesen, wenn er aus diesem Skandal nicht unbeschadet herausgekommen wäre. Er kündigte an, die Affäre »brutalstmöglich« aufzuklären. Blöd nur, dass kurze Zeit später herauskam, dass er selbst, höchstpersönlich, brutalstmöglich bei der Tarnung der Gelder beteiligt war. Geschadet hat's ihm trotzdem nicht. Genauso wenig wie seine Falschaussagen vor dem Bundestagsuntersuchungsausschuss. Aber gut – wann hat ein Untersuchungsausschuss jemals zu Konsequenzen geführt? Kaum rufen alle nach einem solchen Ausschuss, rollen auch schon die Muldenkipper an, um tonnenweise Sand abzuladen, in dem sich dann alles verläuft. Durch die Rückendeckung seiner Partei und der FDP wurde ein Misstrauensvotum vermieden, und er konnte Ministerpräsident von Hessen bleiben.

Erst als Koch bei der Landtagswahl 2008 wieder die gleiche Masche abzog, um am rechten Rand Wähler zu fischen, und sich mit Slogans wie: »Ypsilanti, Al-Wazir und die Kommunisten stoppen!« austobte, überspannte er den Bogen.

Die damalige Spitzenkandidatin der SPD, Andrea Ypsilanti, mittlerweile aus ihrer Partei ausgetreten, musste bei dieser Wahl sowieso hart einstecken. Selbst ihre Parteikollegen fielen ihr in den Rücken. An vorderster Stelle Wolfgang Clement. Obwohl sie gute und durchaus progressive Ideen hatte. Oder sollte ich besser sagen, weil?

Bereits im Wahlkampf hatte sie angekündigt, dass sie weder neue Atomkraftwerke noch neue Kohlekraftwerke in Hessen wolle. Damit setzte sie nur das um, was die rot-grüne Bundesregierung beschlossen hatte, als sie noch im Amt war. Das schmeckte dem ehemaligen Superminister für Wirtschaft und Arbeit ebendieser Regierung, Wolfgang Clement, gar nicht. Der Parteigenosse und Mitarchitekt der Agenda 2010 warnte noch am Tag der Wahl in der *Welt am Sonntag* vor Ypsilanti: »Wer es wie sie will, der muss sich klar sein: Das geht nur über den Preis der industriellen Substanz Hessens (...) und ganz Deutschlands.«

Dabei ging es ihm wohl weniger um das Wohl Deutschlands als um sein eigenes, denn nach seinem Ausscheiden aus der Politik arbeitete er sogleich für verschiedene Unternehmen – als Ex-Wirtschaftsminister war er ein gefragter Mann mit besten Kontakten in die Politik. So saß er unter anderem seit 2006 im Aufsichtsrat der RWE-Kraftwerkstochter RWE Power AG. Folgerichtig also sein Appell zur Wahl: »Deshalb wäge und wähle genau, wer Verantwortung für das Land zu vergeben hat, wem er sie anvertrauen kann – und wem nicht.«

Der Atomkraftwerkeweiterbetriebsverweigerin Andrea Ypsilanti also nicht.

Es gab für RWE gute Gründe, die Dinger weiterlaufen zu lassen. Der kurz darauf unter Angela Merkel beschlossene Ausstieg aus dem Ausstieg und die daraus resultierende Laufzeitverlängerung der Blöcke B und C des Kernkraftwerks Biblis bescherten der RWE-Tochter zusätzliche Einnahmen in Höhe von 3,5 Milliarden Euro. Der Mann war sein Geld also wert. Das erkannte auch die INSM, die Initiative Neue Soziale Marktwirtschaft, die ihn als Kuratoriumsvorsitzenden einsetzte. Die INSM – eine marktradikale Organisation wirtschaftsliberaler Interessensvertreter, oder kurz: die Puffmutter der Wirtschaftsnutten.

Wolfgang Clements Erbe lebt fort. Zu seinen Ehren fand im Juni 2022 das erste WC-Kolloquium, also das Wolfgang-Clement-Kolloquium statt, mit ganz illustren Teilnehmern. Die Laudatio hielt Peer Steinbrück, und als »Impulsreferenten« (was auch immer das sein mag) traten auf: Friedrich Merz und Christian Lindner. Keine weiteren Fragen, Euer Ehren.

Clement starb 2020. Ein Jahr, in dem ein letzter aufrechter Sozialdemokrat von uns ging. Hans-Jochen Vogel, dem der im selben Jahr ebenfalls von uns gegangene Norbert Blüm zurief:

»Ach, Hans-Jochen. Mit dir geht der letzte Sozialdemokrat und mit mir der letzte Christdemokrat, der diese Bezeichnung noch verdient hat.«

Nachdem Clement die politische Lebensbühne verlassen hatte, wurden ihm bei seinem Begräbnis von allen Wirtschaftsverbänden und vielen CDU- und FDP-Politikern Kränze geflochten. Spätestens da wurde auch dem Letzten klar: Mit diesem Architekten der Agenda 2010 ging alles von uns, nur kein Sozialdemokrat.

Und die Hessen-Wahl? Diesen historischen Abend erlebte

ich an der Bar eines Hotels in München. Dort hatten wir die Textbesprechung für unsere Sendung *Neues aus der Anstalt.*

Mein Kollege Georg Schramm und ich waren bester Dinge, lag doch die SPD nach den ersten Hochrechnungen deutlich vor der CDU. Also um ein Prozent. Nicht üppig, aber immerhin. Das war uns, die wir schon das Ende Roland Kochs vor Augen hatten, aber egal. Wir waren euphorisch, schrieben schon Teile unserer Texte für die am nächsten Tag anstehende öffentliche Generalprobe um, gönnten uns als Absacker noch zwei »Prince of Wales« und gingen beseelt zu Bett. Am nächsten Morgen ereilte uns der wirkliche Absacker: das vorläufige amtliche Endergebnis. Der Politgott war wohl etwas zu früh eingeschlafen, und die CDU landete mit 0,1 Prozent vor der SPD. Nullkommaeinsprozent. Im *Morgenmagazin* strotzte die CDU gleich wieder vor Selbstbewusstsein: »Wir haben einen klaren Regierungsauftrag.« So heißt es immer, egal bei welcher Partei. Oder auch: »Wir sind klar stärkste Partei.« Da kann der Vorsprung noch so klein sein.

Für eine erneute Koalition von CDU und FDP reichte es in Hessen trotzdem nicht, aber da es der SPD nicht gelang, eine Minderheitsregierung zu bilden, blieb Roland Koch Interimsministerpräsident. Bei den Neuwahlen 2009 erreichten CDU und FDP wieder eine Mehrheit und konnten regulär weiterregieren.

Wir jedenfalls mussten unsere Texte für die Generalprobe wieder umschreiben. Danach wurden wir vorsichtiger, wenn vor einer Sendung Wahlen anstanden.

Als wir am nächsten Abend, nach der Generalprobe, wieder an der Bar saßen, an der wir immer gern saßen, zerbrachen wir uns weiter die Köpfe über die Landtagswahl. Natürlich ging es auch um Clement und die Verstrickung von Lobbyisten und Politik. Georg echauffierte sich fürchterlich, das konnte er gut, er zeterte und wetterte, ich versuchte, ihn zu beruhigen, und meinte: »Vielleicht war alles ja ganz anders. Vielleicht hatte all das auch nur menschliche Gründe, ganz persönliche. Wir alle wollen doch, dass es in der Politik menschelt.«

Er blickte mich ratlos an: »Wie meinst du das?«

»Na ja«, antwortete ich, »vielleicht war es, vor vielen Jahren, auch so: Wolfgang Clement und Andrea Ypsilanti nahmen an einer Delegiertenversammlung teil und waren im selben Hotel untergebracht. Dort trafen sie sich an der Hotelbar noch auf einen Absacker. Oder zwei oder drei. Wie wir gerade. Zu später Stunde, im schummrigen Licht, hauchte er ihr dann seinen vom legendären Pils-Korn-Gemisch geschwängerten Atem ins Dekolleté: »Mann, Andrea, nun hab dich doch nicht so – du willst es doch auch!« Und sie drehte sich um und ließ ihn einfach stehen. Eine Abfuhr, die er ihr nie verzieh. Menschlich, allzu menschlich. Siehst du: Politik kann so einfach sein!«

Daraufhin blickte mich Georg schweigend mit traurigen Augen an, schüttelte ungläubig den Kopf und ging ins Bett.

Das Menschliche im Politiker erlebte ich bei einer persönlichen Begegnung mit Wolfgang Clement. Bei einer Geburtstagsfeier des Sportmoderators Waldi Hartmann, auf der ich unter anderem eine Polonaise mit den Klitschko-Brüdern aufführen durfte, was für große Erheiterung sorgte, allerdings eher unbeabsichtigt, wartete ich mit Till Hofmann, dem Kleinkunstkönig aus Schwabing, und den Schörghuber-Schwestern, zwei steinreichen, dennoch recht sympathischen Immobilienmogulinnen aus München, auf das von uns bestellte Taxi. Als dieses endlich ankam, strebte Wolfgang Clement, mit weiblicher Begleitung, an uns vorbei und auf das wartende Taxi zu. Ich rief: »Hallo, Moment, das ist unser Taxi, das haben WIR bestellt.« Er drehte sich nur kurz um, hob den Zeigefinger und rief uns zu: »Ich bin Wolfgang Clement!« Schwupps war er auch schon eingestiegen, und unser lang erwartetes Taxi fuhr davon. Da waren sogar die milliardenschweren Schörghuber-Schwestern perplex.

Koch und Bilfinger Berger – it's a match!

Dank der clementschen Wahlhilfe blieb Roland Koch in Hessen Ministerpräsident. Allerdings nicht allzu lange. Schon 2010 gab er seinen Posten auf, um kurz darauf einen lukrativen Job in der Wirtschaft anzutreten – beim Baukonzern und Industriedienstleister Bilfinger Berger. Bereits während seiner Amtszeit als Ministerpräsident hatte er den Bau der vierten Landebahn Nordwest am Frankfurter Flughafen durchgesetzt, an der Bilfinger Berger maßgeblich beteiligt war und prächtig daran verdient hatte. Ein Schelm, wer Böses dabei denkt.

Lang blieb er dort nicht. Nach nur drei Jahren und milliardenschweren Verlusten trennten sich ihre Wege, als Bilfinger Berger wohl erkannte: Der Mann kann ja wirklich gar nichts.

Heute gibt Roland Koch sein profundes Wissen darüber, wie man ein Unternehmen an die Wand fährt, an die nächste Generation weiter, denn er arbeitet als »Professor of Management Practice in Regulated Environments« an der Frankfurt School of Finance & Management. Wer weiß, vielleicht gibt er dort Kurse mit Titeln wie: »Korruption für Anfänger«, »Schwarzgeld für Fortgeschrittene« und bietet Exkursionen zu den schönsten Briefkästen in Liechtenstein an.

Pakt über den Anden

Immerhin, bei Kochs verkorkster Wahlkampfkampagne 2008 gegen seine Kollegen aus der Opposition fanden selbst einige seiner CDU-Freunde, dass dies zu weit gegangen war. Integrationspolitik dürfe »nicht zum Wahlkampfthema degradiert« werden, schrieben sie in einem offenen Brief. Unter den Unterzeichnern war auch Friedbert Pflüger, ein alter Kumpel Roland Kochs und wie er Mitglied des berühmt-berüchtigten Andenpakts. Andenpakt, Sie erinnern sich? Diese Gruppierung konservativer Politiker, die sich 1979 während eines Fluges über die südamerikanische Gebirgskette aus Mitgliedern der Jungen Union formierte, um in den folgenden Jahren entscheidenden Einfluss auf die Politik auszuüben. Zu dessen Mitgliedern zählten außer Koch und Pflüger auch Christian Wulff, Günther Oettinger, Volker Bouffier, Franz Josef Jung sowie Matthias Wissmann, früherer CDU-Verkehrsminister und späterer Chef des Automobilverbands VDA, und, natürlich, der jetzige Unions-Fraktionschef Friedrich Merz. Eine exklusive Seilschaft, bestehend hauptsächlich aus westdeutschen Männern. Die sich unter anderem auf die Fahne schrieben, dafür gesorgt zu haben, dass der CDU-Kanzlerkandidat 2002 ein Mann war. Der Edmund Stoiber hieß. Nicht Angela Merkel. Etwas, das ihnen die Erinnye nie vergaß. Aber ihre Stunde sollte kommen. Und zwar bald.

Rückrücktritte

Die Enthüllungen 1999 zeigten, dass es in den 90er Jahren bei der Union nicht nur in Hessen schwarze Kassen gegeben hatte, sondern bundesweit. Unter anderem kam heraus, dass der Waffenschieber und Lobbyist Karlheinz Schreiber dem damaligen Schatzmeister der CDU, Walther Leisler Kiep, eine Million D-Mark zugeschanzt hatte. Und auch Wolfgang Schäuble hatte er mit 100.000 D-Mark bedacht, Geld, das dieser dem Parlament verheimlichte und lieber flugs im doppelten Boden seines Rollstuhls versteckte.

Im Zuge dieser Ermittlungen verlor Helmut Kohl, der zwar zugab, Spenden erhalten zu haben, aber bis zu seinem Tod die Namen der Spender nicht enthüllte, sein Amt als Ehrenpräsident der CDU, gegen Leisler Kiep wurde ein Haftbefehl ausgestellt, und Wolfgang Schäuble erklärte Anfang 2000, nicht mehr als Fraktionsvorsitzender kandidieren zu wollen. Partei und Fraktion, so erklärte er, bräuchten einen Neuanfang.

Ha, dachte ich mir in den folgenden Jahren, so geht also »brutalstmöglich«, so geht ein Neuanfang? Warum sitzt dann Schäuble auch heute noch im Bundestag? Und war in der Zwischenzeit Innenminister, Finanzminister und oberster Glöckchenbimmler im Parlament, also Bundestagspräsident? Gut, wenn die Union von Neuanfang spricht, darf man das nicht so ernst nehmen. Denn »neu« und »Anfang«, das sind Begriffe, deren Bedeutung die Union im Neuland des Digitalen erst einmal googeln muss.

Letztendlich war damals fast keiner der CDU-Granden unverdächtig. Am wenigsten die Brüder des Andenpacks, bei denen niemand wusste, wer von wem in einem schäbigen Bahnhofsklo die Scheine in die Hosentasche geschoben bekommen hatte. Wen also nehmen, wenn nicht stehlen, um den Parteivorsitz mit jemand Unbeflecktem zu besetzen, damit die Machterhaltungsmaschine CDU möglichst rasch wieder gut geschmiert ans Laufen gebracht werden konnte?

Da kam ihnen eine gerade recht: Angela Merkel. Sie kam aus dem Osten, da gab es eh nur Spielgeld, das wollte niemand. Damit war sie wirklich unverdächtig und galt als perfekte Übergangslösung für ein, zwei Jahre, höchstens – bis sich der Sturm gelegt haben würde und die wahren Machthaber wieder das Ruder in der CDU übernehmen könnten. Sie ahnten nicht, dass sie damit die Büchse der Pandora geöffnet hatten. Denn mit ihrer Wahl war jemand gekommen, um zu bleiben …

Merkel wurde zunächst Parteivorsitzende und schasste kurz darauf Merz als Fraktionsvorsitzenden, um den Fraktionsvorsitz 2002 selbst zu übernehmen. Das war nur der Anfang.

Der geschasste Merz sann auf Rache, wie es halt so ist, wenn auf dem politischen Jahrmarkt der Eitelkeiten der Stolz verletzt wird. »Rache ist ein Gericht, das am besten kalt serviert wird.« Schon Napoleon III. machte dies zur Maxime seiner Politik, bevor Quentin Tarantino es als Leitmotiv seinem Racheepos *Kill Bill* voranstellte.

Frieder musste zwar knapp 20 Jahre warten, das Gericht war also schon lange erkaltet, aber 2022 war es endlich so weit. Merkel war Geschichte und er, aufgetaut wie ein Mammut aus dem ewigen Eis, endlich am Ruder. Das war quasi ungefähr so wie bei mir und Helmut Kohl. Nur dass Merz in der Zeit nicht unendlich viele Schulden machte so wie ich, sondern unendliche viele Millionen als Manager von BlackRock verdiente.

Bei uns beiden hat sich das alte indianische Sprichwort bewahrheitet: »Du musst nur lange genug an der Biegung des

Flusses sitzen, dann wirst du die Leichen deiner Feinde vorbeitreiben sehen.«

Pazifist in Gummistiefeln

Schon 2002 hatte die SPD die Bundestagswahl nur mit einem hauchdünnen Vorsprung gewonnen; dass sie überhaupt gewann, dafür gab es im Wesentlichen zwei Gründe: Schröders energisches Nein zur Teilnahme am zweifelhaften Krieg der Amerikaner im Irak, das ihm in der Bevölkerung einen kleinen Sympathieschub verschaffte, war einer davon. Mitgetragen vom grünen Koalitionspartner und dem damaligen Außenminister Joschka Fischer.

Von sieben Jahren Rot-Grün bleibt diese Weigerung, wegen nicht vorhandener Massenvernichtungswaffen in einen völkerrechtswidrigen Angriffskrieg zu ziehen, wohl als einzig vernünftige Entscheidung Gerhard Schröders in Erinnerung. 2022 verurteilte selbst George W. Bush höchstpersönlich den Krieg als »die Entscheidung eines einzigen Mannes, eine völlig ungerechtfertigte und brutale Invasion im Irak zu starten«. Eigentlich wollte er über den russischen Überfall auf die Ukraine sprechen, ist dabei aber wohl in die Freud'sche Falle getappt. Wo er recht hat, hat er recht. Hatte er doch im Irak damals genauso viele Massenvernichtungswaffen gefunden, wie Putin Nazis in der Ukraine.

Während die rot-grüne Regierung eisern bei ihrem Nein blieb, flog die Oppositionsführerin Angela Merkel nach Wa-

Bitte verlassen
Sie den Irak
so, wie Sie ihn
vorzufinden
wünschen

shington, um sich mit einem großen Kotau vor George W. Bush für die deutsche Regierung zu entschuldigen. Angela Merkel als Joystick von George W. Bush – war das peinlich! Sie wäre wohl am liebsten Seite an Seite mit ihm an der Spitze der »Koalition der Willigen« in die Schlacht gezogen, hätte sie es in Regierungsverantwortung tun können.

Den zweiten Swing in den Umfragen besorgte der medienwirksam inszenierte Einsatz von Schröder bei der Jahrhundertflut im Osten – damals wusste man noch nicht, dass dies inmitten eines sich wandelnden Klimas kein singuläres Geschehen war, sondern sich in nicht allzu großen Zeitabständen stetig wiederholen sollte. Schröder inszenierte sich als »Super-Gerd«, marschierte in Gummistiefeln durch Schlamm und Schlick und wurde so als Macher wahrgenommen, während der vom Andenpack hochgejazzte Kanzlerkandidat und Konkurrent Edmund Stoiber wahlweise im Urlaub war, bayerische Notstandsgebiete besuchte, in denen ein Bächlein knapp über die Ufer schwappte, oder hilflos im Wahlkampf den Norden des Landes bereiste, um bewundernd und staunend in Werften zu stehen, die er wohl zum ersten Mal in seinem Leben erblicken durfte, nachdem er es einmal aus seinem bayerischen Wohlfühlbiotop herausgeschafft hatte.

Nichtsdestotrotz war Stoiber am Wahlabend des 22. Septembers 2002 voller Zuversicht, sah er doch seinen Sieg in greifbarer Nähe. Zurückhaltend verkündete er mit einem süffisanten Lächeln: »… ich werde noch kein Glas Champagner öffnen, aber es wird bald sein.«

Sein Publikum, die obligatorisch um ihn herum drapierten Duracell-Klatschhäschen der Union, feierte ihn frenetisch. Am Ende war der gefühlte Sieger dann doch keiner, sein Glas Champagner wurde wieder verkorkt, und Stoiber war erst mal weg vom Fenster.

Lohnnäbenkoschten

2003 lag Deutschland wirtschaftlich am Boden, die Kassen waren leer. Dazu kamen 4,7 Millionen Arbeitslose. Und 1,7 Millionen Beamte. Da konnte man eine schöne Textaufgabe draus basteln: »Wenn ein Land wie Deutschland 4,7 Millionen Arbeitslose und 1,7 Millionen Beamte hat – wie viele Arbeitslose macht das insgesamt?«

An die Beamten traute sich natürlich, wie immer, keiner ran, also beschloss die rot-grüne Koalition weitreichende Reformen des Arbeitsmarkts, der »kranke Mann Europas«, wie Deutschland damals genannt wurde, sollte durch radikale Maßnahmen wieder wettbewerbsfähig gemacht werden. Federführend dabei waren ausgerechnet die Genossen um Gerhard Schröder. Mit Hartz IV entstand ein System, das für viele das Symbol für sozialen Abstieg und Armut geworden ist und das der SPD bis heute wie ein Mühlstein um den Hals hängt. Fast 20 Jahre später hoffte sie, mit der Umbenennung von Hartz IV in »Bürgergeld« endlich ihrem Trauma zu entkommen. Dank Intervention von CDU und CSU musste die Ampel aber entscheidende Passagen entschärfen, sodass im Wesentlichen alles beim Alten blieb. Hartz IV heißt also nun Bürgergeld, bleibt aber im Wesentlichen Hartz IV. Das kennt man von »Raider heißt jetzt Twix«: Der Riegel ändert den Namen, zieht einem mit seinem klebrigen Karamell aber immer noch zuverlässig jede Plombe aus dem Backenzahn.

Mit der Agenda 2010 erholte sich zwar die Wirtschaft, aber sie erholte sich auf Kosten der Schwächsten – Deutschland wurde zum Niedriglohnland. Sehr zur Freude der Arbeitgeberverbände, die das ewige Jammern über die horrenden Lohnnebenkosten schon seit jeher zum Geschäftsprinzip erhoben hatten. 2005 regte der damalige Arbeitgeberpräsident Dieter Hundt an, Rentenkürzungen in Betracht zu ziehen, um so die Lohnnebenkosten zu senken. Und überhaupt: »Ohne Lohnnebenkosten ginge es der deutschen Wirtschaft viel besser!« Na klar, dachte ich mir, warum nicht gleich die Löhne ganz streichen, alle arbeiten nur noch ehrenamtlich, das wäre für die Wirtschaft noch viel besser. Kurz danach hängte er im *Morgenmagazin* seine Sabberlefzen in die Kamera und bellte los: »Deutschland ist international nicht wettbewerbsfähig!«

Wer? Wie? Äh – Moment mal, wir, die Exportweltmeister, sind international nicht wettbewerbsfähig?! Ernsthaft?

Knapp 20 Jahre später antwortete er, der in seiner 17-jährigen Amtszeit wie aus der Pistole geschossen den Grund für jede unternehmerische Fehlleistung nennen konnte (»Die Lohnnäbenkoschten!«), mittlerweile 84 Jahre alt, in einem Interview mit der *Zeit* auf die Frage, wann er das letzte Mal mit der Politik zufrieden gewesen sei: »Das war 2003.« Als der »gute Schröder« die umstrittenen Agenda-Reformen in Angriff nahm. Das verwundert nicht wirklich, sehnt sich Hundt doch auch heute noch nach einer Verlängerung der Arbeitszeit und einer Erhöhung des Renteneintrittsalters. Er bedauert, dass mittlerweile nur noch über Mindestlohn und Bürgergeld geredet werde. Da hat er recht, vielleicht sollten wir den Fokus mal weg von den Arbeitnehmern und auf die Unternehmer richten. Wie sie beispielsweise ihre Unternehmen zu unser aller Schaden an China verramschen. So wie Hundt selbst, der sein Unternehmen, die Firma Allgaier, die sich zu einem weltweit tätigen Konzern entwickelt hatte, mangels Nachfolge in der Familie an den chinesischen Investor Westron verkaufte. Ganz sicher nicht zum Wohl des Landes. Der »gute Schröder« fände das bestimmt auch toll.

Klar, dass sich Schröders Agenda 2010 in den Wirtschaftskreisen höchster Beliebtheit erfreute. Man muss sich nur einmal vor Augen führen, was diese Abkürzung eigentlich bedeutet: Agenda = »Atemraubende Geschenke einer nie dagewesenen Arbeitgeberverbandswunschlistenerfüllungsgehilfentruppe«. Abgenickt von den Grünen mit ihrer damaligen Fraktionsvorsitzenden, der stets so pastoral anmutenden Katrin Göring-Eckardt. Heute begrüßt sie begeistert die Lieferungen von Kampfpanzern an die Ukraine mit dem Tweet »#Endlich! Die Leoparden sind frei!« Also hopp, Frau Pastorin, dann mal flott das Militärgerät gesegnet! Natürlich mit veganem Weihwasser …

Grüne Ideen

Vielleicht glaubt Katrin Göring-Eckardt auch, dass es zur Akzeptanz von Waffenlieferungen in der Bevölkerung beitragen wird, wenn die Waffen ökologisch sind. Ist alles in Vorbereitung. Panzer mit Elektroantrieb, die Munition wird »fair trade« gehandelt, wir bekommen biologisch voll abbaubare Schnellfeuerwaffen und Hubschrauber mit Null-Emission. Gut, die haben wir, dank des Koblenzer Bundeswehrbeschaffungsamts, heute schon. Weil, die fliegen ja nicht. Wir werden das gut finden. Wenn der Feind ökologisch korrekt überrollt wird, dann nennen wir das »Humanitären Einsatz«.

Da freuen sich die Grünen und jauchzen morgens an der Kasse vom Bio-Markt, wenn sie sich an der Bäckereitheke wohlschmeckende Granatsplitter in die aus nachhaltig nachwachsendem Bambus mitgebrachte Brotbox einpacken lassen. »Granatsplitter« – ein hochkalorisches Leckerli. Der Name ist schwierig. »Granatsplitter«. In allgegenwärtigen Kriegszeiten nicht so der Burner. Schon in den 50er Jahren wurde er unter dem Namen »Bärenhaufen« angeboten, was verständlicherweise zu keinem Run auf den Zuckerklumpen führte. Heute findet man den Granatsplitter als »Bergspitze«, »Schokospitz«, im Nordhessischen als »Kassler Brocken«, als »Domspitze« in Köln und als »Hackstockkratze« in Berlin. Was wiederum viel über die Kulinarik der Berliner aussagt. Immerhin: Alles außer »Granatsplitter« gilt als politisch korrekt. Das ist wichtig in einer Zeit, in der »Mohrenköpfe«, »Zigeunerschnitzel« oder das »Eskimo-Eis« auf der Watchlist stehen. Die »Fürst-Pückler-Torte« aber nicht. Sie ist nach Hermann von Pückler-Muskau (1785–1871) benannt, einem Fürsten, der sich mit 52 Jahren auf dem Babystrich von Kairo eine zehnjährige Sklavin für 100 Taler kaufte, um sie in seine Heimat zu verschleppen, wo sie ihm nach anfänglicher Euphorie (»Sie war schon körperlich vollkommen und üppig ausgebildet. Alle Sinne schon in der Blüte, der Geist aber noch wie ein unbeschriebenes Blatt!«) recht bald langweilig wurde und er sie der sie verzehrenden Tuberkulose überließ, um sich der Gartengestaltung zu widmen, weshalb der Landschaftspark von Bad Muskau heute zum Unesco-Weltkulturerbe zählt. Man bewundert die Gärten und genießt Fürst Pückler als Torte oder als halbgefrorenes Eis. Umbenennung? Fehlanzeige.

Kein Einzelbeispiel: Noch immer gibt es in Pasing bei München die Alois-Wunder-Straße, benannt nach dessen ehemaligem Bürgermeister, der nebenbei auch NSDAP-Mitglied war, und das bereits seit 1937. Die Poppelreuterstraße in Mainz, zuvor benannt nach einem nationalsozialistischen Nervenarzt, bekam erst 2012 einen neuen Namen. Noch immer gibt es Dutzende Hindenburgstraßen, zu Ehren des ehemaligen Reichspräsidenten und Hitler-Ernenners Paul von Hindenburg. Die Liste ließe sich endlos fortführen.

Ich erinnere mich noch an ein Erlebnis in meiner Studentenzeit. Ich ging zu unserem Regionaldiscounter schräg gegenüber unserer WG. Was ich dort an der Fleischtheke erlebte, war auch schräg. Dort zeterte eine Kundin, fuchtelte mit den Armen und herrschte die beiden Fleischfachverkäuferinnen an, Frau Halbleib und Frau Fleischmann. Kein Witz, die beiden hießen wirklich so. Wir fragten uns, wann an der Fischtheke eine Frau Zander auftauchen würde und an der Käsetheke die Frau Käsmann. Aber die kam erst später, schrieb sich mit scharfem »s« und wurde Bischöfin.

An der Fleischtheke jedenfalls war Radau: »Muss das denn sein, dass sie das Zigeunerschnitzel ›Zigeunerschnitzel‹ nennen?«, fragte die Kundin erbost. Frau Halbleib erwiderte: »Wieso? Die Wienerle heißen doch auch Wienerle, und es sind keine Wiener drin.«

Die Kundin war perplex und stapfte davon. Frau Halbleib blickte mich mit unschuldigem Augenaufschlag an: »Ist doch wahr, oder?«

Tschuldigung. Jetzt bin ich wieder völlig abgeschwiffen, ich war doch noch bei den Grünen und deren wundersamer Wandlung: Mitte der Zehnerjahre mühte sich die SPD unablässig, die bessere CDU sein zu wollen, um in der breiten Mitte zu punkten, und betrieb eine Wirtschaftspolitik, die jeder sozialdemokratischen Idee spottete, die CDU hingegen gab sich so sozialdemokratisch, dass es die Konservativen in der Partei regelmäßig zu Stürmchen in Wassergläschen trieb, und die Grünen begriffen sich ohnehin oft als die beste FDP, die es je gab, eine FDP mit Fahrrad halt. Die Grünen und ihre Wähler.

Was Wohlstand aus manchen Menschen und ihren Idealen so macht. Heute fahren auch manch' grüne Mütter ihren Nachwuchs im straßentauglich gemachten Soft-Off-Roader mit dem Büffelfänger vor dem Kühlergrill – könnte ja sein, dass aus der Fußgängerzone mal ein Wisent querschießt – die paar hundert Meter zur Grundschule, schließlich sollen die Kleinen nicht unnötig mit frischer Luft kontaminiert werden. Dann fahren sie weiter zu ihrem Bio-Laden, ärgern sich, wenn sie nicht direkt vor der Ladentür einen Parkplatz kriegen, freuen sich dann aber über biologisch korrekt angebaute, aus China eingeflogene kleine Maiskölbchen, die sie glücksbeseelt über die Schwelle ihres Eigenheims im Grünen tragen, an dessen Tür neben der Klingel das selbstgebastelte Schild aus Salzteig prangt: »Hier lieben, streiten und versöhnen sich der Joshua, die Lotte, die Ursula und der Lutz!«

So hatten wir uns das mit der »Grünen Revolution« irgendwie auch nicht vorgestellt.

Russisches Roulette

Mit der Agenda 2010 begann nicht nur der Abstieg vieler Arbeitnehmer, sondern auch der unaufhaltsame Abstieg der SPD, der einen vorläufigen Höhepunkt bei den vorgezogenen Neuwahlen 2005 erreichte.

Wobei es zu Beginn des Jahres eigentlich ganz gut aussah, noch im Januar lag Rot-Grün in Umfragen stabil vorn. Wolfgang Clement, die größte Optimismustrompete im Land, trötete: »Der Aufschwung ist da!« Franz Müntefering sekundierte ihm gleich, von neuesten Umfragewerten beseelt: »Wir haben klare Anzeichen für eine Trendwende! Die SPD sitzt wieder fest im Sattel!«

Gut, habe ich mir da gedacht, das Pferd fehlt halt noch. Aber Münte war nicht zu bremsen: »Der Aufschwung ist da, das habe ich mit Gerd Schröder so besprochen. Habe auch heute Morgen noch mit dem Aufschwung telefoniert. War lange besetzt gewesen am Apparat, aber danach hat mir der Aufschwung versprochen, dass er kommt. Glück auf!«

Es lief also gar nicht so schlecht für die SPD, doch dann, nach der im Mai vergeigten Landtagswahl in Nordrhein-Westfalen, kam Schröder in einem Anflug grandioser Selbstüberschätzung auf die Idee, vorgezogene Neuwahlen auszurufen, vor allem, um die Kritiker in den eigenen Reihen wieder auf Kurs zu trimmen. Er marschierte zum völlig überraschten Franz Müntefering, den es kalt erwischte: »Münte, hör mal, ich bin der Ansicht, und Doris ist übrigens auch meiner Meinung, was meinst du, lass uns vorgezogene Neuwahlen machen, spielen wir mal ein bisschen Russisches Roulette. Hahaha!«

Münte hätte ihm stecken sollen, dass es keine gute Idee ist, Russisches Roulette zu spielen, wenn die Trommel voller Patronen ist. Natürlich ging der Schuss nach hinten los. Kaum war der vorgezogene Wahlkampf eröffnet, erfreuten sich CDU und CSU plötzlich größter Wählerbeliebtheit, die Menschen wollten einen Wechsel, und die Union kratzte, erstmals seit den 50er Jahren, an der 50-Prozent-Marke. 50 Prozent!!! Diese Umfragewerte ereilten mich in meinem Urlaub auf Korsika, ich saß bei sommerlichen Temperaturen mit einem eisgekühlten Pernod in einer Hafenbar in Bonifacio – ich wollte gar nicht mehr zurück.

Wahlabend mit Don Promillo

Dann kam er, der Wahlabend. Mit einer riesigen Überraschung – CDU und CSU hatten ihren gigantischen Vorsprung eingebüßt. Als die Hochrechnungen auf dem Bildschirm erschienen und der Balken der Union auf geschätzt halbem Weg stehenblieb, rüttelten alle verzweifelt an den Monitoren, um den Balken nach oben zu treiben, und fragten sich: »Was klemmt denn da?« Viele waren erschrocken. Der Wähler sowieso: »Was haben wir denn da gemacht?!«

Dabei schien in der Woche vor der Wahl noch alles so klar. Doch dann erlebte Angela Merkel mit ihrer Partei einen ikarusken Sturzflug sondergleichen, bis sie schließlich nur noch einen Prozentpunkt vor der SPD lag. Letztendlich konnte die Union froh sein, dass die Wahllokale um 18 Uhr dichtmachten, bis Mitternacht wäre sie sonst wohl an der Fünf-Prozent-Hürde gescheitert.

Da war Stimmung im Konrad-Adenauer-Haus: Die »Alten Herren« der CDU von der Jungen Union schmissen ihre »So sehen Sieger aus«-Sweatshirts gefrustet in die Ecke und ließen sämtliche Champagner- und Schnapsvorräte stehen. Die sich dann Gerhard Schröder krallte, um sich für seinen grandiosen Auftritt in der »Berliner Runde« einzustimmen. Mein lieber Freund, wie führte er sich da auf! Joschka Fischer rutschte vor Scham immer tiefer in seinen Sessel: »Ich kenn den Mann nicht. Hab ich nie gesehen!«

Während Gerhard Schröder den breitbeinigen Obermacho gab, wuchtete Angela Merkel ihr antrainiertes Behelfsgrinsen in die Kamera. Das Blöde war nur: Die Kameras konnten nicht schnell genug wegschwenken, bevor die Gesetze der

Schwerkraft gnadenlos zuschlugen und ihre Mundwinkel wieder Richtung Erdkern zeigten. Dann stammelte sie los: »Rot-Grün ist abgewählt!« Sie hätte auch noch anfügen können: »Schwarz-Gelb will auch keiner haben!« Nein. Sie schwadronierte in die Kameras: »Wir haben einen klaren Wählerauftrag!« Gerhard Schröder, nach seiner fulminanten Aufholjagd immer noch testosterongeladen, äußerte sich in der Berliner Runde, im Volksmund auch gern Elefantenrunde genannt, dann so: »Glauben sie im Ernst, GLAUBEN SIE IM ERNST, dass meine Partei auf ein Gesprächsangebot von Frau Merkel bei dieser Sachlage einginge, indem sie sagt, sie möchte Bundeskanzlerin werden?! Also, ich meine, wir müssen die Kirche doch auch mal im Dorf lassen. Die Deutschen haben doch in der Kandidatenfrage eindeutig votiert (…) Ich sage ihnen: Sie wird keine Koalition unter ihrer Führung mit meiner sozialdemokratischen Partei hinkriegen. Das ist eindeutig. Machen Sie sich da gar nichts vor.«

Dann hat sie ihm vorgemacht, wie das geht. Zwölf Jahre Große Koalition unter ihrer Führung. Nur kurz unterbrochen durch den vierjährigen Ausrutscher mit der FDP, der aber de facto auch eine Große Koalition war, da die stärkste Oppositionspartei, die SPD, in der Finanz- und Euro-Krise all die Maßnahmen der CDU unterstützte, die die FDP ablehnte, um so Angela Merkel volle Handlungsfähigkeit zu ermöglichen. Die SPD war in all diesen Jahren stets die Steigbügelhalterin der Macht, ob in der Regierung oder außerhalb.

Ich bin mir heute noch sicher, hätte sich Schröder damals in der Elefantenrunde nicht so aufgeführt, hätte er seinen inneren Alpha-Hund bezwungen und sich etwas devoter gezeigt, die Herren vom Andenpakt wären über Angela Merkel, die ein solch schlechtes Ergebnis eingefahren hatte und sowieso nur als Übergangslösung galt, hergefallen und hätten sie abgesägt.

Vorher, am Wahlabend, waren schon Gespräche gelaufen, um sie zu ermuntern, von ihrem Amtsanspruch Abstand zu nehmen, etwas, das sie überhaupt nicht einsah: »Ich werde nicht freiwillig verzichten. Da verliere ich mein Gesicht!« Woraufhin Edmund Stoiber wahrscheinlich brummelte: »Nun, das kann in Ihrem Fall, Frau Merkel, ja nur von Vorteil sein!«

Vereint in ihrer Empörung über die Arroganz Schröders schloss die CDU ihre Reihen und stellte sich gesammelt hinter die Ungeliebte. Vielleicht hätte Schröder sich an die altamerikanische Weisheit in Wahlkampfzeiten erinnern sollen: »Wenn dein Gegner am Ertrinken ist, wirf ihm Bleigewichte rüber.« Schröder schmiss Angela Merkel sich selbst als Rettungsring zu.

Vielleicht wollte er auch einfach gar nicht mehr Kanzler sein. Womöglich war sein Vorvertrag mit Putin schon eingetütet, es lag ein Autorenvertrag mit dem Schweizer Ringier-Verlag im Schließfach, und er dachte sich: »Wie komme ich aus dieser Nummer nur wieder raus? Ich hab's Doris doch versprochen – keine Politik mehr. Nur noch viel Freizeit, Gas und Kohle.«

Vogelgrippe

2005 ereilte uns aber nicht nur Angela Merkel, die gekommen war, um zu bleiben; auch ein anderes hartnäckiges Virus suchte uns heim: die Vogelgrippe.

H5N1 – was wurde da schon für ein Aufriss gemacht: penible Seuchenkontrollen, Desinfizierung von Autos und Seuchenwannen auf dem Rügendamm (auch wenn sich die Vögel hartnäckig weigerten, durch diese durchzulaufen). Meine Güte, habe ich mir gedacht, Jahr für Jahr verreckt bei uns im Winter eine mittlere Kleinstadt an der ganz normalen vögelfreien Grippe, und wir sehen schon den Untergang des Abendlandes gekommen, wenn im rumänischen Donaudelta drei Enten tot vom Baumstamm plumpsen. Übertreiben und Panik schüren – ja, das können wir. Dabei war Karl Lauterbach damals noch Azubi unter Ulla Schmidt und weit davon entfernt, als gängelnder Corona-Choreograf unterwegs zu sein.

Ganz Hysterische wollten schon ihre WC-Enten zur Schutzimpfung bringen und fragten sich: »Essen wir Gänsekeulen, oder müssen wir Gänse keulen?« Selbst Litfaß-Eulen standen unter Verdacht.

Unser Fachblatt für Pandemiefragen und Hysterien aller Art, die *BILD*, wurde mit Fragen geradezu bombardiert. Gertrud Ulrich aus Hamburg, 101 Jahre alt, war in großer Sorge: »Ich habe 1918 die Spanische Grippe überlebt. Kann ich trotzdem die Vogelgrippe bekommen?«

Das sind Sorgen, die hätte ich auch gern, in dem Alter, aber die Experten der *BILD* beantworteten natürlich auch so was: »Leider müssen wir davon ausgehen, dass die Antikörper, die ihr Blut vor knapp 87 Jahren gebildet hat, heute nicht mehr ausreichend vorhanden sind. Wir raten dringend zu einer Impfung.«

Einige verloren ihren ganzen Lebensmut: »Was is des nur für e Welt? Von de Vöchel kriechste Grippe – und vom Vöcheln kriechste AIDS. Des is doch kaa Lewe mehr!«

Und doch hatte die Aufregung auch ihr Gutes, zumindest wenn man Aktien des Schweizer Pharmaherstellers Hoffman-La Roche gebunkert hatte. Roche hatte das schöne Mittel Tamiflu entwickelt und sagte sich: »So, jetzt brauchen wir noch eine passende Krankheit dazu.« Und dann schickten sie ihre

Marketingabteilung los: »Hey, schaut mal, wir haben ein Mittel gegen diese Epidemie, die bald kommt! By the way, wir sind börsennotiert!«

Dann begann der Run – die Doofen versuchten, das Medikament zu bekommen, die Cleveren krallten sich die Aktien. Spontan kam mir da der alte Filmtitel in den Sinn: *Tami flug über das Kuckucksnest.* Oder so. War auf alle Fälle ein großartiger Film.

Im Nachhinein betrachtet wirkt die damalige Vogelgrippen-Hysterie mit ihrem H5N1-Menetekel wie ein Testlauf für das Sars-Cov-2-Spektakel, das uns einige Jahre später ereilen sollte.

Benimmregeln für Taxler

Berlin. Der besondere Charme unserer Hauptstadt sollte bald all die ereilen, die sich auf den Weg gemacht hatten, um DEM Großereignis des Jahres 2006 beiwohnen zu können: der Fußball-WM. Unserem Sommermärchen. Die Welt zu Gast bei Freunden. Den Gästen sollte das freundliche, tolerante und weltoffene Gesicht Deutschlands gezeigt werden. Eine tolle Idee! Nur – der erste Eindruck ist entscheidend. Dann dachte man an die, die bei anreisenden Gästen oftmals den ersten Eindruck hinterlassen. Dachte an die notorisch übelgelaunten, pampigen Taxifahrer, die ihre Fahrgäste gewöhnlich mit dem Charme stachliger Kakteen begrüßten. Und merkte: Da haben wir ein Problem.

Also regte der DFB Benimm-Kurse für Taxifahrer an. Besonders nötig wohl für Berlin, unser charmantes Aushängeschild deutscher Leichtigkeit und dezenten Frohsinns, unsere freundliche Hauptstadt.

Den Kurs hielten sie als Test dann wirklich ab beim DFB, in der Otto-Fleck-Schneise in Frankfurt, mit Taxifahrern, unter anderem natürlich aus Berlin. Er begann mit, lassen Sie es mich so sagen, grundlegenden Regeln des menschlichen Miteinanders. Die erste Frage an die zu schulende Runde war: »Was sagen Sie, wenn sich ein Kunde nähert?« Schweigen. Der Seminarleiter blickte in ratlose leere Augen und offene Münder. Irgendwann, nach geraumer Zeit, meinte er ermunternd: »Na ›Guten Tag!‹ Ist doch ganz einfach.« Oh, da kam Bewegung in die Truppe, da wurde es unruhig bei den Droschkenkönigen aus unserer Hauptstadt:

»Wat? Wat? Wat soll ick machen? Ick soll den begrüßen?! Will ick nu Taxi faan oder der da?!«

Da war Stimmung in der Bude. Benimmregeln für Taxifahrer? Wer kommt denn auf so einen Schmarrn? Mir würde schon eine erfolgreich absolvierte Ortskenntnisprüfung reichen. Als ich damals meinen Taxischein machte, musste ich wochenlang büffeln, um die Prüfung zu bestehen, ich opferte einen Großteil meines Sommerurlaubs dem Studieren von Straßennamen und dem Erlernen kürzester Routenverbindungen! Das ist heute offensichtlich nicht mehr so. Irgendwann hat man wohl die Anforderungen für den simplen Anspruch, dass jemand, der Kunden von A nach B transportieren sollte, auch bitte wissen möge, wo A und B liegen, drastisch gelockert.

Irrgarten Berlin

Ich erinnere mich noch, wie ich einmal mit dem Taxi in Berlin quer durch vier Bezirke musste, um zu einem Auftritt zu kommen, die U-Bahn mit ihren charmanten Durchsagen (»Ssssurrückblei'm!«) wollte ich mir ersparen. Ich nannte dem sehr freundlichen Taxifahrer das Fahrtziel, der eifrig nickte, also ging ich davon aus, er führe rasch und zügig zur angegebenen Adresse. Hm. Aus dem CD-Player im Autoradio tönten Wortfetzen von »Deutsch für Ausländer«, deren Übungsdialoge der Fahrer brav nachsprach. Wir umkurvten die Goldelse, und nach dem beendeten Übungssatz »Heute ist schönes Wetter«, fragte er mich: »Straße wo genau?« Ich war ähnlich ratlos, zuckte unwissend mit den Schultern, daraufhin griff der Fahrer zum Beifahrersitz, nahm einen schon schwer ramponierten Falk-Stadtplan und reichte ihn mir nach hinten mit den Worten: »Du sagen, ich fahren.«

Ich lotste ihn, obwohl ich Falk-Faltpläne noch nie ausstehen konnte. Ich erinnerte mich gleich an eine Aufgabe in meinem ersten und einzigen Semester als Geografiestudent: »Falten Sie einen Falk-Plan gemäß dem System der Falkfaltung auseinander und wieder zusammen, ohne dass das Papier reißt.« Eine kartografische Pflichtübung für Geografiestudenten. Mein Taxifahrer hatte diese Übung wohl nie absolviert, der gesamte Plan war ein einziger Riss. Es gelang mir dennoch, ihn quer durch die Hauptstadt zu dirigieren, und ich kam pünktlich zum Gastspiel. Ob der Fahrer ohne meine navigatorischen Fähigkeiten den Weg zurückfand, entzieht sich meiner Kenntnis. Ich stellte mir dann die Frage, ob er wohl auch mit dem Stadtplan in der Hand und anhand eines Discmans den Deutschkurs hörend zum Freundlichkeits-Contest der Berliner Taxi-Innung vor der Fußball-WM erscheinen würde.

Sommermärchen

Aber mit oder ohne freundliche Taxifahrer – letztendlich haben wir es doch schön hinbekommen mit unserer Friede-Freude-Feier-Fanmeilen-Fußball-WM, oder? Aus jeder Ecke kamen einem plötzlich Fahnen entgegen: Aus den meisten Mündern beim »Public Viewing« und an fast allen Autos.

Unser Sommermärchen, alles war auf einmal so fröhlich und locker, im schwarz-rot-goldenen Taumel. Das Fachblatt für niedere Instinkte hat sich gar nicht mehr eingekriegt: »Schwarz-Rot-Gold bringt uns alle näher, auch im Straßenverkehr. Plötzlich fahren wir gelassen und rücksichtsvoll: ›Komm, ich lass dich einscheren!‹ Kein Stinkefinger mehr, keine Flüche. Als hätte uns alle der Frohsinn überrollt!«

Hm. Ich war an dem Tag mit Tempo 140 auf der A5 unterwegs, da war ich heilfroh, dass ich von niemandem überrollt wurde, so harmonisch, wie alle an diesem Tag dort unterwegs waren.

Die Welt zu Gast bei Freunden! Wie waren wir der FIFA dankbar, dass sie uns die Spiele dank des unermüdlichen, selbstlosen Einsatzes des WM-Organisationskomitee-Vorsitzenden Franz Beckenbauer geschenkt hatte. Erst Jahre später sollten wir erfahren, aufgrund welch dubioser Deals dieser Deal zustande gekommen war. Es war eine Art Crossover-Genehmigung: »Gibst du mir deine Stimme, gebe ich dir meine.« So ging die Vergabe der WM an Deutschland wohl Hand in Hand mit der Zusage, dass Katar die Weltmeisterschaft 2022 ausrichten dürfe.

Dass es der FIFA im Wesentlichen nur um drei Dinge geht, nämlich erstens: Geld, zweitens: Geld und drittens: Geld, das war eigentlich schon im Umfeld unseres Sommermärchens 2006 vollumfänglich augenscheinlich. Wer zahlt, sagt an. Hauptsponsor der Fußballfestspiele war Hyundai, ein Autokonzern, der zuvor in Europa als Bushersteller nicht übermäßig in Erscheinung getreten war, also eigentlich gar nicht. Es waren bei der WM daher hauptsächlich Mercedes- und M.A.N.-Busse im Einsatz. Allerdings mit abgeklebtem Logo – um den Sponsor Hyundai nicht zu verärgern. Immerhin wurde die Lufthansa nicht genötigt, ihre Flugzeuge unsichtbar für alle im Hangar zu parken, war doch ein weiterer Hauptsponsor die Fluggesellschaft Emirates.

Das einzig zugelassene Turnierbier, des Deutschen Nationalgetränk, war die amerikanische Plörre von Budweiser, vereinzelte Ausnahmen gab es für Bitburger. Klang ja auch so ähnlich: »Bitte ein Bud!«, vernuschelte sich rasch zu »Budde ein Bit!« Der Höhepunkt der fifaesken Bevormundung spielte sich in Frankfurt rund um das Waldstadion, pardon, rund um die Commerzbank Arena, heute Deutsche Bank Park, ab. Es galt ein Ausschankverbot für das hessische Nationalgetränk, das »Stöffsche«, also den Apfelwein. Ein Ebbelwoi-Verbot. In Frankfurt! Fraa Rauscher rotierte im Grab, Sachsenhausen erzitterte in seinen Grundfesten. Man hätte sich Sepp Blatter schnappen und ihn zur Strafe in ein Fass mit Grüner Soße tunken sollen, einer weiteren hessischen Spezialität. Die war zwar nicht verboten, aber auch nichts zum Trinken.

Sepp Blatter und sein Nachfolger Gianni Infantino – beide

sind Schweizer und stammen aus dem Wallis. Dort hat es riesige Korruptionsplantagen, da wachsen diese Früchtchen an den Bäumen, und wenn sie reif sind, dann fallen sie zu Boden und kullern direkt nach Genf in die Entsafterei.

Die Doppel-Vergabe der Fußballweltmeisterschaften 2018 und 2022 an Russland und Katar im Dezember 2010 sollte das Wirrwarr an gekauften Stimmen offen zutage treten lassen. Krönung der Korruptionsfestspiele war die WM-Vergabe an Katar. Drei Jahre nach der freudigen Verkündung stellten die Verantwortlichen dann etwas fest, was niemand hätte auch nur im Entferntesten ahnen können: Mitten in der Wüste könnte es, im Sommer, heiß werden. Was für eine Überraschung! Kein Problem für die Fifa, die kurzerhand beschloss, die Sause dann eben in den Winter zu verlegen, wenn die dortigen Temperaturen erträglich sind. Schon konnte sich der wüste Staat Katar, halt, nein, pardon, der Wüstenstaat Katar auf eine Großveranstaltung freuen, die er dank leistungswilliger, sofort nach der Ankunft in Doha entrechteter Arbeitssklaven durchzuführen auch im Stande war. Tausende Arbeitssklaven, die Stadien, Hochhäuser und Hotels unter menschenunwürdigen Arbeitsbedingungen bauten, die Schande im Sande – egal. Franz Beckenbauer selbst bemerkte bei einem Besuch mit dem Organisationskomitee: »Mir persönlich sind keine Arbeits- oder sonstwie Sklaven begegnet.« Was Sepp Blatter jovial konterte: »Ja, wie auch, Franz? Die liegen alle schon unter dem Rasen.« Altherrenwitze unter sich.

Eigentlich nur folgerichtig, dass sich Katar nun auch für die Olympischen Sommerspiele 2036 bewerben will. Da diese dann, klimatechnisch bedingt, auch wieder in den Winter verschoben werden müssten, wäre es eigentlich logisch, dass sie die Bewerbung für die Olympischen Winterspiele gleich noch als Anhang der Bewerbungsmail hinzufügen. Da das Internationale

Olympische Komitee, das IOC, repräsentiert von seinem Chef, dem ehemaligen Fechterkönig aus Tauberbischofsheim, Thomas Bach, der wohl entfernte Verwandte im Schweizer Wallis aufzuweisen hat, ähnlich integer, sauber und unkorrumpierbar auftritt wie seine Schwester im Geiste, die FIFA, sollte diesem Ansinnen nichts im Wege stehen. Es kann eigentlich nur noch eine Frage der Zeit sein, bis sich die FIFA dazu entschließt, die erste Frauenfußballweltmeisterschaft an den Iran zu vergeben.

Aber ich war ja noch bei den Ballspielen in unserem Sommer. Besonders beeindruckend dabei, wie immer, die tollen Reporterleistungen. Politisch stets ganz korrekt Marcel Reif, so wie man ihn kennt. Unvergessen sein Hinweis beim Länderspiel der Deutschen gegen Ghana: »Die Ghanaer erkennen sie an den gelben Stutzen.« Das war so gehaltvoll wie: »Je länger das Spiel dauert, desto weniger Zeit bleibt.«

Ein bayerischer Problembär

Es war eine tolle WM – die Welt zu Gast bei Freunden. Gut – wenn es Farbige im Osten oder Bären in Bayern waren, da hörte es schnell auf mit der Gastfreundschaft. Erinnern Sie sich noch an Bruno? Während in Deutschlands Städten die WM ausgefochten wurde, tapste der Braunbär durch die bayerischen Alpen.

Zunächst überschlug sich der bayerische Minister für Umwelt, Gesundheit und Verbraucherschutz, Werner Schnappauf, noch vor Freude, von wegen, der Bär sei in Bayern herzlich willkommen. Keine 24 Stunden später wurde er zum Abschuss freigegeben. Eine Willkommenskultur, die der, die den Flüchtlingen 2015 anfangs entgegen schwappte, in nichts nachstand.

Edmund Stoiber, der stets in Reden gewandete Cicero aus Wolfratshausen, fühlte sich sofort bemüßigt, einen Kommentar abzugeben, dummerweise in freier Rede. Normalerweise formuliert man ihm ja alles vor, aber da muss er wieder ein paar Journalisten gesehen haben, da ging sein Ego mit ihm durch, und er dachte sich: »Ich kann's auch ohne Skript!«

Und wir alle wussten – nein, Edmund, das kannst du nicht. Das war ihm aber völlig egal. Bis zu dem Zeitpunkt glaubte ich noch, sein Gestammel über den Transrapid sei nicht mehr zu toppen – ich hatte mich getäuscht. Die legendär gewordene Bärenrede nahm ihren Lauf: »Natürlich freuen wir uns, einen, äh, sich normal verhaltenden Bär in Bayern zu haben. Und der … Bär, im Normalfall, ich muss mich ja auch … äh … auch Werner Schnappauf hat sich natürlich hier, äh, intensiv, äh, mit äh, sogenannten Experten austausch … austauschen … äh, müssen. Nun haben wir, der normal verhaltende Bär lebt im Wald, geht niemals, äh, raus und äh, reißt vielleicht ein bis zwei Schafe im Jahr …«

Da hab ich mich schon gefragt: Wenn ein Bär nicht aus dem Wald herausgeht – seit wann geht ein Schaf in den Wald hinein? So blöd ist doch nicht einmal ein Schaf!

»Wir haben dann einen Unterschied zwischen dem normal sich verhaltenden Bär, dem Schadbär, und dem, äh, Problembär. Und, äh, es ist ganz klar, dass, äh, dieser Bär, äh, ein Problembär ist und, äh, es ist im Übrigen auch, äh, im Grunde genommen, äh, durchaus, äh, ein gewisses Glück gewesen. Der hat um ein Uhr nachts, äh, praktisch, äh, diese Hühner gerissen. Und Gott sei Dank war in dem Haus, äh, war … also jedenfalls ist das nicht bemerkt worden. Aufgrund von … äh, es ist nicht bemerkt worden. Stellen Sie sich mal vor, der war ja mittendrin, stellen Sie sich mal vor, die Leute wären raus und wären praktisch jetzt dem Bären, äh, auch praktisch begegnet, äh, was da hätte passieren können.«

Nach dieser sensationellen Rede blickte er erwartungsvoll und beifallsheischend in die Fragezeichen, in die sich die Gesichter der Journalisten vor Ort verwandelt hatten.

Um Bruno aufzuspüren und schließlich zu erlegen, schickten sie fünf finnische Elchhunde und vier norwegische Bärenfänger los, die wochenlang auf der Suche nach ihm durch den Tann streiften. Ich fragte mich: Was will ein Elchhund mit einem Bären? Und wie verständigen sich finnische Elchhunde mit norwegischen Bärenfängern? Und warum fünf Hunde, aber nur vier Jäger? Gut, das leuchtete mir irgendwann ein. Einer der norwegischen Jäger war wohl kurz hinter der Grenze hängengeblieben, als er freudetrunken feststellte: »Boh – ist der Alkohol billig bei euch!« Dann war er weg.

Ein bisschen überreagiert haben wir damals schon, oder? Da traut sich nach 170 Jahren mal wieder ein »großer Beutegreifer«, so hieß der Bär damals in der Amtssprache, nach Bayern, und dann wird er einfach abgeknallt? Auch das Ausland regte sich über uns auf, vorneweg die Schweizer: »Hat das wirklich sein müssen? Bei uns, da haben wir ein ausgeklügeltes Bärenmanagement. Bei uns wird ein Bär nur dann erschossen, wenn er sich höchst aggressiv dem Menschen nähert!« Und selbst da hat der Bär gute Überlebenschancen, weil, das wissen wir von der Fußball-WM – der Schweizer an sich trifft aus 11 Metern ja nicht einmal ein Tor.

In Bayern haben wir seit 2006 einen »Bärenbeauftragten«. Da musste wohl wieder einer aus der Politik von der Straße weg, Stiftungs- oder Aufsichtsratsposten waren gerade keine frei, das Rote Kreuz und Brüssel hatten auch abgewinkt, so bekam Bayern einen »Bärenbeauftragten«. Und der Bärenbeauftragte von Bayern hieß: Wölfl.

2023 wurde in Bayern ein Bestand von 23 Wölfen gemeldet und – ein Bär ist auch wieder unterwegs. Im Bärcht-, pardon, Berchtesgadener Land wurden Spuren entdeckt: ›Die Todes-Tatze von Traunstein‹. Heute streift aber nicht mehr Bärentöter Edmund Stoiber durch den finsteren Tann, sondern Markus Söder. Der natürlich sofort reagierte, schließlich findet in diesem Jahr in Bayern das Hochamt statt: Die Landtagswahl. Da muss Witterung zum Wahlvolk aufgenommen werden. Wölfe und Bären sollen »entnommen« werden. Eine nette Umschreibung für: »Die knallen wir ab.« Bin gespannt, wann Söder mit einem eigenhändig erwürgten Wolf auf Instagram oder Tiktok zu sehen sein wird. Drei Prozent zusätzliche Wählerstimmen wären drin. Garantiert.

Königsmord in Wildbad Kreuth

Selbst die schrägsten rhetorischen Ausfälle, wie seine legendäre Bärenrede, schadeten Edmund Stoiber scheinbar wenig. Nein, um ihn zu Fall zu bringen, brauchte es eine Landrätin aus der fränkischen Provinz, Gabriele Pauli.

Stoiber wollte damals unbedingt nochmals als Spitzenkandidat der CSU bei der Landtagswahl in Bayern 2008 antreten. Das hielt Pauli für keine gute Idee und stellte bereits 2006 seine Kandidatur immer wieder in Frage. Woraufhin Edmund Stoiber sie, nun ja, bespitzeln ließ, zumindest holte sein Büroleiter Michael Höhenberger telefonisch Informationen über sie ein. Dies wiederum machte Pauli publik.

Auch wenn Pauli von der CSU scheinbar geächtet, oder wie man heute sagen würde: gecancelt wurde, kam sie der Fraktion wahrscheinlich ziemlich recht, denn der Rückhalt für Stoiber in seiner Partei war seit seiner Rückkehr aus Berlin nicht mehr allzu ausgeprägt. Was an diesem aber irgendwie ... äääh ... unbemerkt vorbeiging.

Wobei das Präsidium zu Beginn immerhin öffentlich noch hinter ihm stand und ihn auf ein Schild hob wie die unbeugsamen Gallier Majestix, was schwierig war, weil alle dabei die Finger beim Schwur hinter dem Rücken überkreuzen mussten: »Edmund Stoiber ist und bleibt unsere Nummer eins für die Landtagswahl 2008!«

Die Zustimmung zu seiner Person interpretierte Edmund etwas über und schoss damit weit über das Ziel hinaus: »Wer mich kennt, weiß, ich mache keine halben Sachen! Ich bleibe bis 2013!« Damit irritierte der Kaiser Bokassa aus Wolfratshausen die Fraktion ein wenig: »Ja, Moment amoi ... Edmund ... geh amoi her ... 2008 schon, vielleicht. Aber doch höchstens bis Weihnachten!«

Aber Stoiber glaubte daran. Er plante, bis 2013 durchzuregieren, mit voller Unterstützung seiner Partei. Beim legendären Parteitag in Wildbad Kreuth 2007 dann sah es zunächst gar nicht danach aus, dass Edmund Stoiber wirklich zur Seite treten würde. Er überschätzte sich wie bei der Bundestagswahl 2002, als er sich schon als Sieger gesehen hatte, und kokettierte: »Ich kann und möchte und werde meine Ämter abgeben – aber ich muss nicht!« Das war sein schönster Spruch: »Ich will, muss aber nicht.« Das Motto kennt man von Swinger-Clubs: »Alles kann – nichts muss!«

Auch der damalige Landesgruppenchef, Peter Ramsauer, der kurze Zeit später eine zwölfjährige Verkehrsminister- und Infrastrukturverhinderungsdynastie der CSU begründen sollte, dröhnte beim Showdown in Wildbad Kreuth, noch voller Loyalität: »Wir stehen voll hinter Edmund Stoiber, wenn von hinten g'schossen wird, wir stehen voll vor Edmund Stoiber, wenn von vorne g'schossen wird, und wir stehen voll um Edmund Stoiber, wenn von allen Seiten g'schossen wird.«

Hauptsache »voll«, das ist das Wesen der Partei. Einen Tag später, irgendwie muss er Rücksprache mit seiner Fraktion der fürsorglich Christlichen gehalten haben, jedenfalls meinte Ramsauer dann plötzlich: »Vergesst's, was ich gestern g'sagt hab – jetzt schieß ma selber!«

Und zack – war Stoiber weg. Kündigte an, auf sein Amt des CSU-Parteivorsitzenden zu verzichten und auch als Ministerpräsident zurückzutreten. Erst wollte er bleiben bis 2013, dann bis 2008, dann war plötzlich die Deadline der 30. September 2007.

Dieser Königsmord – das hatte schon schwer etwas von einem Shakespeare-Drama. Edmund als *Richard III* in den Nebelschwaden vor der Klausurtagung der CSU: »Ein Pferd! Ein Pferd! Mein Königreich für ein Pferd!«

Nach Stoibers Rücktritt begannen die Diadochenkämpfe: Wer wird Nachfolger? Günther Beckstein und Erwin Huber standen plötzlich für die Verjüngung der Partei! Huber wurde schließlich Parteivorsitzender, Beckstein Ministerpräsident. Die knackige Boygroup mit den Gehhilfen – da vollbrachte die Evolution aber wahre Wunder.

Das dynamische Duo hatte eine überschaubare Halbwertszeit: Nach der für die CSU enttäuschend ausgegangenen Landtagswahl 2008 legten beide nach nur einem Jahr ihre Ämter nieder. Diese vergeigte Wahl, das war ein Trauma für die CSU, die verunsicherte sie schwer. Jahrelang war immer klar – in Bayern, da kannst du einen Besenstiel oder eine Mülltonne aufstellen zur Wahl, die CSU kriegt trotzdem 60 Prozent plus x. Und dann machte die Partei den Fehler und ersetzte Besenstiel und Mülltonne durch Beckstein und Huber. Sofort wurde sie mit knapp 44 Prozent der Stimmen abgestraft.

Ihnen folgte: Horst Seehofer. Der Christ, der kurz zuvor ein uneheliches Kind gezeugt hatte. Stoiber hatte ihn noch verhindern wollen: »Ich übergebe doch nicht den Stab an jemanden, der seinen Stab nicht unter Kontrolle hat!« Genutzt hat's nichts.

Alles muss raus

Im Jahr 2000 wurde ich im Mainzer Unterhaus mit dem Deutschen Kleinkunstpreis geehrt. Als ich davon erfuhr, hatte ich gerade in dem Bonner Theater Haus der Springmaus gespielt. Ich war so aufgeregt über die Neuigkeit, dass ich glatt vergaß, mein Mikro nach dem Auftritt abzulegen und erst daheim merkte, dass ich es aus Versehen mitgeschleppt hatte. Sehr zur Freude des dortigen Tontechnikers.

Der Kleinkunstpreis war meiner Karriere durchaus nicht hinderlich, von da an ging es steil bergauf. De facto hatte ich auch gar keine andere Wahl, als erfolgreich zu sein, schließlich hingen mir die abzubezahlenden Kredite für den Hofgarten wie Mühlsteine um den Hals.

Mit steigender Popularität nahm auch meine Fernsehpräsenz zu, ab 2001 wurde mein Jahresrückblick *Tilt!* vom BR gesendet, 2004 bekam ich meine erste Sendung bei 3Sat: *Alles muss raus*, die vom Titel her angelehnt war an mein damaliges Bühnenprogramm. Der Aufbau war: Moderation, Auftritt Künstler, Moderation. Sicher, ein Format aus der kabarettistischen Steinzeit, aber warum sollte man etwas, das sich seit dem späten 19. Jahrhundert bewährt hatte, ändern? Hm. Der Satz könnte auch von Verantwortlichen der öffentlich-rechtlichen Sender stammen, die seit jeher auf einen Aufguss der ewig gleichen verstaubten Erfolgsgaranten setzen. Innovation, mal was wagen – bloß nicht! Und wenn, dann nur nach Mitternacht oder bei den Nebensendern, die sowieso kaum jemand schaut, wie ZDFneo. Damit schlägt man sogar verstaubte Erfolgsgaranten wie Jörg Pilawa in die Flucht. Gerade erst wieder gab's im ZDF eine Neuauflage von *Dalli Dalli* und ein Remake von *Wetten, dass …?!*, natürlich moderiert von den zwei einzigen Moderatoren, die dieses Land scheinbar hat, die Allzweckwaffe des ZDF, Johannes B. Kerner, und natürlich Thomas Gottschalk, unser früherer Haribo-Goldjunge Thommy.

Satire-Revival beim ZDF

Nach mehrjähriger Bewährung in diesem Format rief mich eines Tages, ganz aufgeregt, meine Agentur an, um mir zu verkünden, der Muttersender von 3Sat, das ZDF, habe sich bei ihr gemeldet: Man plane nach über einem Vierteljahrhundert Satire-Abstinenz im Sender nun auch so was Ähnliches wie den *Scheibenwischer* bei der ARD im Hauptprogramm.

Dieter Hildebrandt, der fast zweieinhalb Dekaden die Sendung moderierte, hatte sich bereits 2003 verabschiedet, Bruno Jonas und Georg Schramm wurden seine Nachfolger. Ich werde nie vergessen, wie gehässig Franz Josef Wagner, Ex-*Bunte*-Chefredakteur und jetziger Bild-Kolumnist, damals anlässlich Hildebrandts Abgang in der *Welt* über den Großmeister der spöttischen Satire herzog: »Mitleid mit Hildebrandt«.

Und weiter: »Da geht der alte Mann murmelnd vor sich hin ... ›Cola für Allah‹ ... Bohlen, Effenberg ... Dreck ... Schund verkaufen sich heute besser ...«

Liebe Leser, Sie verstehen nicht, was er Ihnen damit sagen will? Keine Sorge, das liegt nicht an Ihnen – das versteht niemand. Aber weiter im konfusen Wagner-Text: »Die Vor-sich-hin-Murmler, meist alt, verwitwet und in Großstadtparks anzutreffen, sind ein schmerzhafter Anblick, besonders im Frühling – und man sollte keine Witze machen über ihre Monologe aus der Einsamkeit, selbst wenn der alte Murmler Dieter Hildebrandt, 76, heißt. Wer war Dieter Hildebrandt? Dieter Hildebrandt, Kabarettist, hat sich zeitlebens über Politiker und bourgeoise Trottel wie mich ausgekotzt. Peng! Er war der Intellektuelle. Er hatte recht. Er hatte seine Lacher. Ich frage mich, ob ein Zyniker, der alles verhöhnte, was der Mehrheit seiner Landsleute hehr und heilig war, glücklich im Alter ist. (...) In unseren Parks haben wir Hilfskräfte, die verwirrte Persönlichkeiten heimführen. Niemand soll in unserer Welt allein sein.«

Solche Texte fließen dem guten Mann immer abends, wohl nach etlichen Humpen Rotwein, in der Paris Bar zu Berlin aus seiner Feder, bevor ihn jemand durch den Park nach Hause führt. Bei der *BILD* hat man ihm ein würdiges Schreib-Hospiz eingerichtet, das er sich mit dem Talkshow-Kritiker Josef Nyáry teilt. Dort darf er sich täglich in seiner Kolumne *Post von Wagner* mit ähnlich wirren Beiträgen austoben ...

Treibende Kraft, die Satire beim ZDF aus ihrem Dornröschenschlaf zu wecken, war der damalige Programmdirektor und spätere Intendant Thomas Bellut. Man wolle da jetzt mal wieder aktiv werden, und ich sei dafür genau ihr Mann.

Als ich fragte, was sie sich denn unter dem neuen Satireformat so genau vorstellten, erhielt ich von dem aufstrebenden Comedy-Redakteur Stephan Denzer zur Antwort: »Ja, im Grunde schon so etwas wie das, was du jetzt machst, nur anders.«

Aha. »Same same, but different« also, wie man in Thailand sagt. Es folgten diverse Brain-Stormings und Treffen, pardon, »Meetings« natürlich, in denen verschiedene amerikanische Formate vorgeführt wurden, die als Vorlage dienen sollten. Irgendwas vor einer Green-Box, in die dann lustige Bilder und Filmchen als Hintergrund gesetzt werden sollten, die ich, in einem Panel sitzend, präsentieren würde. Natürlich fühlte ich mich gebauchpinselt und geehrt, nur – ich, der ewige Läufer, im Sitzen? Mit Bildern im Hinter- und einem amerikanischen Format im Vordergrund? »Schuster, bleib bei deinen Leisten!«, dachte ich mir und konnte mich mit dem Projektgedanken, mit dem das ZDF zum führenden Satire-Sender mutieren wollte, nicht so recht anfreunden.

Letztendlich wurde die Sendung nach amerikanischem Vorbild schließlich auch ohne mich umgesetzt und läuft seit Jahren erfolgreich als *Heute-Show* mit Oliver Welke. Eines Tages, während ich mir gerade beim Umsteigen am Frankfurter Hauptbahnhof einen Gemüse-Smoothie kaufte, wurde ich von einem älteren Herrn angesprochen: »Glückwunsch zu Ihrer tollen Sendung! Sie sind so unterhaltsam, bissig und aktuell, ich bin ein großer Fan von Ihnen!«

Damals lief bereits *Neues aus der Anstalt*, und ich fühlte mich ein bisschen geschmeichelt. »Ja, wir versuchen, dranzubleiben, immer auf dem neuesten Stand zu sein«, woraufhin er antwortete: »Das merkt man, deswegen schaue ich Ihre Sendung auch jede Woche.«

Moment mal, dachte ich mir da, *Neues aus der Anstalt* kommt doch nur einmal im Monat, da hat der gute Kerl in seiner Zeitrechnung wohl etwas durcheinandergebracht, aber gut, er ist halt auch schon etwas älter.

Seine enthusiastische Lobesrede fand gefühlt kein Ende, bis ich ihn schließlich unterbrach, weil ich zu meinem Zug musste. Er klopfte mir auf die Schulter und verabschiedete sich mit den Worten: »Machen Sie weiter so, Herr Welke!«

Seit dieser Begegnung warte ich mit Grauen auf den Tag, an dem mir jemand zuruft: »Machen Sie nuhr weiter so, Herr Böhmermann!«

Aber zurück zu meinen Verhandlungen mit dem ZDF. Eine eigene Satire-Show? Für mich? Das klang zunächst einmal verlockend. Ich machte eine vage Absichtserklärung, woraufhin die Herren Bellut und Denzer ihren Besuch bei meiner 3Sat-Sendung *Alles muss raus* ankündigten, um sich nochmals zu versichern, dass sie mit mir auf das richtige Pferd setzen.

Wie so oft, wenn man eigentlich eine gute Figur machen sollte, weil es wirklich darauf ankommt, eine gute Figur zu machen, machte ich zunächst natürlich keine gute Figur. Selbstverständlich war ich wahnsinnig aufgeregt, hinter der Bühne tigerte ich auf und ab, versuchte, mich zu beruhigen, sagte mir: »Ach komm, so schlimm wird's schon nicht werden.« Das Rotlicht ging an, ich kam das Showtreppchen runter – und vergaß nach drei Zeilen prompt meinen Text. Obwohl ich am liebsten im Bühnenboden versunken wäre, improvisierte ich fröhlich vor mich hin, stammelte irgendwas, von wegen, kein Wunder, wenn solch hochrangige Persönlichkeiten zugegen seien, nein, das hat nichts mit euch, meiner höchstrangigen Persönlichkeit zu tun, dem Publikum, redete mich also um Kopf und Kragen, bis ich schließlich eine Karteikarte mit meinem Text gereicht bekam und mich wieder fing.

Glücklicherweise sahen mir die Herren vom ZDF meinen Schnitzer nach, und ich war immer noch im Rennen. Danach wurde es ernst mit der konkreten Projektplanung.

In die Anstalt

Während dieser Zeit spielte ich bei Uschi Spors im Albert-Einstein-Forum in Kaarst. Meine damalige Agentur bestand darauf, dass ich den Termin wahrnehme, obwohl ein wahnsinnig verlockendes Angebot von anderer Seite vorlag: Man hatte mir angeboten, neben Ottfried Fischer im *Bullen von Tölz* zu spielen. Ja, wirklich! Eine Riesenchance! Ich sollte den Part der Leiche übernehmen. Das hätte der Beginn einer großen Fernseh- und Filmkarriere sein können! Die nun verhindert wurde wegen eines Auftritts in der niederrheinischen Provinz. Das habe ich meiner sonst wirklich absolut großartigen Agentur bis heute nicht verziehen.

Als ich dort meinen Day off hatte, so nennen wir spielfreie Tage zwischen zwei Veranstaltungen, machte ich mit meinem Oldtimer eine kleine Ausfahrt in die Umgebung. Während ich fuhr, klingelte das Telefon, auf dem Display erschien »Anrufer unbekannt«. Normalerweise nicht unbedingt ein Grund für mich, ranzugehen, aber ausnahmsweise fuhr ich rechts ran. Streng und knapp ertönte es aus dem Hörer: »Hier ist Georg

Schramm. Hast du mal eine Minute Zeit?« Ich zuckte zusammen, erinnerte es mich doch sehr an die beliebten Anrufe während meiner Studienzeit, die mit den Worten begannen: »Hast du am Wochenende schon was vor?« Wenn einem da nicht schnell genug eine Wochenendbeschäftigung einfiel, und die fiel einem in diesem Moment NIE ein, zack, war es zu spät: »Dann kannst du mir ja beim Umzug helfen«, und schon war einer der einzigen zwei freien Tage in der Woche verplant mit Schleppen von Kisten anderer Leute.

Georg Schramm kannte ich persönlich noch von einer Kreuzfahrt mit der SPD, wo wir gemeinsam mit Volker Pispers und Andreas Giebel aufgetreten waren, aber wir hatten nie engeren Kontakt gehabt. Daher war ich erstaunt, ihn jetzt am Telefon zu haben. Er druckste ein wenig herum und rückte dann heraus mit der Sprache. Er habe die Idee für ein neues Satire-Format beim ZDF, das er diesem auch schon vorgestellt und das durchaus Anklang gefunden habe. Als Setting stelle er sich Folgendes vor: Eine psychiatrische Tagesklinik mit ihm in der Rolle des Patientensprechers, der im ständigen Dialog/Disput mit dem leitenden Stationsarzt sei. In dieser Rolle könne er sich mich sehr gut vorstellen. Das ZDF wolle eine Produktion im 14-Tage-Rhythmus, das sei ihm allerdings zu viel. Außerdem sei das Ding noch nicht in trockenen Tüchern, es gebe da anscheinend auch Gespräche mit einem anderen Künstler über ein anderes Konzept, Konkurrenz also, und er wisse daher nicht, ob es klappe.

Ich hörte mir seine Ausführungen in Ruhe an, war sofort von der Idee angetan und ließ schließlich die Katze aus dem Sack: Der andere, mit dem das ZDF noch in Gesprächen war und den er als Gefährdung für sein Projekt sah, sei niemand anderes als ich!

Die Lösung: Statt im 14-täglichen Turnus abwechselnd aufzutreten, was für uns beide sowieso zu viel gewesen wäre, könnten wir ja gemeinsam einmal im Monat eine Sendung gestalten. Das passte perfekt.

Wir schlugen also bei Programmdirektor Thomas Bellut auf und boten uns im Doppelpack und nicht als Konkurrenz an. Bellut und Denzer waren zwar überrascht, aber schließlich einverstanden, und die amerikanischen Konzepte waren, zumindest für mich, vom Tisch, sehr zum Leidwesen Stephan Denzers.

Um das Drehbuch für die Null-Folge zu schreiben, so heißt die Pilotsendung, also der erste Versuch, bei dem man oft schon merkt, ob das Konzept funktioniert oder nicht, traf ich mich mit Georg im altkurörtlichen Hotel *Zum Ritter* in Badenweiler. Als wir dort in dem ausgezeichneten Restaurant zu Abend speisten, saß am Nebentisch der Philosoph Peter Sloterdijk. War das ein gutes oder ein schlechtes Omen?

Sloterdijk war mir einige Zeit zuvor im überfüllten Erste-Klasse-Abteil eines IC begegnet. Genervt angesichts der Überfüllung des Abteils verschaffte er seinem Ärger mit den Worten Luft: »Die erste Klasse ist auch nicht mehr das, was sie einmal war!« Und nun, hier in Badenweiler, speisten zwei Gaukler, die er sicherlich als seinem Stand nicht angemessen betrachtete, auch noch zwei Tische von ihm entfernt in einem Restaurant mit gehobenem Speisenangebot – Dünkel trifft Dinkel, habe ich mir gedacht.

Als Aufzeichnungsort für *Neues aus der Anstalt* wurden die Arri-Studios in München ausgewählt, toll gelegen in der Maxvorstadt, mitten im Univiertel, als Regisseur gewannen wir Frank Hof, der auch bei *Wetten dass …?* Regie führte. Im Januar 2007 starteten wir unser Satire-Projekt im ZDF, mit Dieter Hildebrandt als Ehrengast in unserer ersten Sendung, der sich 27 Jahre zuvor gesagt hatte: »Vor dem Zweiten flieht man besser.«

Zensur im Öffentlich-Rechtlichen?

Seitdem ich beim Fernsehen auftrete, werde ich auf der Straße immer wieder von Leuten angesprochen, die hinter Vorgängen, die oftmals eine ganz andere Ursache haben, irgendeine Form der Zensur von Seiten der öffentlich-rechtlichen Anstalten wittern.

»Gell, Sie mussten beim ZDF mit *Neues aus der Anstalt* aufhören, weil Sie zu kritisch waren, des wollten die da nimmer, stimmt's?«

Auch damals, als Georg Schramm bei der Sendung ausstieg, vermuteten viele, er sei dem ZDF schlicht zu unbequem geworden.

Ich mach's kurz: Das ist Quatsch. Uns wurde bei den Sendungen immer der Rücken freigehalten. Gut, einmal, vor vielen Jahren, wollte ich beim BR eine lustige Nummer zum Papst spielen, also zu unserem Benedikt, der zwar nicht mehr im Amt, aber immer noch Papst war. Mit ihm und dem amtierenden Franziskus hatten wir ja ziemlich lang zwei davon, *Vier Fäuste für ein Halleluja* also. Man bat mich, von der Nummer Abstand zu nehmen, der Papst liege im Sterben, das sei jetzt unpassend. Der Papst muss ziemlich lang im Sterben gelegen sein, denn endgültig von uns ging er erst über fünf Jahre später, aber nun gut, in so einem Alter, da weiß man ja nie.

Aber sonst – Zensur, nein, die gab es nicht. Insbesondere Thomas Bellut stand immer hinter uns. Lediglich, als wir während mehrerer Sendungen auf den damaligen Bundespräsidenten Horst Köhler eingedroschen hatten, bat er um Mäßigung. Jaaa, zugegeben, wir hatten etwas übertrieben. In der Sendung ein Bildnis des Bundespräsidenten mit Tomaten zu bewerfen, da sind wohl etwas die Gäule mit uns durchgegangen. Auch wenn es Spaß gemacht hat. Großen Spaß.

Köhler, die alte Husche, war aber auch eine wandelnde Steilvorlage. Bei dem hatte ich immer Angst, wenn er beim Staatsempfang ausländischer Gäste die dazu eigens angetretene Ehrenformation der Bundeswehr abschritt. Hätte da einer der Soldaten aus lauter Übermut ausgerufen: »Buh!«, wäre der Köhler vor Schreck sofort umgefallen und hätte gezappelt wie Karl der Käfer.

Horst Köhler. Stellen Sie sich den in seiner ganzen Pracht mal vor. Bruce Willis ruft an und meint: »Geben Sie mir den Präsidenten!«

Und der Präsident, also Horst Köhler, antwortet zaghaft: »Köhler, hallo? Wollen Sie womöglich etwas von mir? Meine Frau und ich, von der ich Sie übrigens ganz herzlich grüßen soll, wenn Sie das möchten, wir sind gerade bei einem Charity-Bingo für Hirngeschädigte in Bad Salzuflen. Die Ohovens und Regine Sixt sind auch da. Übrigens: Wir haben gerade bei der Tombola eine kleine Stichsäge gewonnen.«

Bruce Willis wäre vor Entsetzen der Hörer aus der Hand gefallen.

Um Thomas Bellut zu zeigen, dass wir durchaus Respekt für unseren Präsidenten aufbrachten, nahm ich in einer der nächsten Sendungen das Bild Köhlers in beide Hände und küsste es fast zärtlich. Was Bellut am nächsten Tag in einer Mail mit dem einfachen Satz kommentierte: »Ich habe verstanden.« Danach trat er nie mehr mit einer ähnlichen Bitte an uns heran.

Während diese Episode eher heiter war, sollten wir nur wenig später in einer absolut garstigen Angelegenheit, die mich auch persönlich sehr (be)traf, den Rückhalt Belluts bitter nötig haben. Aber dazu später.

Aschenputtel beim Ball der Könige

Kurz bevor wir unseren ersten Auftritt in der *Anstalt* hatten, gab auch die frisch gewählte Kanzlerin Angela Merkel ihr Debut als staatsoberhäuptliche Rednerin: unvergessen, wie sie im Januar 2006 beim Weltwirtschaftsforum in Davos auftauchte. Aschenputtel beim Ball der Könige. So beeindruckt erlebte man sie sonst nur beim Neujahrsempfang im Hause Springer, wenn sie, verträumt wie ein Backfisch und im Rampenlicht glänzend wie eine Speckschwarte, inmitten des Epizentrums weiblicher Macht vor sich hin strahlte. Eingerahmt von den sie stets unterstützenden Seilschafterinnen, pardon, Netzwerkerinnen, Friede Springer, der Bertelsmann-Königin Liz Mohn und Alice Schwarzer.

Bei ihrem Erstbesuch in Davos ließ Angela Merkel bereits ein Glanzlicht ihrer schlichten Regierungsweise aufblitzen, was den Chef von *BUNTE* und *Focus*, Hubert Burda, zu wahren Jubelstürmen hinriss: »Sie ist unsere Hoffnungsträgerin. Sie bringt unserem Land neue Energie!« Wahrscheinlich rührte die Bewunderung daher, dass sie so schlicht sprach und spricht, wie *BUNTE* und *Focus* es seit jeher zu schreiben gewohnt sind: kurze Sätze, einfache Botschaften. Also so etwas wie die von ihr auf dem Weltwirtschaftsforum geäußerte Feststellung: »Arbeit braucht Wachstum. Und Wachstum braucht Freiheit!«

»Wow!«, sagte sich da die Wirtschaftselite in Davos: »Was für ein Satz! Was für eine Strahlkraft! Welch richtungsweisende Botschaft!«

Sie hätte vermutlich auch sagen können: »Milch ist gegen Maroditis« – es hätte ähnlich gezündet. Kein Wunder, dass sich die Bosse kurz danach doch den wirklich interessanten Themen widmeten – ein dort stattfindender Workshop war vierfach überbucht: »Sex und Beziehung im Wandel der Globalisierung«. Ein Thema, das sich am Abend mit mancher Escort-Dame trefflich vertiefen ließ. »Arbeit braucht Wachstum. Und Wachstum braucht Freiheit«, das konnte sie, solchen Banal-Sätzen irgendwie Bedeutung zu verleihen.

In den Folgejahren wurden ihre teils schlichten Küchenweisheiten stets zu staatstragenden, ja fast schon philosophischen Botschaften aufgeblasen. Noch heute bewundert man sie für ihre lapidar-läppische Erkenntnis zu Beginn der Corona-Epidemie, als sie sich das erste Mal in ihrer Amtszeit – abseits ihrer einschläfernden Neujahrsansprachen – in einer Fernsehrede direkt an die Nation wandte, etwas, das natürlich auch gleich wieder zum epochalen Ereignis hochgejazzt wurde, genauso wie der dabei geäußerte Appell: »Es ist ernst. Nehmen sie es auch ernst.«

Danach musste die ganze Republik über zwei Jahre lang das ernst nehmen und ausbaden, was sie mit ihrer repressiven Corona-Politik anrichtete, als sie ernst machte.

Die Klimakanzlerin

Zwei Mal hatte Deutschland in diesem Jahrtausend den Vorsitz im Rat der Europäischen Union inne, und zwei Mal brachten wir quasi nichts zustande, außer, niedrigere Grenzwerte für Autoabgase zu verhindern. Federführend dabei: unsere Klimakanzlerin. Ich habe nie verstanden, wie sie sich diesen Ruf erwerben konnte.

Vielleicht lag's an den schönen Bildern, dafür war sie immer zu haben. 2007 beispielsweise, da reiste sie für ein Fotoshooting nach Grönland. Als sie da rumwatschelte, schmolzen prompt die Polkappen vor Schreck noch weiter ab.

Aber sie verkaufte sich immer gut. Bei ihrem zweiten Auftritt in Davos, nur ein Jahr nach ihrem ersten, hielt sie vor der versammelten Wirtschaftselite eine flammende Rede für den Schutz der Erde und unserer Schöpfung. 800 Manager waren mit ihren Frauen da, also gefühlt 10.000 Jahre Knast und 50 Tonnen Silikon auf einem Haufen, an den sie überzeugend appellierte: »Klimaschutz ist die größte Herausforderung für die Menschheit! Wir wollen umsteuern, weil wir umsteuern müssen.«

Das wäre auch dringend nötig gewesen, schließlich war Deutschland damals der führende CO_2-Emmissionär in der EU. Der griechische EU-Umweltkommissar Stavros Dimas nahm Angela Merkel auch gleich beim Wort: »Yamas! Dann lasst uns doch in der EU die Grenzwerte für Treibhausgase senken!«

Kaum hatte die gefeierte Jeanne d'Arc des Klimaschutzes das Forum verlassen, nahm sie schon ihr Wirtschaftsminister Michel Glos beiseite: »Äääåh, Angela, können wir mal kurz reden?«

Von wegen, Treibhausgasreduktion durch saubere Autos gefährdeten Arbeitsplätze, die Automobilindustrie laufe Sturm, und das sei generell überhaupt nicht im Sinn der deutschen Wirtschaft. Woraufhin sich die Doppelzunge aus der Uckermark schnell auf ihre eigentliche Daseinsberechtigung besann: »Ich will der deutschen Wirtschaft dienen«, der Kernaussage ihres bei ihrem Amtsantritt rührselig geäußerten Satzes: »Ich will Deutschland dienen.« Gut, kennt man aus der Politik: »Gesagt – gemeint«.

Und dann lederte sie los, auf dem Europatag der Industrie, bei dem sie nur wenig später zu Gast war: »Verbindliche Grenzwerte? Das lehne ich, auch als ehemalige Umweltministerin, ab. Ich werde mit aller Kraft, die ich habe, dagegen anlaufen.«

Das tat sie dann. Und Brüssel knickte schnell, allzu schnell ein. Vor der Vorreiterin in Sachen Umweltschutz, deren Pferd, also die »Goldstute Deutschland«, dank ihr am entscheidenden Ochser verweigert hatte. Der damalige EU-Kommissionspräsident und spätere Goldman-Sachs-Clown José Manuel Barroso (für solche Leute finden sich immer Anschlussverwendungen) pfiff auf Druck unserer großen Ratspräsidentin seinen Umweltkommissar zurück, und die Richtlinie für weniger Treibhausgase wurde gekippt. Da war sogar ihr Vorgänger, der Genosse der Bosse Gerhard Schröder, überrascht: »Hätt ich nie gedacht, dass eine ehemalige Umweltministerin mal ein besserer Autokanzler wird, als ich es je war. Hahahaha!«

La plus grande catastrophe

Angela Merkel. Jetzt ist sie weg. Kaum war sie weg, merkten viele, gerade viele Vertreter der Presse, die ihr speichelleckend stets gehuldigt hatten, welch Vermächtnis sie uns mit ihrer visionslosen Das-was-möglich-ist-Politik hinterließ. Eine verpennte Energiewende, keine Migrationskonzepte in Zeiten zunehmender Zuwanderung, eine sich immer mehr spaltende Gesellschaft und eine fatale Abhängigkeit von einem frei drehenden Autokraten, der gerade Europa in Brand steckt. Auf einmal setzte die große Ernüchterung ein, plötzlich fiel es vielen wie Schuppen von den Augen, sie erkannten: Die Kaiserin war die ganze Zeit nackt! Ein Bild, das ich mir nun wirklich nicht vorstellen möchte.

Für mich kam diese Erkenntnis wenig überraschend, überraschend war für mich viel mehr, der ich mich jahrelang an ihr abgearbeitet hatte, dass die allgemeine Erkenntnis so spät kam.

Außerdem: Ich persönlich, ich litt unter ihr, profitierte aber auch von ihr. Sie war ein gefundenes Fressen für jeden Satiriker, und zudem rettete sie mich einmal vor einem Strafzettel in Frankreich.

Dort war ich vor einigen Jahren, in Troyes, einer wunderschönen mittelalterlichen Stadt, wo ich in meinen Geburtstag reingefeiert hatte. Am nächsten Morgen, während ich mit dem Auto zurückfuhr, klingelte das Handy, ich ging ran, obwohl ich am Steuer saß. Neben mir erschien ein blauer Peugeot, mit vier Blauen von der Gendarmerie drin, die mich auch prompt rauswinkten. Zerknirscht stand ich zu meiner Schuld: »Oh, pardon, oui, je sais … äh …«

»Das macht 80 Euro.«

Verkehrsvergehen kosten alle 80 Euro in Frankreich, komisch, aber gut, »égalité« halt. Ich wollte schon zahlen, aber dann merkte die Gendarmerie, dass ich an diesem Tag Geburtstag hatte. »Non, non, c'est votre anniversaire … moschmoschmosch …« Da könnten sie von der Strafe absehen, aber ich müsse ihnen eine Frage beantworten. Und dann fragten die mich … ausgerechnet MICH: »Qu'est-ce que vous pensez d'Angela Merkel?« Also: »Was halten Sie von Angela Merkel?« »Strike!!«, dachte ich mir und sagte, ohne mich dafür im Geringsten verbiegen zu müssen im Ton inbrünstiger Überzeugung: »Angela Merkel, c'est la plus grande catastrophe pour l'Europe!« Die größte Katastrophe für Europa. Unser Ansehen in der Staatengemeinschaft hatte sie mit ihrem rigorosen Spardiktat für die Südländer nämlich auch ruiniert.

Daraufhin, das ist kein Witz, sondern tatsächlich so passiert, gaben die Gendarmen mir Führerschein und Ausweis zurück und sagten: »Okay, gehen Sie für die 80 Euro mit Ihrer Begleitung etwas essen, gute Fahrt!«

Seitdem antworte ich in Diskussionen auf die Frage, ob ich denn nicht auch irgendetwas Positives über Angela Merkel sagen könne: »Na ja ...«

Kredite für Ninjas

Wenn mich mein Bankberater anruft und säuselt: »Hätten Sie mal eben fünf Minuten – ich habe da etwas sehr Interessantes für Sie ...«, dann denke ich gleich wieder an meine Studentenzeit, von wegen: »Hast du am Wochenende eigentlich schon was vor?«

Zack – bin ich weg. Umzüge mache ich nicht mehr. Aber meinen Bankberater interessieren keine Umzüge, nur meine Auszüge. Spätestens seit dem Zusammenbruch der Banken 2008 weiß ich: »Hätten Sie mal eben fünf Minuten ...« – diese Worte verheißen nichts Gutes. Zumindest nichts Gutes für mich. Für die Bank schon.

Die Finanzkrise – jahrelang hatten Banken in Amerika Subprime-Immobilien-Kredite an sogenannte »Ninja« vergeben, an Menschen, die »no income, no job, and no asset« hatten, also kein Einkommen, keine Arbeitsstelle, keine Vermögenswerte. Leute also, die sich ein Eigenheim in keiner Weise leisten konnten.

Nun wurden diese Kredite, ohne jegliche Sicherheiten, zu immer neuen Wertpapierpaketen verschnürt, die von Ratingagenturen wie beispielsweise Standard & Poor's (fragt sich, wer hinterher »Standard« und wer »Poor« war?) stets die höchste Bewertung »Triple A« bekamen. Diese Wertpapierpakete verkauften sich wie geschnitten Brot. Für jeden Immobilienkredit, der in einem Wertpapier getarnt verkauft werden konnte, bekamen die Banker kräftig Boni und verdienten sich so eine goldene Nase. Doch die Gier kannte keine Grenzen. Sie vergaben immer mehr Kredite und schnürten immer neue Pakete. Die Quelle ewigen Reichtums schien erschlossen, wie bei König Midas verwandelte sich alles, was die Banker berührten, in Gold – bis die Blase mit der Insolvenz von Lehman Brothers, einer einst von den Gebrüdern Lehmann aus Rimpar in Franken gegründeten Bank, platzte.

Heinrich Lehmann wanderte Mitte des 19. Jahrhunderts wegen Perspektivlosigkeit nach Amerika aus, zur selben Zeit verließ Marcus Goldmann Trappstadt, um mit seinem unterfränkischen Kumpel Joseph Sachs später Goldman Sachs zu gründen. Bankern, ob eingewandert oder indigen, brachte man in der Neuen Welt zu keiner Zeit besonderen Respekt entgegen. Schon damals wahrscheinlich zu Recht. Besser machte es Löb Strauss aus dem fränkischen Buttenheim, der nach seiner Auswanderung nach Amerika den USA und der Welt unter seinem neuen Vornamen Levi die Jeans schenken sollte. Seine rustikale 501 ist heute immer noch gefragt und dürfte wohl jede Bank überleben. Also: Augen auf bei der Berufswahl!

Im September 2008 brach das fragile Kartenhaus der Banken jedenfalls zusammen und riss in der Folge die globale Weltwirtschaft mit sich und fast in den Abgrund.

Denn es war so: Solange die Preise für die Häuser weiter und weiter stiegen, war es für die klammen Kreditnehmer kein Problem, ihre Hypothekenkredite mit immer neu aufgenommenen Krediten zu bedienen. Doch irgendwann stiegen nicht mehr die Häuserpreise, sondern die Zinsen.

In der Folge konnten immer mehr Menschen ihre Schulden nicht mehr begleichen, die Häuser mussten zwangsversteigert werden, und es kam zu einem gigantischen Überangebot, was wiederum den Preis der Immobilien rapide fallen ließ. Kurz, es setzte ein Schneeballeffekt ein. Banken, die auf den toxischen Papieren saßen, gingen reihenweise pleite. Bei uns unter anderem die Hypo Real Estate, die Bayern LB, die IKB-Bank, die HSH Nordbank und die WestLB. Letztere marode Bank wurde von Friedrich Merz abgewickelt, der für sie einen Käufer suchen sollte und dafür ein fürstliches Tageshonorar von 5.000 Euro einstrich. Er musste viele, viele Tage nach einem solchen suchen.

Böse Zungen behaupten, dass insbesondere die unbedarften Provinzbanken ein besonderes Faible für die schick verschnürten, glamourös anmutenden amerikanischen Bonds gehabt hätten. Das Geld von IKB und der WestLB beispielsweise galt bei den Wallstreet Brokern als das »dumb money from Düsseldorf«. Aber wo kaufte die IKB ihre undurchsichtigen Wertpapier-Paketchen? Bei der Deutschen Bank. Die in Goldgräberstimmung war und unter der Leitung Josef Ackermanns bei der Sause kräftig mitmischte.

Geburtstagssause im Kanzleramt

Im Juli 2007 unterbrachen die Rolling Stones ihre Europatournee *A Bigger Bang*, um in Barcelona ein kleines exklusives Konzert vor 600 Bankern zu spielen. Organisiert wurde das Event von der Deutschen Bank, als Gäste waren deren Kunden geladen, unter anderem Analysten und Banker von Goldman Sachs, JP Morgan und Morgan Stanley. Die Party kostete die Deutsche Bank rund vier Millionen Euro.

Als sie dafür in die Kritik geriet, rechtfertigte sie sich damit, dass das Konzert sozusagen als Werbeveranstaltung der Investment-Sparte der Bank zu werten sei. Und die habe im ersten Quartal 2007 immerhin Erträge von 6,7 Milliarden Euro eingefahren. Ja, nur womit?

Nun ja, sie hatten unter der Führung des skrupellosen Investmentbankers Anshu Jain bei der großen Hypothekenrallye kräftig mitgemischt, indem sie ausfallgefährdete Hypotheken in Amerika günstig aufgekauft, sie in sehr komplexen Finanzprodukte gebündelt und diese Bonds dann als sichere Anlageinvestments weiterverkauft hatten. Unter anderem an die stupide Düsseldorfer IKB Bank. Ein sehr renditereiches Geschäft, das ihnen Traumgewinne ermöglichte, die mit riesigen Boni vergoldet wurden. Und in ihren Augen auch ein Privatkonzert der Rolling Stones rechtfertigte.

Nur zwei Wochen später stand die IKB Bank wegen eben dieser Bonds, die sich aufgrund der geplatzten Immobilienkredite als wertlos erwiesen, kurz vor dem Konkurs und konnte nur mit Geldern der staatlichen KfW gerettet werden. Die Beinahe-Pleite, verursacht durch faule Finanzprodukte der Deutschen Bank, markierte den Beginn der Finanzkrise in Deutschland.

Die amerikanischen Behörden stuften die Verfehlungen der Deutschen Bank in dieser Krise als so gravierend ein, dass sie sie nur wenige Jahre später zu einer Strafe von über sieben Milliarden Dollar verdonnerten. Sieben Milliarden, das klingt nach einer Menge Geld, ist aber nur knapp die Hälfte der Strafzahlungen, die die Deutsche Bank in der Ära Josef Ackermann zahlen musste, weil sie an so vielen Schweinereien beteiligt war, unter anderem an Geldwäsche, schwerer Steuerhinterziehung und versuchter Strafvereitelung. Also quasi an fast allem, was möglich war. Oder um es mit den Worten Wolfgang Hetzers, des damaligen Abteilungsleiters des Europäischen Amts für Betrugsbekämpfung darzustellen: »Unter der Führung von Herrn Ackermann hat sich die ehemals seriöse Deutsche Bank in eine kriminogene Zockerbude verwandelt.«

All das hielt unsere ehemalige Kanzlerin nicht davon ab, für Josef Ackermann, den damals gefährlichsten Banker der Welt, knapp ein Jahr nach der IKB-Pleite, im April 2008 eine Geburtstagsparty zu seinem 60sten im Kanzleramt auszurichten. Mit illustren Gästen aus der Wirtschafts- und Medienelite wie Maria-Elisabeth Schaeffler, Friede Springer, Mathias Döpfner, Roland Berger und Kai Diekmann, damaliger Chefredakteur der *BILD*. Klar, dass dieser Haufen Papier die mediale Aufregung um das Essen überhaupt nicht nachvollziehen konnte: »Die kleinkarierte Aufregung über das Mahl im Kanzleramt zeigt einmal mehr, wie inhaltsleer der Wahlkampf 2009 in Wirklichkeit ist. Wenn die Kanzlerin der größten Wirtschaftsnation Europas nicht einmal mehr 25 wichtige Vertreter aus Wirtschaft, Wissenschaft und Kultur zum Abendessen einladen darf – dann gute Nacht, Deutschland!«

Am Tag danach gab die Kanzlerin die erste Milliardentranche zur Bankenrettung frei. Da meinten viele, ja sogar ihr wohlgesonnene Journalisten, und es gab eigentlich nur ihr wohlgesonnene Journalisten: »Hat sie sich in dieser Nacht womöglich über den Tisch ziehen lassen?«

Das dementierte Ackermann sofort: Nein, nein, überhaupt nicht – die ist ganz freiwillig drüber gerutscht.

Berühmte unvollendete Sätze der Weltgeschichte

Deutschland wurde mit voller Wucht von der Finanzkrise erfasst, das Vertrauen in die Banken erreichte einen Tiefpunkt. Besonders verunsichert waren die Menschen im Osten: »Jetzt raubt uns der Gabbidalismus all das, was mer im Sozialismus nie begomm häddn! Mer sind bedroochn wordn!«

Um die Deutschen davon abzuhalten, die Banken zu stürmen und ihr mühsam Erspartes abzuheben, wie kurz zuvor in Großbritannien geschehen, stellte sich Angela Merkel mit Finanzminister Peer Steinbrück vor die Kameras und versicherte dem Volk: »Die deutschen Spareinlagen sind sicher.«

Ein berühmter unvollendeter Satz der Weltgeschichte. So wie damals, als Genscher auf dem Balkon der Prager Botschaft zu der Menge sprach: »Wir sind zu Ihnen gekommen, um Ihnen mitzuteilen, dass heute Ihre Ausreise …«

Dann der Jubel. Dabei hätte der Satz noch weitergehen sollen: »… um Ihnen mitzuteilen, dass heute Ihre Ausreise leider noch nicht stattfinden kann.«

Auch Norbert Blüm, von dem Angela Merkel bei ihrer staatstragenden Zusicherung während der Finanzkrise abgekupfert hatte, wollte seinen berühmten Satz eigentlich noch weiterführen: »Die Rente ist sicher …«

Man ließ ihn nicht ausreden. Er wollte noch anfügen: »… wenn man sie Pension nennt.«

Merkels Garantie an die Sparer: »Die Spareinlagen der Deutschen sind sicher …«, ging eigentlich auch noch weiter: »… bald nichts mehr wert.«

Glücklicherweise blieb der Satz unvollendet, die Deutschen waren beruhigt, und niemand stürmte die Bankschalter.

Merkel, die Meisterin einfacher Botschaften, für die sie stets gefeiert wurde. Für Sätze wie: »Wir müssen das Vertrauen in die Finanzmärkte zurückbringen!«

Bitte? Hatte ich da irgendwas falsch verstanden?! Wir?! Wir sollten dafür sorgen, dass man den Finanzmärkten wieder vertrauen kann?! Ich bin gleich bei mir auf die Sparkasse und hab den Erstbesten an mich gedrückt: »Ich vertraue Ihnen! Ich weiß, ganz tief drinnen – Sie sind kein schlechter Mensch!«

WIR müssen das Vertrauen in die Finanzmärkte … egal, viele mochten das, wenn uns Angela Merkel die Welt in schlichten Sätzen erklärte: »Wichtig ist, ein besseres Verständnis für die Kapitalmärkte zu entwickeln.«

Aha. Und wie soll man das, was die Zocker auf den Kapitalmärkten veranstalten, verstehen? Auch das wusste sie natürlich: »Seit Langem erklärt *Die Sendung mit der Maus* sehr gut, wie eine Kaffeemaschine funktioniert oder ein Fahrrad. Wir haben also ein gutes Verständnis für die Produkte der Industriegesellschaft. Heute müssten wir aber auch eine Sendung für Finanzprodukte haben.«

Na dann – wir hätten nur Sonntagmorgens um halb zwölf einschalten müssen, dann wäre alles klar gewesen, denn Käpt'n

Blaubär hätte uns den Erklärbär gemacht: »Das ist der Josef. Dem Josef gehört die Deutsche Bank. Und der Josef hat ganz viel Geld, will aber immer mehr. Und deshalb kauft der Josef Hochhäuser und Spielcasinos in Amerika. Da hat er sich aber verzockt, und das Geld ist futsch. Und dann sagt der Josef: ›Oh!‹ – aber weil der Josef in einem System lebt, das ›Soziale Marktwirtschaft‹ heißt, müssen wir alle jetzt dem Josef aus der Patsche helfen.«

Ja, und das taten wir dann. Josef und Co. aus der Patsche helfen. Mit einem gigantischen Rettungsschirm. Über 500 Milliarden Euro. Den die damalige Kanzlerin in ihrer Regierungserklärung zum Rettungspaket folgendermaßen rechtfertigte: »Das ist hier kein Geschenk für die Banken oder für irgendwelche Manager, es dient letztlich auch dem Bürger.«

Schön, dass wir so mal erfahren durften, wie unser Stellenwert definiert wird: »Letztlich auch« … beim Dicken waren wir immerhin: »Die Bürger draußen im Lande …« Aha, für Merkel waren wir also die »Letztlich Auch's«, die »Sch'tis« von Europa.

Aus einer Immobilienkrise wurde eine Bankenkrise, die zu einer globalen Finanzkrise wurde, die wiederum wurde zur Währungskrise und führte schließlich zur Staatsschuldenkrise, die insbesondere die südländischen Gefilde, also Griechenland, Portugal und Italien, hart traf. Doch als es so weit war, hatten durch die zahlreichen Metamorphosen dieser Krise viele deren Ursprung, der in der menschlichen Gier lag, vergessen, und es hieß nur noch: »Die faulen Griechen!« Doch dazu später mehr.

Nach der Bankenkrise wurde immer wieder betont, wie sehr man doch aus dieser Krise gelernt habe, Fehler, die nie, nie, also wirklich niiiiieeeee wieder passieren dürften, nie wieder sollte eine einzige Bank so systemrelevant relevant werden, so groß, so »Too big to fail«, dass sie ganze Staaten mit ihrem

Scheitern erpressen könne. Hm. 15 Jahre später bilanzturbulenzte die »Credit Suisse« in die erzwungene Fusion mit der UBS, wurde so also »Too too big to fail«, und die Schweizer beantworteten das bankenkrisisch beschworene »Nie wieder!« mit einem eidgenössisch-gelassenen: »Träumt weiter.«

Schon las man bei uns wieder Schlagworte, die frappierend an die letzte Finanzkrise erinnern, wie »Bankenkrise«, »Kursrutsch« und »Beben an den Märkten«. Der Chef des Münchner Ifo-Instituts, Clemens Fuest, warnte vor einem Vertrauensverlust in die Märkte und sah daher die Gefahr, die Deutschen könnten alle gleichzeitig zur Bank rennen und ihre Einlagen abziehen. Genau wie 2008. Geschichte wiederholt sich.

Mir schwant gerade Übles. Wenn sich unser Kanzler Olaf »Schlumpf« Scholz und Finanzminister Christian »Bambi« Lindner vor die Kameras stellen und sagen: »Die Spareinlagen sind sicher.« Oh weh …

Tiger & Ente

Es waren turbulente Zeiten, und es entstanden viele Bad Banks. Eine war Teil der großen Koalition. Die SPD. In sie wurden alle toxischen Papiere von Hartz IV über die höhere Mehrwertsteuer bis zur Rente mit 67 ausgelagert. Na ja, besser in die Genossen eingelagert. Alles blieb an ihnen hängen, nichts an Angela Merkel und ihrer CDU, denen die Hartz-IV-Maßnahmen nicht weit genug gingen, was viele, die in Montagsdemonstrationen gegen die Hartz-SPD auf die Straße gingen, über Nacht vergessen hatten. Die SPD war froh um ihren Platz am Trog und merkte nicht einmal, wie sie der Bedeutungslosigkeit anheimfiel.

Kein Wunder, dass die Sozialdemokraten, die man als reine Erfüllungsgehilfen der Merkel-Regierung wahrnahm, bei der Bundestagwahl 2009 mit einem Verlust von über elf Prozent der Wählerstimmen krachend abgestraft wurden. Dafür gewann die FDP und kam auf über 14 Prozent – ein Ergebnis, von dem die heutigen Liberalen nur träumen können. Zeitweise lag die Partei in den Umfragewerten bei 18 Prozent! Das heißt, jeder Sechste im Land glaubte daran, dass die uns allumfassende Banken-, Finanz- und Eurokrise ausgerechnet von denjenigen gelöst werden könnte, die den marktradikalen Verursachern dieser Krisen Abend für Abend eine Kerze ins Fenster stellten. Da kam schon die Frage auf: Muss unser Volk auf die Couch? In anderen Ländern in Europa, in Griechenland, Spanien, Lettland, Litauen und Irland gingen die Menschen auf die Straße, auf Island zogen sie vor das Parlament in Reykjavik und skandierten: »Ihr könnt es nicht! Ihr könnt es nicht!« – so lange, bis die Regierung erkannte: »Hm. Ist was dran. Wir sind dann mal weg.«

Und bei uns? Wählte man die FDP. So stellt sich der Deutsche eine Revolution vor. Da reicht keine Couch. Da muss ein »dänisches Bettenlager« her.

Ganz revolutionär kam es wieder einmal zu einer schwarzgelben Koalition: Guido Westerwelle wurde Chef im Auswärtigen Amt und fiel dort vor allem durch gemeinsame Dienstreisen mit seinem Lebensgefährten auf, ansonsten gab er eine eher klägliche Figur auf dem internationalen Parkett ab. In Dramen von William Shakespeare hätte einer wie er immer den Strauch gespielt. Amerika hatte immerhin einen Bush. Uns blieb der Strauch. Philipp »Fipsi« Rösler wurde Minister für Gesundheit, bis Daniel Bahr dieses Amt übernahm, in dem er sich für seine spätere Anschlussverwendung bei der Allianz warmlief. Der smarte Christian Lindner fungierte als Generalsekretär der FDP. Die Milchbubis Lindner, Rösler und Bahr, diese Fähnlein-Fieselschweif-Fraktion der Liberalen, dazu noch die unbeholfen in der Gegend herumtapsende Familienministerin der CDU, Kristina Schröder – da bekam ich Angst und dachte mir: Jetzt bestimmen Gestalten die Zukunft unseres Landes, von denen man denkt, sie spielen den ganzen Tag »Schnick, Schnack, Schnuck«, tragen noch Stoppersocken und kommen gleich auf dem Bobby-Car um die Ecke geschubbert …

Die »Tigerenten-Koalition«, so nannten manche verniedlichend das Kabinett Merkel II. Aber wer war der Tiger? Wer die Ente? Das mit der Ente war rasch geklärt, so wie die Kanzlerin immer angewatschelt kam, aber Westerwelle als Tiger – da war ich mir nicht so sicher.

Die neue Regierung beschloss zunächst das, was jeder Regierung als Erstes einfällt, bevor ihr etwas anderes einfallen könnte – ein Sparpaket. Bis 2014 galt es, 27 Milliarden einzusparen. Das war zwar nur die Hälfte der benötigten Summe, aber mit dem zu besorgenden Rest konnte sich ja dann getrost die Nachfolgeregierung rumschlagen.

Und bei wem ließ es sich am leichtesten und bequemsten sparen? Bei den Familien, den Alleinerziehenden und den Hartz-IV-Empfängern, denen das zusätzliche Elterngeld gestrichen wurde. Die Ärmsten, die am wenigsten für die Krise verantwortlich waren, sollten also einen Großteil der Krisenkosten schultern, während mittlere und obere Einkommen weitgehend verschont blieben. Von einem »Eat the rich!«, einem in diesen Zeiten gern skandierten Slogan, war man weit entfernt. An eine Vermögenssteuer, einem zeitlich begrenzt erhöhten Spitzensteuersatz oder eine Pendlerpauschale traute sich die ihren richtungsweisenden Wählern verpflichtete Regierung nicht ran. Auch eine Finanztransaktionssteuer, um die Zockerei an der Börse endlich zu unterbinden, lehnte die FDP damals mit den Worten ab: »Das trifft zuerst die Kleinanleger und die Sparer.«

Klar. Wen auch sonst? Die zockende Hebamme, der im Derivatehandel herumspekulierende Müllwerker, der mit Risikokapital am Finanzmarkt jonglierende Bäcker – das wären also die größten Opfer der Finanztransaktionssteuer gewesen?

Der große Vorsitzende der FDP, Guido Westerwelle, kreiste währenddessen um seine eigene Bedeutungslosigkeit, stets bemüht, dass die Krawattenfarbe zur Innenausstattung seiner Dienstlimousine passte. Der Hobby-Historiker, der vor spätrömischer Dekadenz warnte und Hartz-IV für den Untergang des Deutschen Römischen Reiches ausmachte.

Im Wahlkampf hatte er sich moderat gegeben, da hatte er die halben Weltkreidevorräte abgeschleckt und das Thema »Soziale Gerechtigkeit« in den Mittelpunkt gestellt. Sprachlehrer und Logopäden mussten monatelang mit ihm üben:

»Komm, Guido – es ist doch nicht so schwer. Jetzt sprich's einfach nach: ›Soziale Gerechtigkeit!‹ ...«

»Wkkkrss ... mmpfff ... ffofffiale ...«

Irgendwann konnte er's, der Zweck heiligt die Mittel, er wollte gewählt werden. Sobald er an der Macht war, war's vorbei, dann ließ die Wirkung der Zwangssedativa nach.

»Nimm den Reichsten, gib den Armen!«

Irgendwas muss die FDP bei dieser Robin-Hood-Maxime falsch verstanden haben und agierte von nun an nach dem Motto: »Nimm den Ärmsten, gib den Reichen.«

Oder um es mit den Worten des Matthäus-Evangeliums auszudrücken: »Wer hat, dem wird gegeben.«

Die Möwenpick-Partei

Im Intermezzo des schwarz-gelben Kabinetts, das in einer Art letzten Aufbäumens die »bürgerliche Mehrheit« der Republik für sich in Anspruch nahm, wurde der Mehrwertsteuersatz für das Frühstück in Hotelbetrieben von 19 Prozent auf 7 Prozent gesenkt. Einerseits, um die armen Hoteliers, die am Existenzminimum schrammten, zu entlasten. Andererseits vielleicht auch, um sich für die Millionenspende des Hotel-Unternehmers August von Finck an die FDP erkenntlich zu zeigen. Als andere treibende Kraft hinter der Mehrwertsteuersenkung wirkte die CSU, die ebenfalls von den großzügigen Zuwendungen des Hoteliers profitiert hatte. Die Wirkmacht der CSU war letztendlich ausschlaggebend, hängen blieb die Möwenpickerei an der FDP. Heute kämpfen die Liberalen für steuerbegünstigte E-Fuels, weil Lindner-Buddy Blume als ehemaliger Porsche- und jetziger VW-Chef ihm das in seine Erfüllungsagenda diktiert hatte. Wer sonst sollte sich die erwartbar sündhaft teuren Kraftstoffe leisten können, die es billiger zu machen gilt? Eben.

Die damalige Euphorie über Westerwelle, Fipsi und Co. hielt nicht lange, bald setzte die große Ernüchterung ein. Nach sehr kurzer Zeit war klar: Die FDP ist eben die FDP, eine klitzekleine Klientelpartei, die immer und ausschließlich die Partikularinteressen einer sie fördernden Minderheit vertritt.

Je länger die Legislaturperiode andauerte, desto weniger fand man Menschen, die zuzugeben bereit waren, bei der Wahl ihre Stimme der FDP gegeben zu haben. Erstaunlich, wie sie dann auf knapp 15 Prozent kommen konnte. Wenn man draußen jemand fragte: »Sagt mal – habt ihr die FDP von dem Westerwelle …?!«, war die Antwort voller Inbrunst immer: »Wir?! Spinnst du? Nein, niemals!«

Das waren Reaktionen, die man sonst nur von Leuten kannte, die sich verstohlen in den »Beate Uhse«-Laden schlichen und sich reihenweise Schmuddelhochglanzblättchen besorgten, die sie sich dann in neutrale Plastiktüten verpacken ließen, bei deren Anblick ohnehin jeder wusste, was drin war.

Selbst die Kanzlerin bekannte nach drei Jahren Zwangsehe mit der FDP auf einem Parteitag der CDU: »Auch mir hat eine Satiresendung schon einmal richtig aus der Seele gesprochen, als es dort hieß: Gott hat die FDP vielleicht nur erschaffen, um uns zu prüfen.«

Ungeliebte Geisel

Das Grummeln in der Gesellschaft verstärkte sich, die Leute spürten, dass es nicht mit rechten Dingen zugehen konnte, wenn jetzt ausgerechnet sie für all das büßen sollten, was gierige Investmentbanker verbockt und verzockt hatten. Wolfgang Bosbach, von konservativen Medien gern als »Kanzler der Herzen« bezeichnet, warnte gar in Anspielung auf die RAF (eine immer wieder gern genommene Argumentationsprothese, wenn einem sonst nichts mehr einfällt) vor einer Rückkehr in eine Terrorspirale wie in den 70er Jahren. Besorgt schielte man nach Amerika, als Protestbewegungen in der Wall Street auftauchten, die die verantwortlichen Zocker zu selbstbewusstem konsequentem Handeln aufforderten. Reihenweise wurden Plakate in die Luft gereckt, auf denen zu lesen stand: »Jump, you fuckers!«

Bei uns brodelte es in der Bankenkrise an den Stammtischen: »Es wär höchste Zeit, dass endlich was … was macht denn die RAF eigentlich?«

»Die hat sich doch aufgelöst, die gibt's doch gar nicht mehr!«

»Schade eigentlich – die hätten gut zu tun, im Moment!«

Ich dachte mir damals, die RAF heute, ein Remake des »Deutschen Herbstes«, wäre das möglich? Eine Gefahr für unsere Regierenden? Drohten Geiselnahmen wie in den 70ern? Rasch beruhigte ich mich: Welche Lachnummer aus der damaligen schwarz-gelben Koalition, bestehend aus »Gurkentruppen« (so wetterte die CSU über ihren Koalitionspartner FDP) und »Wildsäuen« (so wetterte die FDP über die CSU), sollte eine RAF 2.0 denn entführen? Da zahlt doch niemand Lösegeld, da wird Vergnügungssteuer fällig. Einer wie Rainer Brüderle, der quatscht die so tot – die machen den Kofferraum auf und sagen nur: »Geh … bitte, bitte … geh …«

Dann erzählt er ihnen noch einen Witz: »Kommt ein Mann mit einem Schaf unterm Arm ins Schlafzimmer zu seiner Frau und sagt: ›Da, guck – das ist die Ziege, mit der ich dich all die Jahre betrogen habe!‹ Antwortet die Frau: ›Das ist keine Ziege, das ist ein Schaf!‹ Sagt der Mann: ›Mit dir rede ich nicht!‹ A-ha!«

Wobei, wenn ich mir das genau überlege, das wäre eher unwahrscheinlich, bei diesem Witz hätte er ein bisschen zu sehr um die Ecke denken müssen.

Fernsehrätliches

Brüderle und die RAF. Für diese harmlose Satire wurde ich hart kritisiert. Nachdem ich sie während eines Auftritts bei einer Anti-Atomkraft-Demo auf dem Münchner Odeonsplatz gebracht hatte, echauffierte sich ein Redakteur der *Süddeutschen Zeitung*. Ein kleines Streiflicht im hell strahlenden Satirekosmos mopperte, wetterte und zeterte derart beleidigend, abwertend und krawallig über meinen Auftritt, dass ich mich fragte, welch persönliche Ressentiments er gegen mich hegen könnte. Hatte ich ihm eine Freundin ausgespannt? Gab es eine Schulhofraueferei? Kaum, wir waren nie auf einer gemeinsamen Schule.

Der Artikel in der *SZ* rief den Fernsehrat des ZDF auf den Plan, der mich zur Rechtfertigung einbestellte. Im Rat sitzen 60 Mitglieder aus Politik, Kirchen und Gesellschaft. Sich vor diesen rechtfertigen zu müssen kommt eigentlich einem Ritterschlag für einen Satiriker gleich. Der Vorwurf lautete, ich hätte mit der Brüderle-Nummer auf dem Odeonsplatz, die kurz zuvor völlig unbeanstandet in unserer Sendung *Neues aus der Anstalt* gesendet worden war, zum Mord an einem Politiker aufgerufen. Damit sei eine rote Linie überschritten.

Ich konnte keine rote Linie erkennen, weil ich zu keinerlei Aufruf aufgerufen hatte.

Als die Redaktion sich vor Ort auf dem Lerchenberg in Mainz vor dem Rat rechtfertigen sollte, war dieser nur zu einem Sechzigstel vertreten. Einzig Wolfgang Bosbach war anwesend, der vollauf mit seinem Mittagessen beschäftigt war und die Sache ziemlich locker sah: »Ich habe damit kein Problem, das ist von der Satirefreiheit gedeckt. Mmmmh, die Erbsensuppe ist wirklich lecker.«

Ein anderes Mal drohten wir nach einer Sendung vor den Fernsehrat zitiert zu werden, weil ich Dirk Niebel, den äußerst sympathischen FDP-Minister für wirtschaftliche Zusammenarbeit und Entwicklung in einem Dialog hatte sagen lassen, was er gesagt hatte: »Für jeden Euro, der in die Entwicklungshilfe fließt, müssen zwei Euro nach Deutschland zurückkommen.«

Eine Aussage, die die Einstellung und das neoliberale Wesen Niebels, der inzwischen als strategischer Rüstungslobbyist für den Panzermacher Rheinmetall sein Dasein fristet, vollumfänglich beschreibt.

Damals beschwerte sich sein Staatsekretär beim ZDF über seine in unserem Dialog gefallene Äußerung – das könne man so nicht behaupten, habe er nie gesagt, alles frei erfunden, man beharre auf einer Gegendarstellung in der nächsten Sendung. Ich verwies im Faktencheck auf ein Interview des gefühlt ewigen Panzergrenadiers Niebel in der *ZEIT*, in dem der, neben vielen Verkehrsbeauftragten der CSU und der Familienglucke Kristina Schröder, wohl überflüssigste Minister aller Zeiten das mir zum Vorwurf Gemachte wortwörtlich ausgesprochen hatte. Niebels von der Allgemeinheit bezahlter bestallter Staatssekretär nahm unsere Antwort zur Kenntnis und teilte uns gönnerhaft mit, angesichts unserer belegbaren Argumente auf die von ihm geforderte Gegendarstellung zu verzichten. Nett. Danach hörten wir nichts mehr. Nun bestand aber ich auf eine Gegendarstellung zur geforderten Gegendarstellung in der folgenden Sendung. Auf meine Art und Weise. Die Redaktion war not amused. Wir haben uns gefreut wie Bolle.

Asche auf euer Haupt

2010 wurde nach Enthüllungen im Berliner Canisius-Kolleg bekannt, dass in der Vergangenheit unzählige Kinder von Priestern und Kirchenmännern in vorwiegend katholischen Institutionen missbraucht worden waren. Die Enthüllungen ließen die katholische Kirche in Deutschland in ihren Grundfesten erzittern und führten zu grundsätzlichen und längst überfälligen Reformen. Na ja, die Erkenntnisse *sollten* dazu führen. Aber der Teppich, unter den man all die Ungeheuerlichkeiten kehren konnte, war zu groß. Die Verantwortlichen rieben sich verwundert die Augen: »Jahrzehnte-, ja, jahrhundertelang konnten wir das sauber unter den Tisch kehren. Wo ist denn jetzt der Tisch plötzlich hin?!«

Danach war erst einmal Vorwärtsverteidigung angesagt. Der damalige Augsburger Militärbischof, Walter Mixa, machte gleich den Grund für die Verfehlungen mancher Priester aus: »Die sogenannte sexuelle Revolution (...) ist daran sicher nicht unschuldig.«

Mixa scheute sich auch nicht, Abtreibungen mit dem Holocaust gleichzusetzen: »Es hat diesen Holocaust sicher in diesem Umfang mit sechs Millionen Getöteten gegeben. Wir haben diese Zahl durch Abtreibungen aber bereits überschritten. Diese neun Millionen Menschen fehlen uns.«

Schmerzfrei, der Walter. Jede Abtreibung ein kleines Holocäustchen, oder was? Das hatte Kardinal Meisner, der Katholenajatollah aus Köln, schon vor Jahren im Repertoire seines Klüngelbeutels, als er Abtreibungen in eine Reihe mit den Massenmorden Hitlers und Stalins setzte. Das kommt dabei heraus, wenn ältere Männer zu lange ohne Frau auskommen

Neulich im Jesuitenkolleg

müssen. Da fehlt das gesunde Regulativ. Walter Mixa musste irgendwann seinen Hut nehmen – nicht wegen seiner unsäglichen Äußerungen, nein, er stand im Verdacht, Geld veruntreut zu haben. Außerdem soll er seine Schützlinge im Schrobenhausener Kinder- und Jugendhilfezentrum gern mal etwas härter gezüchtigt haben, also kurz: er soll sie geprügelt haben, wie ehemalige Heimkinder berichteten. Ein, wie die CSU sagen würde, »gesundes Hinlangen bayerischer Art«. Missbrauchsvorwürfe gegen ihn wurden auch laut. Schuldbewusstsein? Warum? Jahre später äußerte er sich in einem Interview immer noch empört: »Ich kann bis heute nicht verstehen, wie mit mir als Mensch derart ungerecht und unfair umgegangen wurde.«

Schon klar. Schuld hat immer das Leben der Anderen.

Vielleicht sollten die Katholen endlich von ihrem spätrömischen Zölibats-Irrsinn abrücken. 20-Jährige, die sich, noch frisch und euphorisch, dem Zölibat verpflichten müssen, wenn sie ins Priesterseminar einrücken, der irrigen Hoffnung anhaftend: »Och ja – ich halt das die nächsten 60 Jahre schon irgendwie aus ohne … untenrum … schließlich habe ich mich dem Herrn versprochen.« Was sollen sie dann machen, in all den Jahren? Es rausschwitzen? Den Herrn am Holzkreuz anschauen und die Dornen vögeln? Da ist die Katastrophe doch vorprogrammiert.

Anstatt die Priester hart zu bestrafen, sie zu exkommunizieren, in den Knast oder in psychiatrische Behandlung zu schicken, wurden sie, zur Luftveränderung, lediglich strafversetzt. In einen anderen Sprengel, wo sie noch keiner kannte. Bis irgendwann auch dort Schilder vor den Gotteshäusern standen: »Kindergottesdienst. Frei erst ab 18 Jahren.«

Aufrichtiges Bedauern vonseiten der Kirche jedenfalls konnte man damals nicht spüren. Keiner stellte sich hin und sagte: »Asche auf mein Haupt.«

Über diese Ignoranz nach dem Bekanntwerden des Skandals war dann sogar der Vulkan Eyjafjallajökull auf Island so erzürnt, dass er grollend eruptierte: »Asche auf euer Haupt!«

Der Teufel war's

Das kam aber auch sehr überraschend für die Kirche, also, dass alles rauskam, aber dann kam die Aufarbeitung in Schwung. Auch die Reue solle noch kommen, versprachen uns die Zölibatären, allen voran unser emeritierter Zweitpapst Benedikt, der in seiner aktiven Laufbahn als Chefinquisitor im Auftrag Roms alles und jeden gedeckt hatte. Blödes Wortspiel in diesem Zusammenhang, ich weiß.

Als der vom Boulevard bejubelte »Wir sind Papst!«-Papst zurücktrat, war ich bei einer Darmspiegelung. Bereits leicht weggedämmert, hörte ich den Arzt sagen: »Das dürfte Sie interessieren, der Papst tritt zurück.«

Kaum war ich aus der Halbnarkose erwacht, rieb ich mir verwundert die Augen und meinte: »Na, ich habe vielleicht gerade eben etwas Komisches geträumt. Der Papst ist zurückgetreten.« Die Krankenschwester antwortete, von meiner Aufregung völlig unbeeindruckt: »Stimmt.« Schlagartig war ich wach und dachte mir: Wenn man sich das vor einer Darmspiegelung ganz fest wünscht, klappt das auch bei anderen Personen? Wie oft muss ich dann spiegeln gehen, um deren Rücktritte zu erleben?

Benedikt, der zurückgetretene Papst, war irgendwann doch

in sich gegangen und hatte die Schuldigen für die Missbrauchsfälle, frei nach Walter Mixa, ausgemacht: Die 68er waren's.

»Zu der Physiognomie der 68er-Revolution gehörte, dass nun auch Pädophilie als erlaubt und als angemessen diagnostiziert wurde.«

Aha. Die Hippies also. Die haben damals mit ihren VW-Bussen die Sakristeien umzingelt und Swingerclubs aus ihnen gemacht. Die Krypta wurde zur Kommune 1.

Vielleicht hätte sich der weise Greis Ratzinger doch an sein selbst auferlegtes Schweigegelübde halten sollen, als Papst a. D. hätte er sich wirklich nicht noch mal zu diesem Thema zu Wort melden müssen.

Aber dann hielt ihm auch noch der amtierende Papst Franziskus, der sonst durchaus auch gute Ideen hat, die Stange (schon wieder ein schräges Bild, ich weiß). Bei seiner Abschlussrede auf dem Anti-Missbrauchsgipfel der katholischen Kirche 2019 stand für den amtierenden Papst der Schuldige fest: Nicht das gegen die menschliche Natur gerichtete Zölibat sei verantwortlich, schon gar nicht die Priester selbst, nein, der Teufel war's. Der mit kinderpornografischen Inhalten die Priester verführte.

So hatten sich die Opferverbände den Ausgang des Gipfels sicherlich nicht vorgestellt. Und die Verantwortlichen? Wenn sie nicht gestorben sind, dann schweben sie noch heute. Unbehelligt auf Woelki sieben.

Deutsch-polnische Irritationen

Anfang April 2010 ereignete sich am Flughafen von Smolensk ein tragisches Flugzeugunglück. Eine polnische Regierungsmaschine war unterwegs, um mit hochrangigen Vertretern an Bord, dem polnischen Staatspräsidenten Lech Kaczyński, dem Präsidenten der Nationalbank und dem Militärbischof, dem 70. Jahrestags des Massakers von Katyn zu gedenken, bei dem Tausende polnische Offiziere, Polizisten und Intellektuelle auf Geheiß von Stalin vom »Sowjetischen Volkskommissariat für innere Angelegenheiten« hingerichtet wurden.

Lech Kaczyński und sein Zwillingsbruder Jarosław, Anführer der stramm national-konservativ-katholischen Partei PiS (»Recht und Gerechtigkeit«) waren in den Jahren davor stets als verlässliche Quälgeister der EU bei allen möglichen Verhandlungen aufgefallen. Selbst der polnische Premierminister Tusk war von seinem Präsidenten so genervt, dass er ihm ein Einreiseverbot zu einem EU-Gipfel erteilen wollte: »Ich brauche den Präsidenten in Brüssel nicht.«

Beim Anflug auf den Militärflughafen Smolensk streifte die Regierungsmaschine, eine Tupolev, einige Baumwipfel und stürzte ab. Alle Insassen kamen ums Leben. Sofort verbreiteten sich wilde Verschwörungstheorien, die Russen hätten die Maschine zum Absturz gebracht, es sei Sprengstoff an Bord gewesen usw. Nun liegt es nahe, den Russen alles zuzutrauen, es gab jedoch in diesem Fall keinerlei Hinweise. Jahre später hieß es nur noch, die Maschine sei in einen Hinterhalt geraten. Nun ja, der Hinterhalt hieß Nebel und war sehr dicht, die Besatzung wurde von den Fluglotsen vor der Landung gewarnt, sie möge doch auf einen anderen Flughafen ausweichen, was von Präsident Kaczyński, schenkt man den Auswertungen der Voice Recorder Glauben, brüsk abgelehnt wurde.

Wenige Tage später hatten wir eine Sendung mit der *Anstalt*. Im Vorfeld wunderten wir uns schon, wie all die von Kaczyński zuvor Genervten sich auf einmal in den höchsten Tönen in Nachrufen vor dem »bedeutenden Staatslenker« verneigten. In der Sendung thematisierte ich die Betroffenheitsorgien: »Was ist da für eine Heuchelei im Gange. Wie beliebt er auf einmal bei allen war, der in ganz Europa als Nervensäge belächelte Lech Kaczyński. Mit dem wollte doch keine Sau was zu tun haben.«

Die Sendung wurde ausgestrahlt, es passierte nichts, ich fuhr zu einem Gastspielwochenende nach Berlin. Am Sonntag wurde *Neues aus der Anstalt* bei 3Sat wiederholt. Zuvor erschien in der polnischen Tageszeitung *Fakt* ein Artikel mit dem Aufmacher: »Deutscher Comedian bezeichnet verstorbenen Staatspräsidenten als Schwein!«

Das hatte ich ebenso wenig getan, wie ich Jahre zuvor schon nicht brüderlech zum Mord an einem Wirtschaftsministerdilettanten aufgerufen hatte. Nun war die Redewendung »Für den interessiert sich keine Sau« im Polnischen wohl nicht bekannt und wurde zur Stimmungsmache bewusst fehlinterpretiert.

Beim Auschecken im Hotel rief mich meine Agentur an, ich scherzte noch, von wegen: »Hotel Barbarossa, Priol am Apparat, was kann ich für Sie tun?«

Die Gegenseite war überhaupt nicht zum Scherzen aufgelegt. Was ich denn wann wo wie gesagt hätte, die Telefone stünden nicht mehr still, der Server sei zusammengebrochen, im Minutentakt kämen Morddrohungen, »Schwanz-ab«-Forderungen und diverse andere Mails, deren Inhalt sie nicht wiedergeben könnten, weil sie auf Polnisch seien. Das ZDF meldete sich auch, zunächst die Redaktion, dann der Intendant. Was ich denn da am Wochenende gesagt hätte.

Ich antwortete: »Das habe ich nicht am Wochenende gesagt, das war schon am Dienstag, am Sonntag lief die Wiederholung der Sendung.«

Ich sollte eine Stellungnahme abgeben, am frühen Nachmittag, was schwierig war, da der Zugverkehr wegen des lahmliegenden Flugverkehrs nach dem Ausbruch des isländischen Vulkans Eyjafjallajökull zusammengebrochen war und ich mir den letzten noch verfügbaren Leihwagen in Berlin ergattert hatte, von dem aus ich, selbst steuernd, schlecht eine Stellungnahme abgeben konnte, wie bereits erwähnt, ich nutze mein Auto höchst ungern als rollendes Büro. Ich mailte kurz vor der Abreise, dass ich mit meinem Beitrag nur habe aufzeigen wollen, wie heuchlerisch Beileidsbekundungen oftmals seien und wie sie bei uns in einem vergleichbaren Fall wohl aussehen könnten.

Bei einer Rast auf der Rückfahrt telefonierte ich mit der Redaktion und erfuhr, dass sich der Programmdirektor des ZDF am Abend in die polnische Ausgabe der *Tagesschau* um 20 Uhr zuschalten lassen müsse, um eine Erklärung für den Sender abzugeben, da ich, wie der *Spiegel* schrieb, deutsch-polnische Irritationen ausgelöst hätte.

Thomas Bellut glättete für das polnische Fernsehen die Wogen: »Das ZDF bedauert, wenn man Gefühle verletzt haben sollte, aber es handelt sich nun einmal um Satire.«

Kurz danach erreichte mich ein Anruf meiner damals 15-jährigen Tochter: »Papa, was ist los? Einer aus meiner Klasse hat mir gerade gesagt, sie wollen dich verhaften!«

»Wer?«

»Na, das hat der Paul gesagt, seine Eltern kommen doch aus Kattowitz, und du sollst dort ins Gefängnis!«

In einen Knast in Kattowitz? Ich beruhigte meine Tochter, schüttelte den Kopf und fuhr weiter.

Zu Hause angekommen, war sie in heller Aufregung: »Ich gehe nicht mehr ans Telefon!«

»Warum denn?«

»Gerade hat schon wieder einer angerufen und gefragt: ›Ist dein Vater da?‹«

»Und?«

»›Nein, der ist unterwegs‹, hab ich gesagt.«

»Und?«

»›Sag ihm, Pole hat angerufen, dann weiß er Bescheid‹, hat er gesagt.«

Danach stand das Telefon nicht mehr still. Einer meldete sich auf eine angebliche Anzeige, ich hätte einen Audi A6 zu verkaufen, für 4500 Euro, das sei ja sehr günstig, wann er denn einmal vorbeikommen könne, um sich den Wagen anzusehen. Ich dachte noch an ein Versehen, denn alles könnte ich mir vorstellen, aber keinen Audi A6. Kaum aufgelegt, klingelte es schon wieder. Ob der günstige Mercedes noch da sei. Dann war es ein BMW, alles eingestellt bei *mobile.de*. Da hatte sich einer der Hater einen Scherz erlaubt.

Ich hängte das Telefon für den Rest des Tages aus und ließ die Rufnummer aus dem Telefonbuch entfernen. Immerhin war diese Aktion wenigstens eine der kreativen Art. Meine Anfrage bei *mobile.de*, wie es denn sein könne, dass irgendwelche zu veräußernden Autos, die sich gar nicht in meinem Besitz befänden, auf ihrer Seite auftauchten und dass sie meine Kontaktdaten doch bitte sofort löschen möchten, wurde abschlägig beschieden. Das könne man nicht einfach so machen. »Ach«, sagte ich, »aber als irgendjemand irgendwelche Autos einstellen, ohne dass überprüft wird, ob Inserent und Angebot überhaupt stimmen, das geht?« Ich bekam keine Antwort. Am

Ende musste es anwaltlich geregelt werden. Gut, wenn man einen Anwalt zu seinen Freunden zählen darf.

Der verstörte Tramper

2010 verließ Georg Schramm unsere *Anstalt.* Patientensprecher Dombrowski ging, sein Nachfolger wurde, als Pressebeauftragter der Tagesklinik, Frank-Markus Barwasser mit seiner Figur Erwin Pelzig.

Frank-Markus war ein akribischer Arbeiter. Wenn wir uns einige Tage vor der Sendung im Hotel trafen, um die Endfassung vorzubereiten, war er wenige Sekunden später schon einsatzbereit, alle Geräte aufgebaut, in seinem Zimmer sah es aus wie in einem Hobbyraum der NASA. Ich packte meine Kladden und Zettel aus, und wir rauften uns zusammen. Es folgten drei weitere schöne Jahre, bevor wir im Herbst 2013 den Staffelstab an Max Uthoff und Claus von Wagner übergaben. Es bewahrheitete sich der alte Spruch: Man soll gehen, wenn es am schönsten ist.

2014 kündigte Georg Schramm seinen Rückzug vom aktiven Bühnendasein an, wir beschlossen, ihm zu Ehren eine Abschiedstournee zu organisieren. Gemeinsam mit Jochen Malmsheimer entwickelten wir drei innerhalb weniger Tage und mit sehr viel Spaß das Programm »Letzte Gardine«, mit dem wir durch die Republik tourten. Im gemieteten VW-Bus fuhren wir fröhlich durch die Lande, vorn blödelten sich Jochen und ich Fahrt für Fahrt um Kopf und Kragen. Man muss wissen: wenn Jochen und ich blödeln, dann ist das ein höchst exklusives Vergnügen. Und zwar für uns. Alle anderen schütteln nur verständnislos den Kopf über so viel dadaistische Albernheit. So auch Georg, der schweigend im Fond saß, in der *Zeit* blätterte und nur ab und zu aufstöhnte, wenn ihm unsere Sottisen gar zu blöd wurden.

Nach einem Gastspiel in Berlin führte uns der Weg zum nächsten Auftritt nach Essen. An einer Raststätte fragte uns ein Tramper, eine sehr selten gewordene Spezies in diesen Tagen, ob wir zufällig Richtung Essen führen. Wir teilten ihm mit, dass wir ihn sogar direkt bis nach Essen mitnehmen könnten, freudig stieg er ein. Er ahnte nicht, was in den nächsten zwei Stunden auf ihn zukommen sollte. Kaum auf der Autobahn, liefen der Bus, vor allem aber Jochen und ich, wieder zur Höchstform auf. Zwischen uns beiden und dem eisern schweigenden Georg saß in der mittleren Bankreihe der bemitleidenswerte Tramper, den keiner wirklich beachtete und der überhaupt nicht mehr wusste, worauf er sich eingelassen hatte. Er musste sich an den Film *Die unglaubliche Reise in einem verrückten Flugzeug* mit Leslie Nielsen erinnert gefühlt haben, sollte er den Film gesehen haben.

In Essen gelandet, stammelte er an einer roten Ampel die bis dahin ersten Worte: »Kann ich hier bitte aussteigen?«

Er taumelte zu einer Verkehrsinsel, setzte sich hin und starrte uns, die wir davonfuhren, mit offenem Mund ungläubig nach. Ich weiß nicht, ob er anschließend beim Europäischen Gerichtshof für Menschenrechte wegen bleibender Schäden Klage eingereicht hat.

Wie werden wir ihn los?

Nur knapp zwei Jahre nach ihrem Amtsantritt geriet die Tigerenten-Koalition in heftige Turbulenzen und hatte Schlagseite wie ein in Not geratener Containerfrachter im Suezkanal. Die Regierungsmitglieder aber, also die Container, die über Bord gingen – sie schwammen. Klar. Sie waren hohl und leer.

Die FDP dümpelte in Umfragewerten im niedrigen einstelligen Bereich, also im Brackwasser. Der Druck auf Westerwelle nahm zu und entlud sich schließlich beim jährlichen Dreikönigstreffen der Partei am 6. Januar in Stuttgart. Da grummelten seine Parteikollegen, von wegen: Weg mit ihm, Neuanfang, Neuwahlen. Dann dachten sie nach, und es dämmerte ihnen: »Neuwahlen? Jetzt?! Wir waren mal bei 15 Prozent, da werden wir gedrittelt.«

Daraufhin wurden sie vorsichtig und überlegten: »Was wird denn dann aus uns?«

Das kennt man aus der Landwirtschaft: Wenn der Fresstrog immer kleiner wird, aber die Anzahl der Schweine gleich bleibt, heißt es: aufpassen. Das Ansehen Westerwelles in der Partei hatte jedenfalls stark gelitten, es galt also, ihn möglichst elegant loszuwerden. In Stuttgart hofften insgeheim alle darauf, dass Hans-Dietrich Genscher die Bühne entern würde, mit den Worten: »Wir sind zu Ihnen gekommen, um Ihnen mitzuteilen, dass heute die Ausreise Ihres Vorsitzenden …« Aufbrausender Jubel.

Nachdem die FDP im Frühjahr dann sowohl aus dem Landtag in Rheinland-Pfalz als auch in Sachsen-Anhalt rausgewählt worden war und auch noch ihre Regierungsbeteiligung in Baden-Württemberg verlor (Moment – die FDP fliegt nach einem bundesweiten Wahlerfolg mit anschließender Regierungsbeteiligung reihenweise aus den Landtagen? Woran erinnert mich das jetzt schon wieder ...), war das Fass übergelaufen, der Druck wurde zu groß. Westerwelle verzichtete beim Parteitag im Mai auf den Vorsitz und Fähnlein-Fieselschweif-Fipsi Rösler übernahm – mit durchschlagendem Erfolg.

Sein Amt als Außenminister durfte Westerwelle behalten. Komisch, dachte ich mir, als Vorsitzender der FDP muss er zurücktreten, um Schaden von der Partei abzuwenden, aber Außenminister von Deutschland kann er bleiben?!

Der Lügenbaron

Nicht nur bei der FDP gab es heftige Unruhen, eine über Nacht hell erstrahlende Lichtgestalt der CSU kam auch schwer ins Trudeln, Karl-Theodor zu Guttenberg. Der Geölte. Meine Güte, was wurde der verehrt. Nach Meinung vieler hätte er alles werden können, Kanzler, Präsident der Vereinigten Staaten von Amerika, manche sahen ihn gar als Papst. Bis ihm vorgeworfen wurde, er habe seine Doktorarbeit mehr oder weniger abgeschrieben. Dann war's doch recht schnell vorbei. Wobei, so schnell auch nicht. Denn seine Einsicht kam spät. Zunächst nahm er die Angelegenheit auf die leichte Schulter, die ersten Vorwürfe bürstete er mit den Worten ab: »Das ist abstrus!«

Dann merkte er, dass sein Ghostwriter die Arbeit doch mehr zusammengeklaubt als selbst geschrieben hatte, und gab sich etwas kooperativer: »Ich bin gerne bereit, zu prüfen, ob bei über 1200 Fußnoten und 475 Seiten vereinzelt Fußnoten nicht oder nicht korrekt gesetzt sein sollten und würde dies bei einer Neuauflage berücksichtigen.«

Wie? Was? »Vereinzelt Fußnoten nicht oder nicht korrekt gesetzt«, von wegen! Auf 300 von 475 Seiten hatte er abgekupfert, und schon der erste Absatz war eins zu eins aus einem Artikel der *FAZ* abgeschrieben, beginnend mit den Worten: »E pluribus unum.« Also »Aus vielem eines«. Gut, das konnte man bei seiner Doktorarbeit so stehen lassen.

Was »KT« hatte, war die volle Rückendeckung von der Kanzlerin, die über solch marginale Täuschungsmanöver großzügig hinwegsah: Sie habe schließlich keinen akademischen Assistenten etc. berufen, sondern einen Verteidigungsminister. Und das mache er gut. Machte er zwar auch nicht, aber gut. Wir hatten ja auch keine Wissenschaftlerin zur Kanzlerin berufen. Und ihre Sache machte sie auch nicht gut.

Die Kanzlerin meinte also, es sei für die weitere Berufslaufbahn völlig irrelevant, ob man bei seiner Dissertation nach Strich und Faden beschissen hat oder nicht? Das war ein Schlag ins Gesicht eines jeden ehrlichen Doktoranden und einer jeden ehrlichen Doktorandin, der oder die Jahre seines oder ihres Lebens schlecht, geringfügig oder unbezahlt in einer Schreibklausur verbringt und Blut und Wasser schwitzt, um eine den wissenschaftlichen Ansprüchen entsprechende Dissertation hervorzubringen.

Die Empörung war groß, und letztendlich war es auch dem Protest der Wissenschaftler zu verdanken, der zum Rücktritt Guttenbergs führte. Volk, *BILD* und *RTL* hätten ihn gern behalten.

Ein Rücktritt, den seine Partei, die CSU, bis heute nicht verkraftet hat. Wie stolz sie war, als ihr der Sonnyboy aus dem Silicon Valley beim Wahlkampf 2017 als »Spin Doctor«

zur Seite stand. Einige Resthelle erkannten dann doch: »Na ja, ›Spin Doctor‹, einen der beiden Begriffe sollten wir vielleicht besser weglassen …«

Darauf hieß es nur noch: »Der Spinner ist wieder da!«

Und wie! Seine Auftritte! Sein Charisma! Diese Aura! Eine seiner ersten Reden hielt er im fränkischen Kulmbach, wo ich kurz darauf ebenfalls ein Gastspiel hatte. Meinen Auftritt begann ich mit den folgenden Worten: »Komisch, die Luft ist hier so verbraucht und abgestanden, wie so ein Windbeutel, der jahrelang in der Ecke vor sich hingeranzelt hat und plötzlich wieder auftaucht – ach so, klar, ihr hattet ja neulich hohen Besuch …«

Den Einstieg in den Abend hätte ich mir leichter gestalten können. Dabei konnte man doch in Kulmbach wunderbar sehen: Er ist und bleibt der Alte. Als er sich über die Verbindung Gerhard Schröders zum russischen Konzern Rosneft lustig machte, tat er das mit den Worten: »Da sieht man's wieder: Alte Liebe rosneft nicht!« Wow, welch lustige Idee, bravo, da wurde begeistert geklatscht unten: »Ha! Haha! So ein tolles Wortspiel! Der Guttenberg, der Hund, der ist halt einfach ein begnadeter Redner.«

Blöd nur, dass zehn Tage vorher die *FAZ* auf Seite eins, unter ein Bild mit Schröder und Putin, die lustige Bildunterzeile gelegt hatte: »Alte Liebe rosneft nicht!«

Gut, aus der *FAZ*, da hatte Guttenberg schon das Vorwort zu seiner Doktorarbeit abgeschrieben. Der Ungeläuterte hatte wohl dieses Mal, entgegen seinen Ehrfahrungswerten, gehofft, dass es niemand merkt. Doch dem Redakteur vom Dienst bei der *FAZ* entging es nicht, der twitterte prompt: »Da sieht man wieder: Einmal Plagiator – immer Plagiator!«

Dabei wusste schon Konfuzius: »Einen Fehler machen und sich nicht bessern: Das erst heißt fehlen.«

Wobei, nein, das kann man von Guttenberg wirklich nicht behaupten: Fehlen tut er nicht. Also mir zumindest nicht.

Das »C« im Namen

Aber so ist es nun mal mit der Union – nichts, kein Skandal, wie groß auch immer, scheint ihr längerfristig etwas anhaben zu können. Natürlich gab es nicht nur bei den Konservativen Schweinereien, aber Korruptionsaffären kamen in den letzten Jahrzehnten bei der Union fast doppelt so häufig vor wie bei allen anderen Parteien zusammen.

Was überstand sie nicht schon alles: Spendenaffäre eins mit Flick, Leisler Kiep und Co., Spendenaffäre zwei mit Kohl. Schwarzgeld, das als »Jüdisches Vermächtnis« getarnt wurde, um von verdeckten Konten in Liechtenstein abzulenken. Millionenzahlungen von Waffenschiebern, verschwundene Festplatten im Hause Strauß, bei Wolfgang Schäuble fand man 100.000 Mark Schwarzgeld, ach, was soll's, dafür durfte er auch Innenminister werden und später sogar Finanzminister, der kannte sich schließlich aus mit Geld. Ein Schwarzgeldempfänger, der Finanzminister wird – das ist ja fast so, als ob jemand, der im Suff einen Menschen totfährt, später Verkehrsminister wird, also undenkbar. Wirklich? Dazu gleich mehr.

Affären bei den Schwarzen, da war allein in den letzten zehn Jahren ziemlich viel los. Da gab's die Berater-Affäre um Uschi von der Leyen, deren Konsequenzen sie nur deshalb nicht tragen musste, weil sie nach Brüssel abgeschoben wurde, die

Lobby-Affäre um den Jung-Politiker Philipp Amthor, der sich für das windige Unternehmen Augustus Intelligence in der Regierung eingesetzt hatte, übrigens ebenso wie Karl-Theodor zu Guttenberg, die hochstapelnde Ikone der Anständigkeit. Dann die Aserbaidschan-Affäre, da wurden CDU-Abgeordnete wie Karin Strenz und der CSU-Europarat-Abgeordnete Eduard Lintner vermutlich bestochen, damit sie sich für die Sache des autokratisch regierten Aserbaidschans einsetzen, und nicht zuletzt die Maskenaffäre um die CSU-Politiker Georg Nüßlein, Alfred Sauter und Andrea Tandler und ihre CDU-Kollegen Mark Hauptmann und Nikolas Löbel. In einer Zeit, in der viele darbten und nicht wussten, wie sie angesichts der Corona-Maßnahmen über die Runden kommen sollten, nutzten diese Leute ihre politischen Verbindungen, um sich mit Masken-Deals auf Kosten der Steuerzahler die Taschen vollzustopfen. Andrea Tandler wurde sogar dem Haftrichter vorgeführt und in U-Haft gesteckt, weil sie in ihrer Gier die Millionenprovisionen für – zum größten Teil unbrauchbare – FFP2-Masken auch noch am Finanzamt vorbeigeschleust haben soll. Nun gut, wenn sie lange genug sitzt, wird sie vielleicht von Alfons Schuhbeck bekocht. Ein kleiner Trost …

Affären über Affären also, googlen Sie, lieber Leser, ruhig mal, geben Sie die Schlagwörter »CDU/CSU« und »Affären« ein – da bricht Ihr Server zusammen. Heute tut sich gerade die CSU am lautesten hervor, wenn es darum geht, andere Parteien der Korruption zu bezichtigen, auch wenn es sich dabei eher um Vetternwirtschaft handelt, die gerade der CSU nur allzu vertraut sein müsste, Stichwort »Schüttel-Schorsch«. Wer im Glashaus sitzt, sollte eigentlich nicht mit Steinen schmeißen. Kann man aber leicht machen, wenn man weiß, dass das Glashaus mit Panzerglas ausgestattet ist …

Konsequenzen in der Wählergunst? Kurzfristig ja, da gibt's

einen kleinen Einbruch. Aber langfristig? Nö. Einer christlichen Partei lässt man so etwas halt durchgehen. Was war das für eine geniale Marketingidee mit dem »C« im Namen der Partei, da könnte sich selbst Saturn mit seinem unsäglichen, aber sehr erfolgreichen Slogan »Geiz ist geil« noch eine Scheibe davon abschneiden. Denn es gibt genügend, die sich sagen: »Schon schlimm, was die machen. Aber wenn wir die nicht wählen, dann kommen wir nicht in den Himmel.«

Vielen reicht das immer noch als Wahlkriterium.

Der Fall Otto Wiesheu - Blaupause für schwarze Spezl-Politik

»Das kann doch nicht wahr sein!« – »Das gibt es doch nicht!« – »Also, das ist jetzt doch unter aller Kanone. Damit kommen die niemals durch!« So oder ähnlich klingen meist die Reaktionen auf ein völlig abhanden gekommenes Unrechtsbewusstsein mancher Politiker. Als Prototypen jener, die gegen jegliches Rechtsempfinden immun zu sein scheinen, gelten seit jeher die Vertreter der Union, und hier besonders diejenigen, die in der kleinen voralpenländischen Schwesterpartei aktiv sind, der CSU.

Die CSU, die sich immer wieder gern durch eine sehr promillehaltige Politik auszeichnet, was sie aber nie daran hinderte, stets konsequent gegen eine liberale Drogenpolitik im Lande zu Felde zu ziehen. Paradebeispiel dafür, wie man nach einem schweren persönlichen Fehltritt nicht nur weich in den

Schoß der Partei fallen, sondern sogar noch nach oben klettern kann, ist Otto Wiesheu. Im April 1983 wurde er oberster Wadlbeißer, also Generalsekretär der CSU. Es sollte eine kurze Karriere des ehemaligen JU-Vorsitzenden der CSU werden, denn Ende Oktober desselben Jahres befuhr er die Autobahn A9 von München in Richtung Nürnberg in seinem Dienstwagen, einem Mercedes 380SE. Laut eigenen Angaben zur Geschwindigkeit mit »sicher nicht unter 100, aber gewiss auch nicht mit über 200«. Vielleicht also nicht über Unterammergau oder unter Oberammergau, aber, wie es sich später herausstellen sollte, mit deutlich über 1,75 Promille Alkohol im Blut. Also sicher nicht unter einem, aber gewiss auch nicht über zwei Promille, hätte Otto wohl gesagt. So wurde, kurios genug, ein Wert von 1,99 Promille angeführt, um die Glaubwürdigkeit des Trunkenbolds zu manifestieren.

Der Aufprall auf ein vor ihm langsamer fahrendes Fahrzeug, laut Otto Wiesheu ein stehendes, voll beladenes Kleinfahrzeug, wobei in diesem Fall der Begriff »voll« eher auf den, so die Ehrbezeugung »Apfel vom Baume Strauß« gefallenen, im Vollsuff lenkenden Generalsekretär zutraf, hatte zur Folge: ein tödlich verletztes Unfallopfer und ein Schwerverletzter, der Beifahrer. Wie kann man es aber auch wagen, mit einem Kleinstwagen (Fiat 500!) nachts auf der Autobahn unterwegs zu sein, um Geschenke in die polnische Heimat bringen zu wollen, wenn das bayerische Generalsekretariat in wichtiger Mission unterwegs ist?

Zähneknirschend gab Wiesheu im November 1983 – nach kurzer Bedenkzeit – seinen Rücktritt als Generalsekretär bekannt. Bei einem Hauch eines Funkens Ehrgefühl wäre nach solch einer Fahrt im Vollrausch mit Todesfolge die politische Laufbahn beendet gewesen. Für den normal denkenden, mit einem Funken Ehrgefühl behafteten Menschen vielleicht, ja.

Aber doch nicht für einen Funktionär der CSU, für den ein exzessiv ausgelebter Machtrausch alles entschuldigt. Noch vor der ersten Gerichtsverhandlung im Oktober 1984 war er bereits – als Partei hat man ja auch eine gewisse Fürsorgepflicht – Geschäftsführer der parteinahen Hanns-Seidel-Stiftung, ein Posten, den er bis 1990 innehaben sollte. Im Oktober 1984 erfolgte das Urteil für seine Trunkenheitsfahrt mit Todesfolge: 13 Monate ohne Bewährung. Natürlich ging Wiesheu sofort in Berufung, wo käme man da denn hin, wenn ein solches Kavaliersdelikt in Bayern, also in der CSU, so drakonisch und überhaupt bestraft werden sollte?!

Es kam später zu einem außergerichtlichen Vergleich. Wiesheu zahlte der Schwester des Unfallopfers 27.000 D-Mark als Entschädigung und übernahm großherzig die Anwaltskosten von 5000 D-Mark. Als Anwalt unter Spezl-Anwälten wird er wohl gewusst haben, wie und warum. Die Schwester des Unfallopfers zog daraufhin die Nebenklage zurück. In den klischeebehafteten, deswegen aber leider umso realistischer anmutenden Mafia-Filmen hätte irgendein CSU-Pate wohl gesagt: »Ich glaube, Sie wissen wohl gar nicht, mit wem Sie sich hier gerade anlegen? Er wird Ihnen gleich ein Angebot machen, das sie nicht ablehnen können.«

In zweiter Instanz verurteilte das Landgericht München I Otto Wiesheu rechtskräftig zu einer zwölfmonatigen Haftstrafe, die zur Bewährung ausgesetzt wurde. Etwas, das sich für ihn in der Tat bewähren sollte. 1990 wurde er im Kabinett von Max Streibl bereits Staatssekretär für Unterricht, Kultus, Wissenschaft und Kunst, um drei Jahre später unter dem neuen Ministerpräsidenten Stoiber Staatsminister für Wirtschaft, Technologie und – ja, wirklich! – Verkehr zu werden. Das nenne ich mal eine gelungene Resozialisierung. So etwas gibt es sonst nur in der Führungsetage beim FC Bayern. Na ja, gut, die »Roten« vom FC Bayern, die sind ja auch nur eine balltransportierende CSU mit Edmund Stoiber, der auch mit 81 Jahren Vorsitzender des Verwaltungsbeirats bleibt.

Der Polterer Wiesheu blieb seiner Linie treu und ätzte 1999, als glühender Fan der Kernkraft, gegen den von Rot-Grün unter Gerhard Schröder beschlossenen »endgültigen Atomausstieg«: »Es hat in diesem Jahrhundert einen gegeben, der Fragen endgültig lösen wollte. Er war nach 12 Jahren am Ende.«

Daraufhin legte ihm der Präsident des Zentralrats der Juden, Ignatz Bubis, nahe, sein Amt niederzulegen und seinen Geisteszustand dringend überprüfen zu lassen.

Es stellt sich hier natürlich die Frage nach dem Warum: Weil Wiesheu allen Ernstes gedacht haben könnte, der rot-grüne Betriebsunfall könnte zwölf lange Jahre währen? Wiesheu hatte lang währende Jahre, weit mehr als zwölf. 2003 schloss er als bayerischer Staatsminister für Wirtschaft, Infrastruktur, Verkehr und Technologie den Regionalverkehrsvertrag mit der Deutschen Bahn, der private Anbieter benachteiligte und die Bahn auf dem Weg zum Börsengang natürlich bevorteilte, ein Börsengang, der ebenso auf dem Abstellgleis endete wie manch infrastrukturelle Fehlentscheidung. Die Bahn aber, von einem getreuen Minister bevorteilt, zögerte natürlich keine Sekunde, ihn aus der Politik auf den großen Luschenparkplatz der DB zu locken, auf dem er als Vorstand für DB-Sicherheit (da warnten schon viele: »Lasst ihn niemals auf eine Lok!«) und Datenschutz ein kurzes Dasein fristen durfte, bevor er von dem damaligen Bahnchef Grube wegen einer massiven Datenpanne entlassen wurde.

Zu dessen Entschuldigung sagte Grube: »Otto Wiesheu hat gar nicht gewusst, dass der Datenschutz zu seinem Ressort gehört.«

Wusste der Trunkenbold im Amt des Verkehrsministers wohl am Ende auch nicht, dass ein fahrlässiger Eingriff in den Straßenverkehr mit Todesfolge nicht als besondere Befähigung für ein solches Amt, sondern mit Beugehaft versehen sein sollte? Immerhin – das Ausscheiden bei der Bahn wurde ihm mit einer klitzekleinen Abfindung von 2,39 Millionen – da schon Euro! – versüßt, bevor er als Nachfolger von Jürgen W. Möllemann Präsident der Deutsch-Arabischen Gesellschaft und danach der Deutsch-Arabischen Freundschaftsgesellschaft werden durfte, wovon er als Vorsitzender des Rotary-Clubs München bei manch geselligem Beisammensein als Präsident des Wirtschaftsbeirats der Unternehmer Bayerns in der CSU sicher stets unterhaltsam berichtete.

So zahlt sich selbst ein trotz unfallverursachendem Rauschs der Machtrausch aus für einen, der schon in den 70er Jahren als Vorsitzender der Jungen Union Bayerns das Pickerl am Armaturenbrett kleben hatte: »Mia san Hund, die andern san a Hund – aber mia san die größern Hund!«

Dem gibt es – auch nach 40 Jahren – nichts hinzuzufügen.

Brüsseler Spitzen

Eine sehr schöne Bereicherung meines Tourlebens sind die Auftritte im europäischen Ausland, die zumeist von Deutschen Schulen oder der Deutschen Botschaft für die dort lebende Exilgemeinschaft veranstaltet werden. Solche Auftritte führten mich bereits nach Griechenland, Italien, Portugal, Serbien, Irland, Finnland und nach Nordmazedonien.

Ein anderes Mal wurde ich von der Bayerischen Landesvertretung in Brüssel eingeladen. Ich hörte nur »Brüssel« und »Vertretung«, dachte an Kollegen, die als Event im EU-Parlament gastiert hatten, und sagte sofort zu. Wir wurden von sehr netten Menschen empfangen, die uns alle Sehenswürdigkeiten zeigten, bevor wir am Ende mit ihnen entspannt durch das Europaviertel schlenderten. Dabei erwähnten unsere Gastgeber erstaunlich häufig die CSU, immer in der Wir-Form, was uns etwas frappierte. Nach einer Weile stieß mich meine Tourleitung an, und wir ließen uns etwas zurückfallen.

»Du, sag mal«, sagte sie, »könnte es sein, dass die Bayerische Vertretung ziemlich CSU-dominiert ist?«

Bei der anschließenden diskret durchgeführten DuckDuckGo-Suche (wir wollten bei all unserer völligen Ahnungslosigkeit sicher auftreten) stellten wir fest, dass sich die Bayerische Landesvertretung als Lobby für bayerische Interessen in der EU einsetzt und der Staatskanzlei untergeordnet ist, die seit jeher fast ausschließlich in CSU-Hand ist. Wir waren also praktisch zu Gast bei der CSU. Ausgerechnet. Jeder, der mich und meine Programme kennt, weiß, dass die CSU eines meiner liebsten Spottobjekte ist, da ihr Personal mir und meiner Zunft zuverlässig jede Menge an verwertbarem Material liefert. Nun sollte ausgerechnet ich bei ihrer Vertretung in Brüssel spielen, in der Höhle des Löwen also. Egal, dachte ich mir, Augen zu und durch, und nahm am Abend nicht einmal vor den Geringsten ein Blatt vor den Mund.

Wider Erwarten war die Stimmung bombig, auch die jovialen Mitarbeiter, offensichtlich der Selbstironie fähig, waren begeistert. Hoffentlich mutieren sie nicht bald zu den allseits bekannten Parteisoldaten, dachte ich mir.

Am nächsten Tag führten uns die Landesvertreter durch ihre Gebäude im Park Leopold. »Gebäude«?! Wegen ihres schlossähnlichen Aussehens wird die weiß-blaue Residenz in Brüssel auch spöttisch als Neuwahnstein bezeichnet. Im Schloss besuchten wir das Büro des damaligen Ministerpräsidenten Horst Seehofer. In drei Jahren wurde er noch nie gesichtet, hatte dort aber sein Büro, das für ihn allzeit bereitstand, falls er sich doch mal zu einem Besuch entscheiden würde. Der Schreibtisch, der wie eine riesige Trutzburg wirkte, war ein gigantischer Koloss, den noch der vermeintliche Feingeist Edmund Stoiber angeschafft hatte. Kleiner Mann, großer Schreibtisch. Die Mitarbeiter erzählten uns, dass das Büro unter Seehofers Büro äußerst unbeliebt sei, keiner wolle es haben, aus Angst, der Monster-Schreibtisch aus massivem Granit könnte durch die Decke hindurch hinabkrachen. Der arme Tropf, der es schließlich beziehen musste, hatte seine Einrichtung so angeordnet, dass er nicht direkt unterhalb des gigantischen Möbelstücks arbeiten musste. Ein Schreibtisch des Grauens. Womöglich ein Grund dafür, weshalb man Seehofer dort nie gesichtet hat.

Fukushima

25 Jahre nach Tschernobyl zertrümmerte ein 14 Meter hoher Tsunami das japanische Kernkraftwerk in Fukushima. Ein Super-GAU im atomaren Hochsicherheitstrakt? Die vermeintlich sichere Kernkraft schien auf einmal alles zu sein, nur nicht mehr sicher.

Unter dem verstörenden Eindruck dieser Katastrophe kam es zu einem politischen Beben im Ländle. Bei der Landtagswahl in Baden-Württemberg erreichten die Grünen, die sich seit jeher gegen Atomkraft ausgesprochen hatten, beinahe 25 Prozent. Erstmals konnte mit Winfried Kretschmann ein grüner Ministerpräsident in den gefühlt seit der Steinzeit schwarz und schwarz-gelb dominierten Landtag einziehen. Was war das für ein Schock für die CDU, war ihr Land doch bisher fest in konservativer Hand gewesen. Stefan Mappus, der gallertartige Kurzzeitministerpräsident zeigte sich am Wahlabend entsetzt: »Heute ist ein schlechter Tag für Baden-Württemberg!«

»Depp!«, dachte ich mir da – heute ist ein schlechter Tag für dich, weiter gar nichts.

Sofort wurde der Teufel an die Wand gemalt, von wegen, mit einer grünen Landesregierung geht alles den Bach runter, der Wohlstand wird verpuffen, die Ökodiktatur wird alles zerstören.

Dass es so gekommen ist, das sieht man heute nach über 12 Jahren grün geführter Landesregierung: Mercedes baut jetzt Fahrräder, Porsche vertreibt Nähmaschinen, und Bosch liefert statt Zünd- nur noch Bienenwachskerzen aus. Das haben all die Jahre aus diesem Maultaschen-Paradies gemacht: Ein brachliegendes Ackerland mit vereinzelten Blühstreifen. Termiten und die gelbstreifige Quellunke haben den Hochleistungs- und Vorzeigebahnhof »Stuttgart 21« in ein mittelalterliches Freilichtmuseum verwandelt, in dem Holzeisenbahnen herumstehen, als Futter für die Termiten – all dies ist entstanden in über zehn Jahren brutalstmöglicher Ökodiktatur.

Im Wahlkampf jedenfalls unternahm die CDU alles für einen Wahlsieg. Sie beschloss sogar einen zügigen Ausstieg aus der Atomkraft, nachdem sie sich erst 2010 für einen Wiedereinstieg zur Beendigung des Ausstiegs entschieden hatten. Mit ihrem untrüglichen Instinkt witterte Angela Merkel die Stimmung im Volk, die sich nach dem furchtbaren Unglück in Japan gegen die Atomkraft gewendet hatte, und so vollführte sie eine spektakuläre 180-Grad-Wendung, frei nach dem Motto: »Da vorn läuft mein Volk, jetzt laufe ich ihm schnell hinterher und zeige ihm, wo's langgeht.«

Unter dem Eindruck der Atomkatastrophe erfolgte der überhastete planlose Ausstieg aus dem ähnlich planlosen Wiedereinstieg in den zuvor beschlossenen Ausstieg. Es folgten Milliarden über Milliarden Entschädigungszahlungen an die Energiekonzerne. Die Nutzung der Kernenergie begann also, Geschichte zu werden. Der damalige Umweltminister in Bayern, Markus Söder, drohte sogar mit seinem Rücktritt, sollte der Ausstieg aus der Atomenergie später als Ende 2022 stattfinden. Im Zuge der Energiekrise wurde er von der Ampel-Regierung um dreieinhalb Monate verlängert, und man fragt sich: Wann löst Söder sein Rücktrittsversprechen endlich ein? Nein, wird er nicht. Stattdessen vollführte er wieder eine 180-Grad-Wendung: Mittlerweile liebäugelt er sogar mit einem Weiterbetrieb bayerischer Atomkraftwerke.

Markus Söder, gegen diesen Wendehals war selbst sein Vorgänger Horst Drehhofer, äääh, Seehofer ein Fels in der Brandung. Söder überlegt sich bei seinem täglichen Morgenbriefing immer: »Soll ich heute im Kreis laufen oder Zickzack oder lieber vor und zurück. Und wie dann: eins vor und zwei zurück oder zwei vor und eins zurück?«

Eine ähnliche Kehrtwende legte er 2018/2019 hin. Damals hatte in Bayern das Volksbegehren »Rettet die Bienen« großen Zulauf. Mehr als 1,7 Millionen Menschen votierten in der Abstimmung für einen besseren Schutz der Insekten. Gut, einige hatten den Aufruf falsch verstanden: »Ich soll hier mitmachen bei einem Volksgebären in Bayern? Mach ich! Wo ist das Séparée?«

Als Söder merkte, wie umweltfreundlich sein Volk tickte, wurde er selbst plötzlich so grün, dass er eine Zeit lang jeden

Baum umarmte, der nicht rechtzeitig flüchten konnte. Er spielte sich zum obersten Bienenretter auf und zerrte die Bienen einzeln aus dem Stock, um ihnen beim Bestäuben behilflich zu sein.

Das hielt nicht lange an. Die Kreidevorräte von Dover, die er in sich hineinschaufelte, waren rasch aufgebraucht, und mittlerweile ist er wieder der pöbelnde Poltergeist, der sich im Namen seiner Wähler darüber sorgt, dass es dank der ideologieverblendeten Grünen statt Schweinshaxen zukünftig nur noch Insektenburger geben könnte. Ein giftblättriger Knollenknöterich, der sich gegen jedwede grüne Reform sträubt und seinen bayerischen Baumpilzen suggeriert, nur mit ihm, der sabbernden Södermorchel, könne alles beim Alten bleiben und keiner müsse was ändern, damit sich Fuchs und Hase zwischen Laptop und Lederhose nicht nur weiterhin »Gute Nacht« sagen können, sondern, vor allen Dingen: »Mia san mia!«

Stuttgart 21

Wie im Koalitionsvertrag vereinbart und als einer ihrer ersten Amtshandlungen ließ die frisch gewählte grün-rote Regierung in Baden-Württemberg eine Volksabstimmung zu Stuttgart 21, dem umstrittensten Bauprojekt der Deutschen Bahn, durchführen. Bis heute wird gerätselt, wie es dazu kommen konnte, dass sich eine Mehrheit gegen die Gesetzesvorlage »S 21-Kündigungsgesetz« und damit für den Weiterbau des unbeliebten Tiefbahnhofs aussprach.

Lag es vielleicht daran, dass sich viele dachten: »Ach, jetzt wurde schon so viel Geld verpulvert, jetzt ziehen wir das auch durch«, und außerdem: »Zwei Milliarden soll der Ausstieg kosten?! Wir zahlen doch nicht für nix!« Oder war es die kryptische Formulierung auf dem Wahlzettel, die Drohung, wenn man hoch droben auf der Schwäbischen Alb nicht für den Bahnhof in Stuttgart stimme, dann komme der Russe, oder waren die vorangegangenen Schlichtungsgespräche unter Heiner Geißler ausschlaggebend, der plötzlich die Idee auf den Tisch gebracht hatte: »Stuttgart 21 heißt jetzt ›Stuttgart 21 plus‹.«

Na klar, da war die Mehrheit der Schwaben dafür, weil sie sich sagte: »Aha, plus fürs selbe Geld – Schnäppchen! Da sind wir dabei.« Natürlich blieb es nicht beim selben Geld, also der veranschlagten Summe, im Gegenteil: Die Kosten explodierten, weil die Bahn verschiedene Aspekte einfach hatte unter den Tisch fallen lassen, um ihr babylonisches Prestigeprojekt dem Steuerzahler aufs Auge drücken zu können. Plötzlich merkte sie, dass ein unterirdischer Bahnhof durch Tunnel angefahren werden muss. Das kostet natürlich, denn Tunnel müssen gebohrt werden. Dann stellten die Masterminds der Bahn zähneknirschend fest, dass keine Rettungswege in der Planung vorgesehen waren. Und sollte es mal brennen? Brennen, Feuer? Das war auch nicht eingeplant. »Wir fahren doch gar nicht mehr mit Dampfloks.«

Lagen die Kosten 2009 geschätzt noch bei 4,5 Milliarden, geht man mittlerweile davon aus, dass sie bis zum geplanten Bauende 2025 auf fast zehn Milliarden anwachsen werden. Stand jetzt, was sowohl Bauende als auch Baukosten betrifft, das Ende der Fahnenstange ist erfahrungsgemäß noch nicht erreicht. Außerdem ist immer noch völlig unklar, wie die Zusatzkosten aufgeteilt werden, die Gerichtsverhandlungen laufen. Hätten die Baden-Württemberger bereits damals von den

Mehrkosten gewusst und geahnt, welch klaffendes Loch im Herzen ihrer Landeshauptstadt die Baustelle über viele Jahre reißen würde, sie hätten sich wahrscheinlich anders entschieden.

Aber vielleicht denke ich da zu beschränkt, vielleicht bin ich da zu wenig Visionär. Schließlich geht es um ein europäisches Projekt – die Magistrale zwischen Paris und Bratislava, mit Halt in Stuttgart, unter anderem für diese Hauptverkehrsader wird der Bahnhof schließlich umgebaut. Ja, das ist wichtig für die Menschen in Stuttgart.

Immerhin lösten in den letzten zehn Jahren drei Menschen in Stuttgart eine Fahrkarte nach Bratislava. Zwei davon waren Rentnerinnen, die verstand der Schalterbeamte falsch, weil sie so nuschelten, die wollten eigentlich nach Bietigheim-Bissingen. Nach sechs Stunden im Zug wunderten sie sich: »Das dauert aber lang heute. Und bisschen teuer ist es auch geworden.«

Explodierende Kosten bei Großbaustellen verwundern mich spätestens seit den stark divergierenden Kostenvoranschlägen für die Umbauarbeiten bei meinem Hofgarten-Kabarett überhaupt nicht mehr. Ich frage mich nur: Wenn mir das schon so klar ist, warum tun dann immer alle so überrascht, wenn es um staatliche Projekte geht? Vielleicht sollte man einfach hergehen und bei Großprojekten mindestens das Doppelte auf den Kostenvoranschlag draufschlagen, um die realen Kosten zu ermitteln. Und erst dann, auf Grundlage dieser Summen, eine Volksabstimmung abhalten.

Whatever it takes

»Was immer dazu auch nötig ist« oder, anders gesagt: »Koste es, was es wolle«, mit diesen Worten unterstrich der damalige EZB-Chef Mario Draghi im Juli 2012 die unbedingte Absicht der Notenbank, den zehn Jahre zuvor eingeführten, allseits unbeliebten Euro zu retten. Das genügte, um die Finanzmärkte zu beruhigen, man spricht noch heute vom »Draghi-Effekt«.

Zuvor war Europa in eine schwere Staatsschuldenkrise geschlittert, insbesondere die südlichen Länder wie Griechenland, Portugal und Spanien, aber auch Irland waren betroffen, ihnen drohte die Staatspleite. Die Ursachen waren vielfältig. Einerseits gab es innerhalb der Eurozone große Unterschiede, was die Wirtschaftskraft der einzelnen Länder betraf, die aber durch eine gemeinsame Währung verbunden waren, dann war die Überschuldung einiger Länder schon vor der Krise horrend, und natürlich spielte die Banken- und Finanzkrise eine Rolle. Schließlich waren auch die Haushalte der betroffenen Länder alles andere als gesund, wozu unter anderem eine grassierende Korruption und laxe Steuergesetze beigetragen hatten.

In einer Taverne in Athen wurde ich einmal Zeuge eines Gesprächs zwischen einem Wirt und einem Touristen, dabei wurde mir einiges klar. Der Wirt erklärte: »Natürlich zahlen bei uns die Hotels keine Steuern. Hast du mal ein Hotel in Griechenland gesehen? Die sind nie ganz fertig, mal fehlt was auf dem Dach, mal fehlt ein Balkon, mal eine Treppe …«

Woraufhin der Tourist entgegnete: »Ah, ja, sag ich doch – faul halt. Sirtaki.«

»Nein, ist Gesetz. Wenn ein Haus nicht fertiggebaut ist,

musst du keine Steuern zahlen. Das haben wir immer schon so gemacht. Schau dir die Akropolis an!«

»Yamas! Da hast du recht, die Runde geht auf mich! Kann ich mit Karte zahlen?«

»Leider, leider ist mein Gerät kaputt, geht nur bar.«

Um die Krise in den Griff zu bekommen, senkte die EZB den Leitzins immer weiter und vergab günstige Milliardenkredite an die Banken. Die einige Banken dafür nutzten, um hochverzinste Staatsanleihen zu kaufen, ein prächtiges Geschäft. Irgendwie schaffen die es immer, einen Profit zu machen. Egal, was passiert – am Ende gewinnt immer die Bank.

Als auch das nicht mehr reichte, kündigte Draghi 2015 schließlich an, Staatsanleihen in unglaublicher Höhe von 1140 Milliarden Euro vom Sekundärmarkt, also von Banken und Wertpapierhändlern, kaufen zu wollen, in der Hoffnung, die Banken würden das frei gewordene Kapital in Aktien und riskantere Wertpapiere stecken und damit letztendlich die Konjunktur der EU ankurbeln. Und vielleicht auch, um die Staatshaushalte im Süden zu retten. Mit dieser Geldschwemme, einer Maßnahme, die »Quantitative Easing« genannt wird, wollte man die Deflation bekämpfen.

So wurden Monat für Monat für 60 Milliarden Euro europäische Staatsanleihen aufgekauft. Für die EZB war die Summe kein Problem, sie konnte sich das Geld einfach drucken.

Der Aufkauf von europäischen Staatsanleihen erinnerte doch stark an das Konzept der Euro-Bonds. Die aber nicht so heißen durften, weil sie bei den Deutschen äußerst unbeliebt waren. Und bei Angela Merkel, wie sie noch im Sommer 2012 beteuerte: »Euro-Bonds gibt es nicht, solange ich lebe!«

Rechnete sie damals etwa schon gar nicht mehr damit, sie könnte durch eine demokratische Entscheidung aus dem Amt gewählt werden? »Solange ich lebe!«

Also bis der Schöpfer sie aus ihrem Amt beruft? Mädchen, dachte ich mir damals, das wirft schon ein bezeichnendes Licht auf dein Demokratieverständnis.

Jugend an die Urne!

Die Union wurde bei der Bundestagswahl 2013 mit mehr als 40 Prozent der Stimmen gewählt, ein großer Erfolg, der, wie immer, vor allen Dingen durch ihre Stammwähler der Generation 65+ ermöglicht wurde, bei den über 70-Jährigen wählten über die Hälfte die Konservativen. Da bestimmt die »Generation Abendrot«, also die »Golden Ager«, für die nachfolgenden Generationen über eine Zukunft, deren Ende für sie oft schon absehbar ist. Manche Menschen, die als Restlebensmotto die Agenda haben: »Oben klar und unten dicht – mehr wünsch ich mir fürs Alter nicht.«

Okay, für untenrum gibt's Möglichkeiten, aber mit oben wird's schwierig.

Da der Anteil der Älteren bei uns überproportional hoch ist, wird sich daran auch so schnell nichts ändern. Das ist ungerecht! Deshalb sollten wir etwas ändern. Eltern könnten für jedes Kind eine zusätzliche halbe Stimme bekommen, und das Wahlalter sollte endlich auf 16 Jahre herabgesetzt werden, damit die Interessen der Jugend in der Politik stärker repräsentiert werden.

Der Jugend mehr Gewicht geben. Das ist ein vernünftiges Vorhaben unserer jetzigen Regierung und außerdem nur folgerichtig: Sie dürfen in einigen Bundesländern wählen, sie dürfen bei den Europawahlen wählen, warum dürfen sie eigentlich nicht im Bund wählen?

Dafür bräuchte es eine Grundgesetzänderung, die nur mit einer Zwei-Drittel-Mehrheit beschlossen werden kann. Die wird es aber nicht geben, weil ein monolithischer Block dagegensteht, die alten weißen Frauen und Männer von Union und AfD. Die Koalition der Unwilligen, die steif und fest behaupten: »16-Jährigen fehlt die Reife, um wählen zu gehen.«

Komisch, mit 16 darf man eine Ausbildung bei der Bundespolizei beginnen, man darf sich zur Organspende bereiterklären und der CDU beitreten. Aber im Bund dürften sie die Partei, der sie beigetreten sind, nicht wählen, weil, sagen die »Alles muss beim … äh … bei uns Alten bleiben«-Fetischisten: »Mit 16 ist man noch zu leicht manipulierbar.«

Ein Glück, dass das im hohen Alter nachlässt. Wahlrecht mit 16, das wäre mal etwas Innovatives. Allerdings arbeitet die Union schon an einem Gegenentwurf: Wahlrecht erst ab 65.

GroKo, no!

Wie erwartet flog die FDP 2013 aus dem Parlament, weil sie an der Fünf-Prozent-Hürde scheiterte. Es ist schon bemerkenswert: Egal, mit welcher Partei die Union unter Angela Merkel eine Koalition bildete, immer wurde diese Partei bei der nächsten Wahl krachend abgestraft. Erst wurde die SPD plattgemacht, dann die FDP pulverisiert. Wie bei einer Gottesanbeterin, die ihre Partner auffrisst, während sie noch mit ihnen kopuliert.

Nachdem ihr bevorzugter Bruder im Geiste, die FDP, aus dem Parlament geflogen war, musste sich die Union einen neuen Kopulationspartner suchen. Koalitionspartner, 'tschuldigung. Das Entsetzen war groß, als die SPD abermals bereitstand, um mit der Union eine unheilige Allianz einzugehen.

Große Koalition, abgekürzt GroKo, das »Wort des Jahres« 2013. Für mich wäre es eher das Unwort des Jahres gewesen. Alles, was bei uns Verderben bringt, müssen wir verniedlichen. Der stinkende, qualmende Zweitakter Trabant wurde zum niedlichen »Trabbi«, ein ins Stauende donnernder 40-Tonner wird im Volksmund immer noch gern »Brummi« genannt. Der kategorische Diminutiv. Im Akademischen hält man sich zurück. Manch einen Professor verniedlichend als »Profi« zu bezeichnen, das macht bei einigen Vertretern dieser Zunft oft wenig Sinn. Meint sogar Hans-Werner.

Stalins Faust

Mit Bodo Ramelow wurde 2014 erstmals ein Politiker der Partei *Die Linke* Ministerpräsident in einem deutschen Bundesland. In Thüringen kam es zu einer rot-rot-grünen Koalition.

Ein Linker als Ministerpräsident? Der Aufschrei war ähnlich groß wie drei Jahre zuvor in Baden-Württemberg. Oh, mein Gott – was kommt da auf uns zu? Wird in Erfurt ein neues Zentralkomitee eingerichtet und eine mit Stacheldraht besetzte Mauer rund um Thüringen gezogen? Reckt sich Stalins Faust aus den Abwasserkanälen von Erfurt, um Deutschland, Europa, die Welt mit dem Urschlamm der Verdammnis zu überziehen?

Ein christlicher Gewerkschafter aus Westdeutschland als linker Ministerpräsident im Osten – das ging gar nicht. Eine ehemalige FDJ-Sekretärin für Agitation und Propaganda als christliche Bundeskanzlerin hingegen schon.

Der damalige CSU-Generalsekretär und spätere Anwärter auf den Titel »Schlechtester Verkehrsminister ever«, Andreas Scheuer, äußerte sich folgendermaßen: »Mit Ramelow ist jetzt ein Top-Agent einer Ex-Stasi-Connection der Linkspartei Regierungschef geworden (...) Das ist ein Tag der Schande für das wiedervereinigte Deutschland.«

Der generalsekretärische Hellseher von der CDU, Peter Tauber, starrte in die Glaskugel und erkannte: Die rot-rotgrüne Koalition hat sich auf ein Abstiegsprogramm für das Land verständigt.

Und, was passierte? Jahr für Jahr baute Thüringen unter der SPD-Finanzministerin Heike Taubert die Schulden ab, unter anderem deswegen, weil die Konjunktur in dem nun vermeintlich sozialistisch geführten Bundesland so derartig brummte, dass Rekordeinnahmen in die Staatskasse sprudelten. Kita-Plätze sind für die letzten zwei Jahre vor Schuleintritt mittlerweile kostenfrei, und in Erfurt bekommt man immer noch eine Thüringer Bratwurst, soweit ich weiß. Allzu viel dringt ja aus dem abgeschotteten sozialistischen Land nicht mehr nach außen.

Ähnlich groß war die Empörung in Europa, als wenig später in Griechenland die sozialistische Partei Syriza an die Macht kam und der noch recht junge Alexis Tsipras Ministerpräsident und Yanis Varoufakis Finanzminister wurde. Kaum waren die neuen Minister im Amt, feuerte der *Spiegel*: »Geht ja gar nicht, wie kommen die denn daher?! Die haben nicht mal eine Krawatte, das Qualitätsmerkmal für Seriosität und Kompetenz.« Dieses Qualitätsmerkmal bestätigt sich stets, wenn wieder mal eine Razzia bei der Deutschen Bank stattfindet. Wer da abgeführt wird – immer im Schlips. Aber ein Finanzminister mit Lederjacke, Rucksack und Motorrad! Auch noch ein Frauentyp – da waren die Stammtische in Wallung: »Ja – uff so was fahr'n die Weiber ab. Beim Kohl sind se net so ausgeflippt!« Komisch, die griechische Staatsschuldenkrise hatte bereits 2009 mit der Bankenkrise begonnen, schon unter Tsipras Vorgängern Giorgos A. Papandreou von der sozialdemokratischen Pasok und Andonis Samaras von der konservativen Nea Dimokratia wurde Rettungsschirm um Rettungsschirm gespannt, aber so richtig in Wallung kam die Sache erst mit dem Amtsantritt der sozialistischen Syriza.

Insbesondere die *BILD*, das meinungsbildende Hetzblatt, heizte die Stimmung an, mit Schlagzeilen wie: »*BILD* bei den Pleitegriechen«, »Warum zahlen wir den Griechen ihre Luxusrenten?« und: »*BILD* gibt den Pleitegriechen die Drachme zurück.« Na klar. Alle Griechen sind faul. Sie vertanzen und versaufen unsere Rente und verjuxen das Steuergeld der hart arbeitenden, früh aufstehenden deutschen Mittelschicht.

Folgte man der Darstellung der *BILD*, war allein das darbende Volk schuld. Bei dem gespart wurde, wo es nur ging: Die eh schon knappen Renten wurden genauso wie die Gehälter im öffentlichen Dienst gekürzt, die Mehrwertsteuer erhöht und der Mindestlohn gesenkt. Die Infrastruktur, Häfen, Flughäfen, alles wurde verscherbelt und privatisiert, Piräus ist fest in chinesischer Cosco-Shipping-Hand, die lukrativen Flughäfen auf den griechischen Urlaubsinseln schnappte sich die Fraport AG als neuer Koloss von Rhodos. Immerhin: Der Grundeigentümer Griechenland ist mit 28,5 Prozent am operativen Geschäft beteiligt. Ein ganzes Volk, das es in Teilen mit der Steuermoral freilich auch nicht immer so genau nahm, wurde ausgepresst und musste die wirtschaftlichen und politischen Fehler anderer, die Fehler nimmersatter Banker, korrupter Politiker und renditegeiler Rüstungsunternehmen ausbaden. »Ja«, sagen jetzt viele, »aber wir haben die doch mit Geld zugeschüttet, wo ist das alles hin versickert?«

Um herauszufinden, wohin die Milliardenhilfen geflossen waren, die übrigens zum größten Teil aus verzinsten Krediten bestanden, erstellte die European School of Management and Technology (ESMT) eine Studie, über die das linker Umtriebe völlig unverdächtige *Handelsblatt* berichtete: Von 220 Milliarden landeten demnach weniger als fünf Prozent im griechischen Haushalt, also bei Regierung und Volk. Über 95 Prozent gingen direkt an zu rettende Banken und Versicherungen, für Zinszahlungen oder Schuldenablösungen, Schulden, die man natürlich ordentlich verzinst sofort wieder neu aufnehmen musste, weil ja kein Geld mehr da war. Für das Volk war sparen angesagt. Vorneweg forderten das unsere damalige Kanzlerin und ihr Zerberus Wolfgang Schäuble: »Sparen, Hausaufgaben machen!«

So redete sie mit souveränen Staaten. Wie eine Gouvernante mit verzogenen Kindern: »Mach erst mal deine Hausaufgaben, dann gibt's auch was zu essen.«

Wir sollten damals bei uns in Deutschland mit dem Sparen aufhören – für das Wachstum. Die Griechen sollten sparen, um so die Wirtschaft anzukurbeln. Tolle Idee! Da könnte man einem Hungernden auch zurufen: »Iss weniger, dann bist du schneller satt.«

Als wäre dieses Elend nicht genug, überschüttete die *BILD* die Daniederliegenden mit ätzender Häme und tat alles, um

Zwietracht zwischen dem griechischen und dem deutschen Volk zu säen. Ein Glanzlicht publizistischer Volksverhetzung, das mich in meiner Aversion gegen dieses Blatt einmal mehr bestätigte. Eine Abneigung, die ich schon sehr, sehr lange hege und die stets und immer weiter genährt wird durch die anscheinend unerschöpfliche Quelle medialer Niedertracht dieses Blatts. Sensibilisiert dafür wurde ich schon früh.

BILD mir deine Meinung!

1977 erschien das Buch *Der Aufmacher*, ein Meisterstück des investigativen Journalismus. Günter Wallraff beschrieb darin seine Erlebnisse, die er knapp vier Monate lang als Hans Esser in der *BILD*-Redaktion Hannover machen durfte. Na ja, eher ertragen musste. Ähnlich wie die Verfilmung der Böll-Erzählung *Die verlorene Ehre der Katharina Blum* gewährte *Der Aufmacher* einen tiefen Einblick in die Mechanismen des Revolverblatts: Hetze, manipulative Berichterstattung und permanenter Druck sowohl auf Redakteure als auch auf Personen des öffentlichen Lebens, die ins Fadenkreuz gerieten.

Gerhard Schröder meinte, zum Regieren brauche er nur drei Dinge: *BILD*, *BILD am Sonntag* und die Glotze. Er hatte dabei übersehen, dass er als Übergangskanzler nur geduldet war, da die Springer-Medien von Beginn an nur eines im Sinn hatten: einen Regierungswechsel, um einen lästigen Betriebsunfall möglichst rasch zu beenden und das Land endlich wieder denen zurückzugeben, denen es seit 1949 rechtmäßig zusteht: der Union. Die *BILD* ist gerade der CDU wohl in ewiger Dankbarkeit verpflichtet. Nach dem Tod von Axel Cäsar Springer 1985 sah sich dessen Witwe, seine fünfte Ehefrau, Friede Springer, mit der plötzlichen Führung des Konzerns und einer lauernden Erbengemeinschaft konfrontiert. An ihrem Anteil des Aktienpakets nagten Leo Kirch und etliche Berater, die ihr alles Mögliche einflüstern wollten, um, gemeinsam mit Burda, Springer zu fressen. Da ereilte sie ein Anruf des besorgten Bundeskanzlers Helmut Kohl: »Frau Springer, passen Sie auf – die Wölfe schleichen um Ihr Haus!«

Mitte der 90er hatte sie durch geschickte Aufkäufe für sich die Aktienmehrheit von 51 Prozent gesichert und blieb Helmut Kohl und seiner CDU in ewiger Dankbarkeit verbunden. Als Stützkorsett und informelles Parteiorgan der Konservativen und der mit ihnen in Treue fest verbundenen FDP. 1998 schlich dann ein hochgewachsener Wolf nicht nur um, sondern marschierte direkt in ihr Haus. Mathias Döpfner, baldiger Springer-Chef und bis 2022 Präsident des Bundesverbandes Deutscher Zeitungsverleger sowie Digitalpublisher. Da die Linke mehr und mehr in der Bedeutungslosigkeit versank, verschrieb er sich in den ihm unterstellten Blättern *Welt* und *BILD* von nun an dem Kampf gegen Klimaaktivisten, die Grünen und die der Farbe nach immer noch roten SPD. Noch immer trauert er wohl seinem im Zuge der Compliance-Regeln entlassenen Ex-*BILD*-Chef Julian Reichelt nach, den er während der Corona-Zeit in einer Textnachricht an den *Welt*-Kolumnisten Benjamin von Stuckrad-Barre als »letzten und einzigen Journalisten in Deutschland« bezeichnete, der noch mutig gegen den »neuen, autoritären DDR-Staat« aufbegehre. Nach aufkommender Kritik griff er zum altbewährten Mittel: »War alles nur ironisch gemeint.« Mit der Maus oder auf der Tastatur ausgerutscht halt.

Ironisch gemeint war sicher auch sein Appell, bei den US-Wahlen 2020 für eine Wiederwahl Donald Trumps zu beten, woraufhin sich Agent Orange auf seiner Plattform »Truth Social« bei ihm bedankte. Die *Washington Post* hatte die E-Mail Döpfners an seine engsten Führungskräfte wenige Wochen vor der US-Wahl veröffentlicht: »Wollen wir alle am 3. November morgens eine Stunde in uns gehen und beten, dass Donald Trump wieder Präsident der Vereinigten Staaten von Amerika wird?« Zuvor hatte Döpfner die Existenz dieser E-Mail geleugnet. Danach war sie sicher wieder nur »ironisch gemeint«.

Im Frühjahr 2023 kündigte Döpfner an, eine Heerschar von Mitarbeitern entlassen zu müssen, weil journalistische Aufgaben künftig verstärkt von der Künstlichen Intelligenz, also von Chat-GPTs, übernommen werden sollten. Das stimmt einen optimistisch. Wenn die Chat-Bots dort künftig Aufgaben übernehmen sollten, die bislang deren Redakteuren vorbehalten waren, könnte womöglich erstmals ein Hauch von seriösem Journalismus Einzug halten, wenn die Künstliche Intelligenz bei den Vorgaben, mit denen sie gefüttert wird, um daraus einen dem Verlag genehmen Text zu erstellen, sagt: »Nö. Nicht mit mir!«

Als im April die *Zeit* private Nachrichten Döpfners veröffentlichte, die verstörende Einblicke in die abstruse Gedankenwelt dieses erstaunlich schlichten Geistes offenbarten, waren viele irritiert: »Was für ein wirres Zeug schreibt der Mann da? Ist der geistesgestört?«

Gut, ab einer gewissen Führungsebene fällt das ja nicht mehr auf, da gilt das wohl als Standard … Döpfner simste munter Nachrichten, wie: »Christian Lindner muss Wähler von der AfD zurückholen. Habe gestern Abend mit ihm gegessen. Er ist die einzige Chance, um den endgültigen Niedergang des Landes zu vermeiden.«

Danach kam der Shuttle Service von Porsche und hat ihn abgeholt. Wahrscheinlich zum gemeinsamen Brainstorming mit Lindners Ehefrau Franca Lehfeldt, Chefreporterin Politik bei Welt-TV. Kein Interessenskonflikt, nein. Schließlich war Lindner ja nicht Trauzeuge bei seiner eigenen Hochzeit.

Döpfner, der hell- und weitsichtige Doyen. Die AfD lag im Frühsommer 2023 in Umfragewerten bei 19 Prozent. Beeindruckend, wie die FDP mit Christian Lindner Wähler von der AfD zurückholt.

Zwei Tage vor der Bundestagswahl 2021 flehte Döpfner seine BILD-Redakteure an: »Please stärke die FDP. Wenn die sehr stark sind können sie in Ampel so autoritär auftreten dass sie platzt. Und dann Jamaika erfolgreich.«

Weil unabhängig und überparteilich. Oder, wie Friede Springer, das ehemalige Kindermädchen im Hause von Axel Caesar stets postulierte: »Journalismus muss Politik begleiten und erklären, nie machen!«

Warum aber schrieb Friede dann in der Corona-Zeit an Julian Reichelt, den Bonsai-Weinstein ihres Boulevards, der sich kritisch über Angela Merkel geäußert hatte, die netten Zeilen: »Lieber Julian, alle meine Freunde sind glücklich, dass in dieser Krise eine erfahrene Bundeskanzlerin am Ruder ist. Sie wird uns mit ruhiger Hand durch diese schweren Wochen und Monate führen! An ihrer Seite der gute Gesundheitsminister Jens Spahn! Wir sollten helfen, wenn möglich! Lieben Gruß! Ihre Friede.«

Dachte man schon, mit dem ehemaligen Chefredakteur Kai Diekmann, dem bereits bei der bloßen Erwähnung des Namens »Helmut Kohl« ein Freudenständer in der Hose entstand, sei das Ende der Fahnenstange unterwürfigster CDU-Berichterstattung erreicht, lud er sich und den Gulasch-Putin aus Budapest, Viktor Orbán, doch selbst zu Kaffee und Kuchen beim Altbundeskanzler nach Oggersheim ein, um beide als große Europäer abzufeiern, sollte es noch schlimmer kommen. Julian Reichelt übernahm den Posten des Chefredakteurs, flankiert von seinem Chefreporter Ausland, dem bevorzugt als Kriegsreporter auftretenden Paul Ronzheimer. Beide, etwa gleich alt, müssen in der Jugend, nach einem langen Wandertag bei den Pfadfindern, wohl einmal an einer Weggabelung gestanden haben, an der sie sich entscheiden mussten: »Gehen wir jetzt direkt in die geschlossene Psychiatrie, oder machen wir ein Volontariat bei Springer?« Sie fanden ihren Pfad und entschieden sich für Letzteres.

Im Zuge des Ukraine-Krieges zeigten sich die Bellizisten des ewig gestrigen Kampfblatts als permanente Unterstützer weitgehenderer Waffenlieferungen. Hauptzielscheibe ihrer permanenten Attacken war dabei der nach ihrer Meinung viel zu zögerlich agierende Olaf Scholz. Er konnte machen, was er wollte, nie war es genug. Wochenlang wurde gefordert: »Herr Bundeskanzler, reisen Sie endlich nach Kiew!«

Dann fuhr er nach Kiew, schon war es wieder nicht recht: »Warum so spät?«

Scholz sagte, ganz unmissverständlich: »Die Ukraine darf diesen Krieg nicht verlieren, und Putin darf diesen Krieg nicht gewinnen!«

Hat natürlich wieder nicht gereicht. In großen Lettern wurde gefordert: »Herr Bundeskanzler, reden Sie Klartext! Warum sagen Sie nicht, dass die Ukraine diesen Krieg gewinnen muss?«

Wenige Tage später stand Friedrich Merz am Rednerpult im Deutschen Bundestag: »Herr Bundeskanzler, warum sagen Sie nicht ganz klar, dass die Ukraine diesen Krieg gewinnen muss?«

Tags darauf jubilierte die *BILD*: »Merz stellt Scholz die *BILD*-Frage!«

Ist es das, was sie in den Redaktionsstuben denken? Dass ein Gossenblatt wie *BILD* eine deutsche Regierung vor sich hertreiben kann, um die Richtlinien der Außenpolitik zu bestimmen? Die *BILD*, ein Haufen Papier, in das kein anständiger toter Hering auf dem Fischmarkt eingewickelt werden möchte?

Fake-News verbreiten und Ressentiments schüren, um die Politik zu beeinflussen, und dabei stets den inneren Schweinehund der Stammtischseele füttern – das ist die nicht informationsbasierte Agenda dieses Blatts.

Aber was reg ich mich auf? Solange die hetzerische Meinungsmache auf fruchtbaren Boden fällt, um sich dann in den sozial-medialen Echokammern zu voller Blüte zu entfalten, wird sich nie etwas ändern. Es gilt das afghanische Sprichwort: »Die Mutter der Dummen ist immer schwanger.«

Zum Wesen der *BILD* hat Max Goldt im Grunde bereits alles gesagt: »Die *BILD*-Zeitung ist ein Organ der Niedertracht. Es ist falsch, sie zu lesen. Jemand, der zu dieser Zeitung beiträgt, ist gesellschaftlich absolut inakzeptabel. Es wäre verfehlt, zu einem ihrer Redakteure freundlich oder auch nur höflich zu sein. Man muss so unfreundlich zu ihnen sein, wie es das Gesetz gerade noch zulässt. Es sind schlechte Menschen, die Falsches tun.«

Dem ist nichts hinzuzufügen.

Besorgte Bürger

Plötzlich, von einem Tag auf den anderen, interessierte sich kein Mensch mehr für die Krise in Griechenland. Hatte sich in der ersten Jahreshälfte 2015 noch alles um ESM, Troika und den Stinkefinger eines Finanzministers gedreht, gab es in der zweiten Jahreshälfte nur noch ein Thema: Flüchtlinge. Über einen Zeitraum von mehreren Monaten strömte knapp eine Million Menschen hauptsächlich über die Balkanroute mehr oder weniger unkontrolliert nach Deutschland. Griechenland war vergessen. Der arme Tsipras hüpfte verzweifelt in Athen rum: »Halloooo! Ich bin doch auch noch da!!!«

Inmitten des Chaos ließ sich unsere Ex-Kanzlerin zu dem für ihre Verhältnisse fast leidenschaftlichen Bekenntnis hinreißen: »Wir schaffen das!«

Ich hätte mir danach ein Komma gewünscht, dann ein »weil«, einen Doppelpunkt, und dann fünf Punkte. Da kam aber nichts. »Wir schaffen das!«

Das ist ursprünglich von *Bob der Baumeister*. Und heißt im englischen Original: »Yes, we can.« Ein guter Spruch, das hatte schon Barack Obama erkannt, der ihn von Bob für seinen Wahlkampf abgekupfert hatte.

Die Medien zeigten sich entzückt von Merkel, über Nacht wurde sie die »Flüchtlingskanzlerin«. Als bekannt wurde, dass in Hannover eine geflüchtete Frau aus Ghana ihr neugeborenes Mädchen auf den Namen »Angela Merkel« hatte taufen lassen, jubelte die Welt. Also Springers *Welt*: »Flüchtlinge nennen ihre Kinder nach unserer Kanzlerin!«

Moment. Es war *eine* Frau. Und die benannte *ein* Kind, ihr einziges, nach der Kanzlerin. Die Frau hieß Ophelya Adé. Bedeutet: Das Kind hörte von Stund an auf den schönen Namen Angela Merkel Adé. Das hat mir damals außerordentlich gut gefallen.

Wurden die Geflüchteten zu Beginn noch euphorisch willkommen geheißen, selbst die BILD ließ im September 2015 kostenlose Sticker mit der Botschaft »Wir helfen – #refugeeswelcome« verteilen, um ein »Zeichen für die Menschlichkeit« zu setzen, ließ die Begeisterung sehr schnell nach. Die Übergriffe in der Silvesternacht rund um den Kölner Hauptbahnhof und die Domplatte taten ihr Übriges. Ressentiments entwickelten insbesondere diejenigen, für die die Fremden fremd blieben, weil sie kaum Kontakt zu ihnen hatten. So wurde die fremdenfeindliche Gruppierung Pegida (»Patriotische Europäer gegen die Islamisierung des Abendlandes«) ausgerechnet in Dresden gegründet, wo es bis dato so wenig Muslime gab, dass dort viele Bewohner »Moschee« für die Variante einer Nusspraline hielten, Ferrero Moschee oder so ähnlich. Und »patriotisch« war für diese Gruppierung sicher alles, wohl aber nichts im Sinne des europäischen Geistes. Es entstanden schnell Ableger: In Düsseldorf hießen sie Dügida, in Magdeburg Magida, in Braunschweig Bragida. Am treffendsten fand ich die Bezeichnung in Würzburg: Würgida.

Am Anfang waren viele Politiker noch dialogbereit, beschönigend wurden die Demonstranten »besorgte Bürger« genannt. Man müsse die Sorgen derer, die da mitliefen, ernst nehmen. Schon klar. Weil gerade Mitläufer ja noch nie Unheil über dieses Land gebracht hatten. Woher kam diese Angst vor einer bevorstehenden Arabisierung des Landes insbesondere im Osten? Da gab es aberwitzige Aussagen: »Ich möchte nicht, dass meine Enkelin nur noch mit der Burka in den Kindergarten geh'n dorf!«

Mein Lieblingsspruch war: »Wenn das mit der Islamisie-

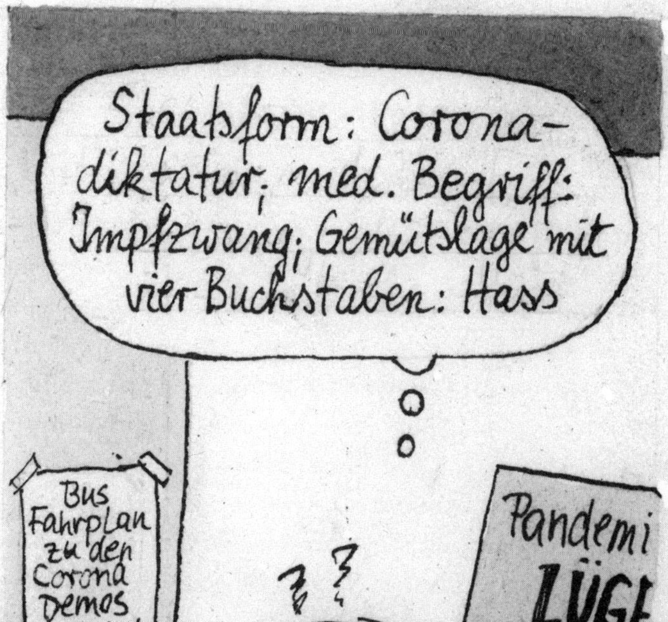

Kreuzworträtsel für Querdenker

rung bei uns hier so weitergeht, nor wird rund um Dresdn bold geen onschtändschs Deutsch mehr gesprochn!«

Jessas, was dort in finsteren Winternächten unterwegs war, dieses Stelldichein hassverzerrter besorgter Bürgerfratzen. Später, bei einem Gastspiel in Chemnitz, konnte ich sie live bei einer Kundgebung der AfD hautnah erleben und dachte mir nur: So also schaut es aus, wenn sich innere Hässlichkeit mit der äußeren vermählt.

Nach den ersten Testläufen von Pegida begannen sich die »besorgten Bürger« so richtig auszutoben. Ein rechter Mob, fast 1.000 Menschen, darunter Nazis, Rechtsradikale, aber auch Familien mit Kindern, marschierten durch die Kleinstadt Heidenau bei Dresden, nachdem ein NPD-Stadtrat zum Protest gegen die Aufnahme von Flüchtlingen aufgerufen hatte. Vor der geplanten Unterkunft, einem ehemaligen Baumarkt, eskalierte die Situation. Es flogen Steine, Flaschen und Feuerwerkskörper, über 30 Polizisten wurden verletzt. Die Geflüchteten, die ihre Unterkunft beziehen sollten, konnten dies nur dank massivem Polizeischutz bewerkstelligen. Ihre ersten Eindrücke deutscher »Willkommenskultur« konnten sie direkt in die Heimat übermitteln: »Weg mit dem Pack! Mir sind das Volk!«

Und was für eins. Heidenau trug weltweit zu dem wenig schmeichelhaften Ruf des Landes als »Dunkeldeutschland« bei.

Nach den Ausschreitungen sagten alle wie immer das Übliche: »Das geht nicht! Wir werden mit der vollen Härte des Rechtsstaats durchgreifen!« Genau, dachte ich mir, so wie etwa das Mordkommando des NSU zehn Jahre lang die volle Härte des Rechtsstaats zu spüren bekommen hatte.

Aber gut, was sollte man auch erwarten, wenn damals etwa das Amt des Verfassungsschutzes von einem strammen Neurechten, ich will jetzt nicht sagen, von einem verkappten Nazi, na gut, jetzt hab ich's halt doch gesagt, geführt wurde, von einem, den mittlerweile selbst seine eigene weltoffene Partei loswerden will. Sollte es so weit kommen, bietet ihm vielleicht die AfD Asyl. Er wäre dort mehr als gut aufgehoben. Über alle Maaßen, gewissermaßen.

Der Apfel fällt nicht weit vom Stamm

2013, zwei Jahre vor der »Flüchtlingskrise«, die »besorgte Bürger« scharenweise auf die Straße treiben sollte, begann es im deutschen Gemeinwesen bereits zu grummeln. Unzufriedenheit machte sich breit: Über eine vermeintlich zu sozialdemokratisch agierende Bundeskanzlerin, über den Euro, der alles teuro machte, über die EU sowieso und überhaupt. Auch für seine Strafzettel wegen Falschparkens musste der selbst falsch geparkt habende mündige Bürger einen Schuldigen finden. All dessen schien sich in diesem Jahr eine neu gegründete Partei als Ansprechpartner für die Sorgen des »kleinen Mannes« annehmen zu wollen, die »Alternative für Deutschland«. Ein Sammelbecken enttäuschter ehemaliger CDU-Mitglieder, die seit Helmut Kohl verknöchert auf die von ihm seinerzeit versprochene »geistig-moralische Wende« warten.

Zehn Jahre AfD. Was aus einem versprengten Haufen verhaltensgestört anmutender Professoren entstand (»Mut zum Lucke!«), die im Zuge der Finanzkrise gegen den Euro zu Kreuze zogen und die D-Mark heim ins Reich der Reichen holen wollten, mutierte binnen weniger Jahre zu einer stramm rechten Partei, die sich ein Motto auf die tägliche Fahne geschrieben hatte: »Alle gegen alles!«

Hauptsache dagegen. Nachdem für die AfD das Thema Euro als Volksaufreger an Stärke zu verlieren begann, plumpste ihr 2015 das Geschenk der Flüchtlinge in den Schoß, aus dem, fruchtbar noch, alles kroch, was an Ressentiments auf populistischen Boden fallen konnte. Die Anti-Euro-Professoren um Lucke wurden abgelöst durch die hellbraun-völkischen Vertreter um Frauke Petry und Jörg Meuthen, nach der Bundestagswahl 2017 durch Alexander Gauland und Alice Weidel, um der Partei das Hellbraune auszutreiben und durch ein sattes Mittel- bis Dunkelbraun zu ersetzen. Nach Gaulands Ausscheiden führen nun Alice Weidel und der Malermeister Tino Chrupalla die Partei, der als gelernter Anstreicher wohl am Besten weiß, wie man eine Wand mit brauner Fassade übertüncht, ohne an den Grundfarben der Fassade etwas ändern zu müssen.

Alexander Gauland steht exemplarisch für den Werdegang vieler AfD-Funktionäre: Bis 2013 war er CDU-Mitglied und leitete von 1987 bis 1991 die Hessische Staatskanzlei unter Ministerpräsident Walter Wallmann. Er galt als Vordenker des »Berliner Kreises«, der sich 2012 der Öffentlichkeit vorstellte und ein Konglomerat unzufriedener Konservativer innerhalb der Union war, die die Politik von Angela Merkel als nachteilig für die Partei erachteten. Zu den Unzufriedenen zählten u. a. Wolfgang Bosbach und, bis zu ihrem Austritt aus der CDU, die Vertriebenen-Ikone und Mutter aller revanchistischen Landsmannschaften, Erika Steinbach.

Der »Berliner Kreis«, die »Werteunion« und schließlich die AfD. Die konservativen Hardliner suchten sich neue Heimstätten und fanden sie zunächst innerhalb und dann auch außerhalb von CDU und CSU.

Im 2012 veröffentlichten »Berliner Manifest« liest sich vieles bereits wie Teile des Parteiprogramms der AfD: quotenfreie Aufsichtsräte, entschieden gegen Mindestlohn, mehr Marktwirtschaft in der Energiepolitik. Die deutsche Sprache solle im Grundgesetz verankert werden, bei der Verfolgung von Straftaten dürfe es keinen »Migrationsbonus« geben, der »von oben herab« verordnete Atomausstieg sei rückgängig zu machen. Eine starre Frauenquote in der Partei sei abzulehnen. Nachdem Donald Trump 2017 den Austritt der USA aus dem Pariser Klimaschutzabkommen angekündigt hatte, forderte der Berliner Kreis eine Kehrtwende bei der deutschen Klimapolitik, kritisierte den Weltklimarat IPCC als »Weltrettungszirkus« und forderte die Aufgabe des Zwei-Grad-Ziels bei der Erderwärmung. Tolle Begründung: Die Folgen der globalen Erwärmung würden immer nur negativ dargestellt, man müsse durch das Schmelzen des polaren Eises auch die damit verbundenen Chancen sehen. Eine eisfreie Nordpassage, neue Möglichkeiten des Fischfangs, und erst der Rohstoffabbau!

Dieses dümmliche Geschwätz erinnerte mich an die frühen 80er Jahre, in denen wir bei uns zu Hause gegen ein benachbartes Chemiewerk demonstrierten, Leserbriefe um Leserbriefe an die Lokalzeitung schrieben, weil der unerträgliche Schwefelgestank der Fabrik sich bei jeder Inversionswetterlage über uns ausbreitete und deren ungeklärte Abwässer in den an dem Werk liegenden Fluss täglich für fröhliche Schaumkronen sorgten. Der Pressesprecher der Firma meinte zu den Protesten nur, er verstehe die ganze Aufregung nicht, schließlich sorge das Werk mit seinen Einleitungen im Winter doch dafür, dass der Main unterhalb des Werks eisfrei bliebe und eine schifffahrtliche Versorgung des Werks und anderer Unternehmen so gewährleistet sei. Ganz abgesehen von den Arbeitsplätzen natürlich.

Aber zurück zur AfD. Bewundert und verehrt von ihren Anhängern wird besonders deren Frontfrau: Alice Weidel. Dabei könnten gerade bei ihr die Widersprüche nicht größer sein: eine in lesbischer Beziehung mit einer Frau lebende, im Steuerparadies Schweiz beheimatete Bundestagsabgeordnete, die tapfer aufrecht in ihrem Sitz sitzend mitanhören muss, wenn ihre homophoben Parteifreunde die »natürliche Familie« gefördert sehen wollen, in der Mann und Frau die gemeinsamen Kinder erziehen – die sie, gemeinsam mit ihrer Lebenspartnerin, die aus Sri Lanka stammt, erzieht.

Sollte ihre Partnerin einmal das Ansinnen haben, ihr mitzuteilen: »Schatz, du redest doch am Wochenende wieder auf einer Demo mit dem Höcke, oder? Weißt du was – da könnte ich doch mitkommen, und wir machen uns dann ein schönes Wochenende!«

Da müsste sie wohl sagen: »Mausi, so gern ich dich dort auch an meiner Seite hätte, danach hätten wir bestimmt kein schönes Wochenende. Denk an deine Hautfarbe …«

Was will die AfD? Wo will sie hin? Nach dem Einzug in den Bundestag 2017 triumphierte Gauland erst einmal: »Wir werden sie jagen! Wir werden Frau Merkel jagen!«

Am Tag darauf kam Frauke Petry, rief kurz »Halali!« und »Petry Heil!« und gab bekannt, der Partei künftig nicht mehr angehören zu wollen. Bei den noch vom Einzug ins Parlament Euphorisierten herrschte kurz Ernüchterung. Gauland gab sich gelassen: »Wir bei der AfD, wir sind halt nun mal ein gäriger Haufen.«

Aha. »Haufen«, das habe ich sofort akzeptiert, den Begriff. Sogar einer, der noch dampft … Bei »gärig« … da hab ich mir, ganz analog, mein Synonymwörterbuch geschnappt und nachgeschlagen: Was bedeutet denn »gärig«?

Das bedeutet: alt. Altbacken. Dumpf. Faul. Faulig. Ranzig.

Schimmlig. Schlecht. Übelschmeckend. Ungenießbar. Verdorben. Verfault. Vergammelt. Verrottet. Verschimmelt. Verwest.

Und: wurmstichig. Tja. Besser kann man den Haufen der AfD wirklich nicht beschreiben. Dachte ich mir bei einem obergärig gebrauten Kölsch.

Böses Erwachen

Zwei Mal ging ich vor großen politischen Abstimmungen arglos ins Bett und dachte mir beim Einschlafen: Ich brauche mir keine Sorgen zu machen, das geht eh gut aus.

Da vertraute ich völlig den Prophezeiungen der Demoskopen, die doch alles immer so schön im Voraus wissen. Ich wachte zweimal an den nächsten Morgen auf. Rieb mir verwundert die Augen, denn: Es war nicht gut ausgegangen.

Im Juni 2016 beschloss eine sehr knappe Mehrheit der Briten, aus der EU austreten zu wollen. Und am 8. November 2016 gewann die republikanische Partei in den USA die Präsidentschaftswahl. Dadurch wurde ihr Kandidat, der misogyne, ungebildete, empathiefreie, xenophobe und demokratiefeindliche Narziss-Prolet Donald Trump Präsident der Vereinigten Staaten. Dessen Frisur so aussieht, als hätte man ihm eine tote blonde aufgeplatzte Katze auf sein Haupt montiert. Das hat er gemein mit dem anderen Irren aus Großbritannien, Boris Johnson. Okay, ich, mit meiner Frisur im Glashaus sitzend, sollte vielleicht keine Steine werfen.

Boris Johnson, der »Lord of the Lies«, der mit Fake News

kräftig Stimmung für den Brexit machte und damit »Great Britain« in »Little Britain« verwandelte. Mit so schlichten Slogans wie »Ausländer raus!«

Als die Briten dann Anfang 2020 wirklich draußen waren, merkten sie: Ui, jetzt fehlen uns die ganzen billigen Arbeitskräfte. Wir haben keine Schlachter mehr. Es gibt keine Truthähne zu Weihnachten. Keine Würstchen im Schlafrock. Und selbst wenn es ausreichend Truthähne gäbe, dann hätten wir niemanden, der sie ausliefert, weil die günstigen LKW-Fahrer aus Osteuropa fehlen. BoJo fragte in seiner Verzweiflung sogar die damals noch lebendige Queen an: »Ma'am – Sie haben doch im Zweiten Weltkrieg ihren LKW-Führerschein gemacht. Könnten Sie kurzfristig einspringen? For England, Ma'am!«

»For England, James!«

Auch die britischen Fischer fühlten sich getäuscht, hatten sie vor dem Ausstieg doch über 50 Prozent ihres Fangs in die EU exportiert. Im Falle eines Brexit hatte man ihnen höhere Fangquoten versprochen, die ihnen aber nichts nutzten, weil sie ihre Fische nicht mehr so einfach und vor allen Dingen zeitnah an die EU verkaufen konnten. Tja.

»Manntje, Manntje, Timpe Te, british fish bleibt in de See! Mine Fru, vom Brexit ill, will nicht so as ick wohl will!«

Mir machte der Brexit Sorgen. Was, wenn diese Sezessionsbewegung Schule macht? In Bayern, dem Freistaat. Oder in Sachsen. Auch ein Freistaat. Beide sehen den Rest der Republik ohnehin eher als lästiges Anhängsel. Zwei abtrünnige Separatistengebiete, die eigentlich als Volksrepubliken anerkannt werden möchten, Bayern als die autonome Republik Bajuwaristan vielleicht.

Was kommt nach der Abspaltung Bayerns vom Bund? Werden sich die Franken dann von Bayern abspalten und Söder wird König von Nürnberg? Die Nordfranken spalten sich von

Restfranken ab, weil die Mainfranken sagen: »In Hessen haben wir einen besseren S-Bahn-Anschluss!«

Und dic Schotten? Ihr frisch gewählter neuer First Minister, Humza Yousaf, setzt sich für die Unabhängigkeit Schottlands ein. So wie seine Vorgängerin, Nicola Sturgeon, übrigens auch. Das könnte die nächste Insel auf die Idee bringen: Korsika. »Setzt die Segel, lichtet den Anker: Adieu, la France!«

Wenn Korsika dann an Sardinien vorbei aufs offene Meer segelt, werfen die Sarden die Enterhaken aus und flehen: »Nehmt uns mit!«

Weil – der Sarde an sich war schon immer faul. Frankreich krallt sich nach dem Abfall Korsikas Monaco als fairen Lastenausgleich. Nicht als neues Département, sondern als Tresor. Nicht von ungefähr mutmaßte die Edelfeder der *Welt*, Ulf Poschardt, jüngst, ein Bundesland wie Bremen mache nur dann Sinn, wenn es eine Art deutsches Monaco sei. Kürzere Wege zur Steuervermeidung, schon klar. Aber: Monaco weg? Schon will Elsass-Lothringen heim ins Reich. Da freut sich das Saarland: »Endlich! Dann können wir zurück nach Frankreich!«

Wenn dann bei uns die Vertriebenenverbände mobilmachen, besonders die schon in vierter oder fünfter Generation im Reihenendhaus Wohnenden, oh weh: »Ostpreußen wird in den Herzen und Gedanken immer ein fester Bestandteil Großdeutschlands gewesen sein bleiben mögen. Komm, Mariellchen – fass!«

Wer schützt die Schlesier? Was wollen die Sudeldideldetendeutschen? Wenn sich dann noch deutsche Rentner auf Mallorca von den Spaniern, einer dort lebenden kleinen ethnischen Minderheit, bedroht fühlen – dann schickt Boris Pistorius Bundeswehrsoldaten ohne Hoheitsabzeichen direkt an den Ballermann. Das Beste ist: Die fallen dort nicht einmal auf.

Ernsthaft, Genossen?

Schon von der zweiten GroKo unter Angela Merkel war ich nicht begeistert, noch viel größer war mein Entsetzen allerdings, als die SPD vier Jahre später nochmals »Ja!« sagte. Hatten die Sozialdemokraten denn gar nichts gelernt? Ich war damals so empört über diese Entscheidung, dass ich mich dazu entschloss, aus der Partei auszutreten. In die ich erst kurz zuvor eingetreten war, um bei der Mitgliederberfragung gegen die GroKo zu stimmen. Ich war damit dem Aufruf »Tritt ein, sag nein« Kevin Kühnerts gefolgt. Mit folgendem Brief kündigte ich zornentbrannt meine noch junge Parteizugehörigkeit.

Betr.: Erklärung meines Parteiaustritts

Hallo, liebe Genossen!
Ja, ich gebe zu, eingetreten bin ich mit dem Wunsch, etwas mitentscheiden zu können. Die altehrwürdige Partei von ihrem Irrweg abzubringen, nochmals ein Untergangsbündnis mit der »Union« (haha) von CDU und CSU eingehen zu wollen.
Okay, hat nicht geklappt, unser Genosse Bundespräsident Frank-Walter Steinmeier (der zum Streit zwischen CDU/CSU als staatstragende Parteien erstaunlich lange und laut schwieg) hat euch, hat uns in die letzte, die finale, die letale GroKo getrieben. Unsere Mitglieder haben sich dazu drängen lassen, in Ehrfurcht die Erfüllung der Staatsräson bräsig zu vollziehen, eine weitere Stillstands-Periode mit Angela Merkel mitzutragen, nichts von dem einzufordern, was nötig wäre, um unser

Land zukunftsfest zu machen. Keine Ideen, keine Visionen – nichts.
Eigentlich hätte ich, da die Entwicklung ja absehbar war, gleich nach meinem Eintritt wieder austreten sollen, getreu dem Motto: »Tritt ein – sag nein!«
Nö, war mir zu billig. Ich hatte ein wenig Resthoffnung. Trotz Andrea Nahles. Ich habe euch, ich habe uns, liebe Top-Genossen, 100 Tage gegönnt, den üblichen Zeitraum der Nicht-Kritik, sogar noch ein paar Tage obendrauf, damit ihr mich hättet überzeugen können. Von irgendwas, wenigstens.
Habt ihr aber nicht.
Es war schlimm. Es wurde noch schlimmer. Ihr checkt leider gar nichts. Es geht für euch weiter wie gehabt: Schutzmacht für Merkel bleiben, nichts für das Soziale tun, Flüchtlinge, das ist für euch auch nur mehr etwas Abstraktes, das man mit Wortklaubereien und Zahlen wegverhandelt, weil ihr euch scheinbar immer noch sauwohl dabei fühlt, euch von den Alpen-Taliban der CSU am Nasenring durch die Manege ziehen zu lassen, anstatt den Gamsbärten endlich einmal die Grenzen aufzuzeigen. Aber was will man erwarten von einer Partei, die das Erringen von Posten über das Erreichen von Inhalten stellt. Hauptsache am Trog.
Das Sahnehäubchen auf der Verlogenheitsspirale, das für mich das Fass zum Überlaufen brachte, war die Ankündigung unseres Schäuble-Klons Olaf Scholz, die Mittel für die Entwicklungshilfe zu kürzen, weil man so ja wohl die Bekämpfung der Fluchtursachen am effizientesten fördert. Oder? Da wird man doch glatt Fan von Entwicklungshilfeminister Gerd Müller (CSU … äh: TSE-ESS-UH!!!): klare Worte, kluge Analysen, gesunder

Menschenverstand. Soziale Kompetenz. Ein Mann von der CSU muss der SPD zeigen, wie Globalsoziales gehen könnte? Das ist zum Fremdschämen!
Liebe SPD, du hast, zumindest in der Führungsebene, nichts, aber auch gar nichts kapiert (von Ausnahmen im nicht messbaren Spurenelementbereich abgesehen). Es tut mir leid für die engagierten GenossInnen vor Ort, für all die kommunalen KämpferInnen, deren leidenschaftliche Diskurs- und Hilfsbereitschaft ausgerechnet von einer alltagsfremden, weil rundum gepamperten Funktionärsebene seit Jahrzehnten mit Füßen getreten wird. Aber, bitte: Olaf Scholz ist, jüngsten Umfragen zufolge, der beliebteste Politiker Deutschlands und wird von Gerhard Schröder, unserem turbokapitalistischen Totengräber sozialdemokratischer Werteorientierung, als möglicher nächster Kanzler geadelt. Was unwahrscheinlich, aber dennoch zu befürchten wäre. OLAF SCHOLZ! KANZLER???????
Gute Nacht, SPD – einem solch weltfremden Verein möchte, kann und darf ich nicht länger angehören. Schade, ich hatte wirklich (okay, für einen kurzen Moment nur) Hoffnung. War nix. Wird nix.
Deshalb erkläre ich hiermit meinen sofortigen Austritt aus der SPD und wünsche euch alles Gute in der stabilen Großen Koalition!

Mit enttäuschten, dennoch solidarisch-gesellschaftlichen Grüßen für das große Ganze, das sich mit euch wohl nicht verwirklichen lässt, verbleibe ich

Urban Priol

Dieter Hildebrandt würde sagen: »Toll! Keine GroKo ist jemals ohne deinen Protest ins Amt gekommen.«

Jod-S-II-Körnchen

Einmal im Jahr wird in Aachen der Aachener Friedenspreis verliehen. Er gilt als eine Art alternativer Karlspreis, weg von den großen Karls hin zu den kleinen Kerlen und Kerlinnen. Die Verleihung findet immer am 1. September statt, anlässlich des Antikriegstags. Neben kirchlichen und gewerkschaftlichen Organisationen gehören dem Verein Vertreter der SPD, der Grünen und der Linkspartei an. Der Rat der Staat Aachen beschloss 1996, dem Verein beizutreten. Unter einer rot-grünen Mehrheit. Der Beschluss hielt nur kurz, denn schon 1999 trat die Stadt mit einer neuen CDU- und FDP-Mehrheit wieder aus, bevor sie 2004 dank einer neuerlichen rot-grünen Mehrheit wieder eintrat. Das erinnert ein bisschen an Sandkastenzankereien: Förmchen weg, Förmchen her. Nun gut, von den Sandkastenraufbolden in der Politik erwartet man nichts anderes.

2017 wurde der Preis an das Jugendnetzwerk für politische Aktionen (JunepA) verliehen, man fragte mich an, ob ich die Laudatio halten könne, und ich sagte zu. Es wurde ein wahrer Erlebnistag in Aachen.

Rund 70 Kilometer entfernt, in Belgien, steht das in der Region ob seines maroden Zustands Angst und Schrecken verbreitende Atomkraftwerk Tihange. Hier mal wieder ein Riss, da ein

Störungsfall, dort eine Notabschaltung. Wie könnte man die Bevölkerung schützen, falls die marode gestrige Zukunftstechnologie einem um die Ohren fliegen sollte? Als ich in Aachen ankam, war, nach einem neuerlichen Störfall, Beschwichtigung und Beruhigung angesagt. Der Oberbürgermeister versprach, Jodtabletten an die Bevölkerung zu verteilen, um für ausreichenden Schutz zu sorgen, man habe ja eine Fürsorgepflicht. Das erinnerte mich sofort an den *Großen Reibert*, das Handbuch für den Bundeswehrsoldaten, das zum Schutz gegen einen Atomwaffenangriff empfahl, sich rasch eine Aktentasche zu schnappen, um sich mit ihr unter einem Tisch, die Tasche über den Kopf, in Sicherheit zu bringen. Etwas, das auch der Zivilbevölkerung empfohlen wurde. Ich musste spontan an den großartigen Comic des britischen Kinderbuchautors Raymond Briggs denken, der in seinem später verfilmten Werk *Wenn der Wind weht* zeigt, wie unbedarft ein älteres Ehepaar, Jim und Hilda, penibel die Anweisungen der Behörden zum Selbstschutz befolgt. Es erhofft, in einem selbstgezimmerten Notbunker aus alten Zimmertüren, Brettern und Sofakissen der Druckwelle zu entgehen, um danach mit seinem einfachen Leben fortfahren zu können. Am Ende ereilt sie der Strahlentod. Ende des »Weiter so«.

Nun also Jodtabletten, falls sich in Belgien ein zweites Tschernobyl ereignen sollte. Jodtabletten für alle! Blöd nur, dass der Stadtkämmerer Aachens angesichts der angespannten Haushaltslage feststellen musste: »Na ja, an alle nicht. Wir sind klamm.«

Also wenn, dann nur eine begrenzte Anzahl, und dann nur bis zur Altersgrenze von 45. Heißt: Wenn es kurz hinter der Grenze zum atomaren Super-GAU kommt, sorgt das in Aachen gewissermaßen für eine natürliche Auslese. Gut – das würde immerhin die Rentenkasse entlasten, mag man sich gedacht haben.

Jodtabletten – da musste ich an die alte Fernsehwerbung denken: »Trill«. Die Jod-S-11-Körnchen, die den Wellensittich vor der todbringenden Schilddrüsenkrankheit bewahren sollten, um ihm ein ewiges Zwitscherleben im Vogelkäfig in der heimischen Wohnstube zu garantieren. Ich hatte als Kind einen Kanarienvogel, habe ihn fleißig mit Trill gemästet, nach 14 Tagen ist ihm wohl die Schilddrüse geplatzt und er tot von der Stange geplumpst. Nicht kindergerechte Werbung war schon damals gefährlich.

Corona-Chaos

Anfang 2020 machten wilde Gerüchte die Runde: Auf einem Wildtiermarkt in Wuhan sei ein Virus von einem mit einer Fledermaus kopulierenden Gürteltier auf einen Menschen gesprungen, der sich vor Schreck in ein Labor geflüchtet und dabei ein Reagenzglas umgestoßen habe, was zum Entfleuchen von Sarscoviden geführt habe, die sich dann in Windeseile vermehrt hätten. In der Folge gelang es den Entfleuchten, die ganze Welt lahmzulegen. Oder so ähnlich.

Zu Beginn nahm ich das, wie viele, überhaupt nicht ernst. Da war ich in guter Gesellschaft, auch unser damaliger Gesundheitsminister Jens Spahn meinte noch Anfang März, da hatte sich das Virus bereits bei der bayerischen Firma Webasto ausgetobt: »Die Folgen von Angst können weit größer sein als die durch das Virus selbst.« So kann man sich täuschen. Okay, Jens Spahn, der Corona-Allesverbocker, fühlte sich auch bemüßigt, ein Buch mit dem Titel *Wir werden einander viel verzeihen müssen* zu schreiben. Du Depp, dachte ich mir da wieder einmal, wir müssen *dir* vielleicht viel verzeihen, aber doch nicht du uns! Das sehen andere genauso: Das Buch ist ein Ladenhüter und hat auf Amazon eine Bewertung von zwei Sternen. Ein Buch wie sein Autor.

Nie hätte ich gedacht, dass ein Virus die ganze Welt lahmlegen könnte. Wobei zumindest bei uns dafür nicht nur das Virus selbst als vielmehr die zum Teil unverhältnismäßigen Maßnahmen verantwortlich waren.

Zu Beginn, als niemand etwas über die Seuche wusste, hatte ich volles Verständnis für jedwede Einschränkung. Im weiteren Verlauf aber schoss die Politik weit über das Ziel hinaus. Die Pandemie nahm ihren vorhersehbaren Verlauf, und dennoch trafen die Virus-Wellen immer wieder auf ratlose Politiker, die komplett überrascht und unvorbereitet zu sein schienen. Huch, wieder eine neue Virus-Variante? Die »Metamorphosen des Covid«? Wie konnte das nur passieren? Was machen wir denn da jetzt bloß? Leider lautete die einfachste, aber eben auch planlose Antwort darauf allzu oft: »Wir machen dicht!« Lockdown.

Angesichts der Einschränkungen unserer Freiheit rieben sich die Juristen im Land irgendwann nur noch verwundert die Augen und fragten sich, ob und wie die Verbote und Vorschriften mit unseren Grundrechten vereinbar sein könnten. Ich bin gespannt, wann und ob dies jemals aufgearbeitet wird. Na ja, vielleicht kommt ein Untersuchungsausschuss. Aber dann, oh je …

Was mich besonders störte, war die anscheinend schiere Willkür, mit der Maßnahmen, die unbedingt nötig zu sein schienen, angeordnet oder eben nicht angeordnet wurden. In München beispielsweise galt im Herbst 2020 auf dem Marienplatz und dem Viktualienmarkt Maskenpflicht. In den feuchten Wirtshauskellern unter dem Marienplatz war die Maskenpflicht allerdings ausgesetzt, zumindest am Tisch, dort tobte eine Ersatzveranstaltung, die sogenannte »Wirtshaus Wiesn«, mit Blasmusik und fröhlichem Bierkrugstemmen. Ein »Indoor-Ballermann« gewissermaßen, ein Festmahl für alle Viren, die sich fröhlich zuriefen: »O'gsteckt is!«

»O'gsteckt is!«, das riefen sich auch die Viren in Ischgl zu, einer der Brutstätten der Pandemie in Europa. Oh, Ischgl! Dorthin fuhr ich im Sommer 2020. Ich stand vor der Virenhotspotbar Kitzloch, die gerade umgebaut wurde, damit sie keiner mehr erkennt, machte ein Selfie und rief: »Mörder, Mörder!«

Der Superspreader Ischgl – wo vertuscht und verschleppt wurde, wodurch sich das Virus unkontrolliert in ganz Europa ausbreiten konnte. Man wusste Bescheid über die infizierten Barkeeper, aber »hey«, haben der Tourismusverband und die Seilbahnmafia zum Super-Wunder-Wuzzi-Alpenmessias-Vorbild Sebastian Kurz gesagt: »Lass laufen! Waaßt eh, Basti – es ist noch Saison! Bussi, Bussi, Basti! Samma ned olle a bisserl ÖVP?«

Eine Fußball-EM und der Karneval durften mit Zigtausenden Besuchern stattfinden, aber Kulturveranstaltungen und Theater blieben geschlossen oder durften nur unter starken Beschränkungen geöffnet werden. Alte Menschen starben einsam in Kliniken und Seniorenheimen, weil sich ihre Angehörigen wegen des Besuchsverbots nicht von ihnen verabschieden durften. Eltern, zerrieben zwischen Homeoffice und zu betreuenden Kindern, wurden in den Burnout getrieben, Studenten dümpelten einsam in ihren Buden herum, ohne Kontakt zu ihren Kommilitonen, also ohne das, was ein Studium in den ersten Semestern ausmacht. Vieles, zu vieles wurde auf dem Rücken der Jugend ausgetragen, für die das Virus die geringste Gefahr darstellte.

Geisterveranstaltungen in Corona-Zeiten: König Ödipus von Sophokles im Stadttheater

Noch heute sind viele junge Menschen traumatisiert, über 70 Prozent der Kinder und Jugendlichen kämpfen mit den psychischen Folgen. Ganze Branchen, auch die der Kultur, wurden wegen des Arbeitsverbots an den Rand des Ruins getrieben. Alle ruderten wie wild, um sich über Wasser zu halten, einige, nicht wenige, warfen hin und wechselten ihren Job. Kaum einer wusste, wie sich alles entwickeln würde, die Unsicherheit war immens, jedwede Gewissheit war über Bord geworfen. Nur auf eine Behörde war – wie immer – Verlass: Auf das Finanzamt.

Ende 2021 bekam ich Post, in einem dieser in den schönen behördlich-blassen Farben gehaltenen Umschläge. Sie wollten irgendeine nachträgliche Vorauszahlung oder vorzügliche Nachzahlung für 2019.

Schon dampfte ich wieder leicht, und die Fenster in der Wohnung beschlugen: Das Finanzamt will nach über 20 Monaten Berufsverbot mit bescheidenen monsterbürokratischen Hilfen für Solo-Selbständige und einer zweimonatigen dahingeschluderten November- und Dezemberhilfe, die Missbrauch Tür und Tor öffnete und die man nur als Füße- und Maulstillhalteprämie bezeichnen konnte, so dahingeschludert, dass unsere Finanzkoryphäen nicht einmal den Unterschied zwischen Umsatz und Gewinn zu erkennen imstande waren, plötzlich Geld von mir? Wofür? Für 18 Monate, in denen nichts floss, weshalb das nachträglich Vorauszuzahlende erst einmal aufgebraucht werden musste?

Ich sagte mir: Wenn dieses Amt, ausgerechnet jetzt, nach all dem, was pandemiebedingt war, noch einmal etwas von mir will, dann antworte ich einfach: »Tut mir leid. Ich halte mich auch hier strikt an die mir von Ihrem Hause empfohlenen Regeln des Infektionsschutzgesetzes: Demnach gilt es, gefährliche Kontakte, wo immer es möglich ist, zu vermeiden. Diese Kontakte vermeide ich gern. Ich hoffe, Sie haben Verständnis dafür, dass ich von Ihnen gewünschte Ansprüche nicht überweisen kann, mein Computer scheint ebenfalls von einem seltsamen Virus befallen zu sein, der ›Fiskalischen Mutante‹. Hochansteckend, ganz gefährlich und brutal exponentiell ansteigend! Sollten Sie nun auf die Idee kommen, mir einen Gerichtsvollzieher in die Wohnung schicken zu wollen, pardon, das ist ein anderer Hausstand, den darf ich nicht hereinlassen, sonst kommt die Polizei, und mein bayerisches ›Team Vorsicht‹ ist sauer. Zudem: Sollte ich ihm etwas aushändigen müssen, dann wäre das eine ›Körpernahe Dienstleistung‹ – und die ist, interpretiere ich Ihre Vorgaben richtig, nur beim Friseur erlaubt, damit die Würde des Menschen wiederhergestellt werden kann. Guten Tag. Übrigens: Ihr Diensttelefon zerstört sich nach diesem Anruf innerhalb von 30 Sekunden von selbst.«

Bahnfahren mit Corona

Beispielhaft für die chaotischen Corona-Regeln waren die Richtlinien im öffentlichen Nahverkehr.

Eine der letzten Bastionen der Maskenpflicht war der Fernverkehr in der Bahn. Anfang Februar 2023 war es dann endlich so weit: Keine Maskenpflicht mehr in Intercity- und Intercityexpresszügen. In Nahverkehrszügen endete die Maskenpflicht schon wesentlich früher, zuerst in Sachsen-Anhalt, kurz danach in Bayern. Die übrigen Bundesländer folgten dem ehemaligen »Team Vorsicht« von Markus Söder, das binnen weniger

Wochen vor dem Münchner Oktoberfest aus wahltaktischen Gründen zum »Team Leichtsinn« mutiert war, Ende Januar. Zum Jahreswechsel verkündete Bundesgesundheitsminister Karl Lauterbach, der wohl wieder eine interessante Studie aus den inneren Malediven, den äußeren Hebriden, den oberen Azoren oder einfach auch aus der Inversionswetterlage oder in der *Apotheken Umschau* gelesen hatte, die Maskenpflicht in Fernzügen zum 2. Februar fallenzulassen. Warum nicht schon zum ersten des Monats, das war vermutlich wieder juristisch-bürokratischen Finessen geschuldet.

Die Tatsache, dass Panik-Karl die Maskenpflicht in Fernzügen überhaupt der Abschaffung freigegeben hatte, könnte meiner Meinung nach damit zusammenhängen, dass es ihm doch etwas peinlich war, als bei der Einfahrt in den Kölner Hauptbahnhof Passagiere aus einem ihn überholenden Regionalexpress, gänzlich unmaskiert, da ja kein Fernzug, den Maskierten im einrollenden ICE fröhlich zuwinkten und ihnen eine lange Nase drehten. Obwohl der Karneval da noch gar nicht in vollem Gange war. Aber gut, der ewig Warnende hatte auch im Spätsommer 2022 noch erwogen, bei einer sich wieder verschärfenden Lage für Innenräume, was insbesondere für Kulturbetriebe wohl das endgültige Aus bedeutet hätte, erneut eine Maskenpflicht einzuführen. Ganz unbürokratisch wollte er das einführen, von Oktober bis Ostern. Denn: »Von O bis O, das ist einfach zu befolgen, das kennt man von der Winterreifenregel her.«

Da hatte ich richtig Angst. Wenn dem Lauterbach jetzt noch einer gesteckt hätte, dass es auch Ganzjahresreifen gibt, dann hätten wir aber endgültig die A-Karte gezogen. Zum Glück sollte es dazu nicht mehr kommen.

Maskenbefreit im ICE konnte ich erstmals am zweiten Februar reisen, von Köln nach Aschaffenburg. Am Tag zuvor musste ich von Aschaffenburg nach Köln. Natürlich bemerkte ich am Bahnhof: Mist, du hast keine Maske dabei. Für drei Euro erwarb ich mir ein anthrazit-gefärbtes FFP2-Modell und steckte es mir in die Manteltasche. Ich bestieg den Zug, hatte meinen Koffer noch nicht einmal richtig abgestellt, da schallte es mir von einer sehr NVA-haftig anmutenden Zugchefin auch schon entgegen: »Wo haben Sie Ihre Maske?«

Ich zuckte mit den Schultern und öffnete die dadurch die Weltmeere noch weiter mit Mikroplastik verschmutzende Schutzhülle, die sich wohl in ein paar Monaten an einem indonesischen Strand angespült wiederfinden dürfte, nachdem sie dort fachgerecht endentsorgt worden war. Schließlich hatten sich deutsche und europäische Plastikmüllentsorgungsunternehmen in einer freiwilligen Selbstverpflichtung darauf geeinigt. Andererseits ist eine gewisse Menge Plastik in den Weltmeeren auch notwendig, damit ihn ein pfiffiges Mainzer Start-up aus selbigen fischen kann, um daraus formschöne und gewissensberuhigende Rucksäcke zu fertigen.

Meine plastikbefreite Bevormundungsmaske zog ich mir mit leisem Protest über: »Meine Güte, morgen ist sowieso Schicht mit Pflicht, kann man das nicht ein bisschen lockerer nehmen?«

Die Antwort kam prompt: »Morgen ist morgen, und heute ist heute. Wir haben unsere Vorschriften, an die müssen wir uns halten.«

Das ist ja das Schlimme!, dachte ich mir still und schnaufte zu meinem Sitzplatz.

Die Maskenpflicht in Zügen: Wenn man im ersten Jahr bundeslandübergreifend unterwegs war, nahmen Regelwut und föderale Flickenteppiche ganz skurrile Züge an. Im Sommer 2021 galt in den ICEs natürlich Maskenpflicht, teils genügte eine einfache OP-Maske, teils galt FFP2-Maskenpflicht.

Das Letztere teils natürlich im vom »Team Vorsicht« beherrschten Gängelregiment von Markus Söder, der als Vorsitzender der Ministerpräsidentenkonferenz zufällig in dieses Amt und dadurch in ungeahnte Beliebtheitswerte katapultiert wurde, Bayern also.

Da der damalige Bundesverkehrsminister Andreas Scheuer (CSU) für die Umsetzung der Regeln verantwortlich war, wunderte einen natürlich auch die Unterschiedlichkeit der Umsetzung nicht. Ich fuhr im Sommer von Berlin nach Aschaffenburg. In Bamberg war Umstieg. Irgendwo hinter Erfurt knackte es im Bordlautsprecher, und es ereilte uns die Durchsage: »Meine Damen und Herren, liebe Fahrgäste, wir überfahren in Kürze die Grenze zum Freistaat Bayern. Wir bitten Sie, falls Sie eine herkömmliche OP-Maske tragen sollten, diese jetzt durch die in Bayern vorgeschriebene FFP2-Maske zu ersetzen. Vielen Dank.«

Man musste wirklich nicht alles verstehen in diesen Zeiten, schon gar nicht in diesem Bundesland. Ein Hinweis auf das Tragen ab bayerischer Bahnsteigkante hätte womöglich ausgereicht. Das war dem »Team Vorsicht« aber wohl zu anarchistisch.

Ein paar Tage später durfte ich zu einem der seltenen Sommer-Open-Air-Auftritte reisen. Nach Mülheim an der Ruhr. Ich nahm wieder einen ICE. Pflichtbewusst zog ich mir die FFP2-Maske auf, um, kaum hatte der ICE Betriebsgeschwindigkeit erreicht, die Borddurchsage zu vernehmen: »Werte Fahrgäste, wir passieren gerade Hanau. Ab hier entfällt das in Bayern vorgeschriebene Tragen einer FFP2-Maske, die sie nun abnehmen und durch eine OP-Maske ersetzen können, die wir Sie bitten, bis zur Ankunft zu tragen, da weiterhin eine Maskenpflicht an Bord unseres Zuges besteht. Wir wünschen eine angenehme Reise.«

Im Frühsommer 2022 fuhr ich mit einem ICE nach Brüssel. Kurz hinter Aachen kontrollierte mich ein freundlicher Zugchef mit den Worten: »Bitte nehmen Sie doch die Maske ab. Wir sind jetzt in Belgien.«

Ich blickte mich irritiert um und meinte nur: »Aber es sind doch dieselben Leute. Im selben Waggon.«

Er lachte kurz auf und ging weiter.

Ähnlich skurril war es noch Ende 2021. 2G? 3G? Plus? Oder wie? Wieder im ICE. Von Hannover nach Würzburg. Wir waren zu dritt, unterschiedliche Sitzplätze. Erster Gedanke: Wir gehen ins Bord-Bistro und setzen uns dort gemeinsam an einen Tisch. Maske, natürlich, alles klar. Nicht ganz. Einen 3G-Nachweis hätten wir schon gebraucht, weil wir waren zwar im Zug unterwegs, mit 2G, aber hier im Bord-Restaurant, da sei 3G Vorschrift, weil ja Gastronomie. Bevor wir auch nur mit den Augen rollen konnten, kam auch schon der Hinweis, wir könnten gern wieder zu unseren Plätzen gehen, Getränke und Speisen würden dann gebracht. Wir wollten ohnehin nur kurz etwas trinken, in Würzburg mussten wir aussteigen. Dumm war, wir hatten kurz hinter Fulda gefragt, und da waren wir schon in – Bayern. Und in Bayern gab es aus dem Bordbistro gar nichts mehr. Bayern hatte ja Corona.

Vom Regen in die Traufe

Ob nun im Zug oder mit dem Auto: Beim Reisen während der Pandemie war kreatives Planen angesagt. Wo darf man wie, wie geht wo was, ab wann könnte es schwierig werden, reicht doppelt geimpft plus überstandene Infektion zur Einreise? Was, wenn man es vor Ort bekommt, weil das Virus der Ansicht ist, es möchte auch mal ein bisschen Urlaub machen, um neue Gegenden und Wirtstiere zu erkunden, um sich weiterzubilden?

2021 machte ich, auf dem Weg nach Slowenien, einen Zwischenstopp in Weissensee, Kärnten. Der See ist laut mehreren Travel Guides der »sauberste See Kärntens«. Das will was heißen, ist Kärnten doch das gewässerreichste Bundesland Österreichs mit knapp unter oder knapp über 2000 Seen. Da den saubersten herauszupicken, für einen zweitägigen One-Night-Übernachtungsstand am Campingplatz, das war schon eine Leistung. Gern hätte ich das klarste Wasser Kärntens ausgiebig genossen, da verdunkelte es sich aber schon. Eine hartnäckig sich über der Drau am Gebirgsrand abregnende Nasszelle verhinderte den erfrischenden Hops in den See, da es auch ohne See schon erfrischend nass genug war.

Ich befand mich gerade auf einem ausgedehnten Rundgang um den See und war froh, in einer verbretterten Kneipe Unterschlupf finden zu können. Ich musste keine Corona-App vorzeigen und auch keinen Impfstatus, ich war ja in Österreich, wo man das mit den Covid-Regeln etwas lockerer handhabte, und strandete in Moni's Eck. Dort aß ich zwei Käsekrainer mit frisch geriebenem Meerrettich, den man in Österreich »Kren« nennt. Überhaupt haben die Österreicher tolle Bezeichnungen für ihr Gemüse: Karfiol ist unser Blumenkohl, Paradeiser klingt viel sinnlicher als Tomate, und Kukuruz anstelle von Mais hat schon fast etwas Exotisches.

Bei einem Krügerl Veltliner kam ich, Häppchen der Käsekrainer verzehrend, mit einem urlaubenden Ehepaar aus Eschwege ins Gespräch. Also, der männliche Teil der Beziehung kam aus Eschwege, der weibliche Teil der Partnerschaft hatte seinen Weg dorthin aus Bautzen gefunden. Wie kommt man ins Gespräch, wetterbedingt triefend und tröpfelnd über der Käsekrainer hängend, froh, bei für den Monat August ungewöhnlich niedrigen Temperaturen Unterschlupf gefunden zu haben? Über das Wetter natürlich.

Mandy, die Frau aus Bautzen, seufzte kopfschüttelnd: »Mer gommm'm jetzt schon so lange doher, obba soun Weddor gob's noch nie!«

Ich antwortete: »Dieser Dauerregen. Im August. Völlig unüblich, hatte mir meine App vor einem halben Jahr noch versichert. Laut ihr hätten wir hier jetzt 24 Grad bei leichter Bewölkung.«

Wir scherzten noch eine Weile, es war ein nettes Geplänkel, bis ich sagte: »Ja, spielt alles verrückt, da draußen. Welch ein Glück, dass wir keinen Klimawandel haben.«

Ich hoffte auf Zustimmung. Von wegen. Die Temperatur in Moni's Eck sank schlagartig. Mandy keifte unter heftigem Nicken ihres Eschwegerichs zurück: »Aha. Sind Sie also ooch eener von denen, die daran glauben, das mit dem Klimawandel, das ist menschengemacht?«

Zögerlich antwortete ich, mir den letzten Rest Kren aus dem Mundwinkel wischend: »Na ja, irgendwie schon. Wer soll denn sonst dafür verantwortlich sein?«

Wie aus der Pistole geschossen kam die Antwort: »Dann sind Sie bestimmt auch geimpft?«

Ich verstand den Zusammenhang der beiden kausalkettengleich anmutenden Phänomene zwar nicht gleich, antwortete aber pflichtbejahend: »Klar. Zweimal schon.«

Angesichts meines Grinsens gefror die Antwort: »Ich, also, ich meine, wir, wir lassen uns nicht impfen, auf gar keinen Fall!«

Eine leicht aggressive Stimmung baute sich auf, dabei hatte doch alles so harmlos begonnen. Ein Gespräch über das Wetter bei einer Käsekrainer. Und sonst? Die einen lassen sich impfen, die anderen nicht. So what?

Nein, das Gespräch zeigte mir mal wieder: Während der Corona-Zeit gab es kein »So what«. Da wurden Fronten aufgebaut, Felsen gespalten und Brücken abgerissen. Am Ende war kein vernünftiges Gespräch mehr möglich. Nicht einmal Small Talk im Urlaub. Ich vermute, bei einer »Eschwege sagt Nein!«-Demo hätte ich die beiden wiedergetroffen.

Verschwörungsgeschwurbel

Ich war mit vielen Regelungen während der Pandemie überhaupt nicht einverstanden, dennoch bin ich, obwohl ich sonst ein leidenschaftlicher Demonstrant bin, selten dagegen auf die Straße gegangen, auch aus dem Unwillen heraus, in einem diffusen Treck neben Reichsbürgern, Nazis und Verschwörungstheoretikern mitmarschieren zu müssen. Die »Spaziergänger«, die jede Demo für ihre Schwurbelzwecke kaperten. Andere schienen sich daran weniger zu stören, bei vielen Veranstaltungen lief ein buntes Potpourri an Demonstranten mit:

Vorneweg die stadtbekannten Alt- und Neu-Nazis, gleich dahinter strickende Großmütter, die das Virus einfach weglieben wollten, esoterische Globulisten Seit an Seit mit »kritischen Gewerkschaftern«, Waldkindergartengärtnerinnen neben den Zeugen Jehovas und bibeltreuen Christen, dazu kamen noch einige, die gar nicht wussten, mit wem und wogegen oder wofür sie eigentlich unterwegs waren: »Hauptsache, mal wieder raus!«

Ob Mandy und der Eschwegerich vielleicht auch eine individuelle Theorie zur Entstehung des Coronavirus entwickelt hatten? Woher kam es, weshalb und warum?

Da kam es zu sehr abenteuerlichen Theorien, die im Netz dargelegt wurden: »Xavier Naidoo ist auf einem Wildtiermarkt in Wuhan aus dem Kochtopf von Attila Hildmann gesprungen, um dann in einem Labor zu singen, woraufhin das Virus Reißaus nahm, um sich auf der ganzen Welt zu verbreiten. Im Auftrag der Illuminaten, die 1776 von Ingolstadt auszogen, um die Weltherrschaft zu übernehmen. Und das ist erst der Anfang – ich habe Beweise! Hinter all den verschwundenen Kindern, dem Waldsterben und dem Impfzwang steckt Hillary Clinton. Gemeinsam mit George Soros! Die haben auch für die Wespenplage in diesem Sommer gesorgt! Hat der Sepp herausgefunden auf Telegram. Zusammen mit dem Merkel-Regime und ihren ganzen Virologen, die immer lügen, in der Vergangenheitsform, die Viro … logen, verstehst du? Weil sie alle vom Rothschild-Clan finanziert werden! Und die Folgen?! Der Spargel war in diesem Jahr ein Viertel kürzer als sonst! Wer steckt dahinter? Die osteuropäischen Kinderhände, die ihn stechen! Und in Schlachthäusern gibt es nur noch Spanferkel. Weil die Afrikaner uns die Schweinepest geschickt haben, damit sie so die Asiaten aushungern, damit die Muslimbruderschaft Europa übernehmen kann. Nur noch Spanferkel. Alles hängt zusammen! Wegen Ceaușescu. Oder den Kennedys.

Oder Nixon. Ja, Nixon war's. Das ›Bukarest-Protokoll‹. Wollte der Soros finanzieren, aber dann hat es der Mossad an die Saudis vertickt, weil die CIA die guten Beziehungen in den Nahen Osten nicht gefährden wollte. Wegen Venezuela. Also Mexiko. Dort bauen die Inkas gerade eine Mauer auf, weil der Weltuntergang 2000 nicht stattfand, die müssen irgendwas machen mit der gewonnenen Zeit. Sind ja praktisch wandelnde Untote seit 20 Jahren. Haben die Apokalypse verpasst. Pech gehabt. Wie die Insekten. Waren letztes Jahr ausgestorben, jetzt sind sie wieder da. Hinter der Wespenplage steckt der Jüdische Weltkongress, sagen die von QAnon. Oder sagt die Arabische Liga. Die aber schon längst den Chinesen gehört, weil die ganz Afrika aufgekauft haben. Also eigentlich der Russe. Der hat ja auch an dem Nawalny das Nervengift ausprobiert, also den Impfstoff. Damit alle sehen, was die Amis und der Gates mit der Welt vorhaben. Alles ist der Russe. Aber seit wann kennt der Russe Spargel?«

Oder so ähnlich.

Die Weiten im Urlaub

Im Sommer 2022 besuchte ich meine Tochter in Vancouver. Kanada, British Columbia. Nein, ich bin nicht dorthin geschwommen, ich nahm den Flieger. Selbstverständlich mit allen CO_2-Ausgleichszahlungen für die Atmosfaire. Beruhigt ungemein. In Kanada verfolgte ich am Ende des Sommers die bei uns tobende Debatte um Winnetou. Der Ravensburger Verlag hatte sein Buch *Der junge Häuptling Winnetou* vom Markt genommen, weil er meinte, indigene Gruppen könnten sich durch die stereotype Darstellung verletzt fühlen. Hat eigentlich niemanden interessiert. Bis zwei Tage später *BILD* und *Welt* eine Riesenwelle daraus machten: Der Verlag sei in die Knie gegangen, weil eine Minderheit ihren woken Wahnsinn mit Shitstorms durchgesetzt und den Verlag so unter Druck gesetzt habe, dass er vor einer Cancel-Culture-Minderheit kapitulieren musste. Es gab zuvor gar keine Shitstorms. Aber dann kamen sie. Von der anderen Seite: »Woke Wahnsinnslinke wollen uns Winnetou nehmen!« – »Skandal! ARD zeigt keine Winnetou-Filme mehr.« Das stimmt, aber schon seit über zwei Jahren nicht. Weil die Rechte mit der Constantin Film ausgelaufen waren und die ARD (»Immer nur Wiederholungen! Wofür zahlen wir eigentlich Gebühren?«) Kosten sparen wollte, weil der Schwester-Sender ZDF an Thementagen bei 3Sat die alten Schinken zu Weihnachten und Ostern ohnehin rauf und runter nudelt. Aber egal, der Boulevard hatte mal wieder deepfakende Stimmung gemacht und reichlich Clicks dank der Empörungskultur geholt.

Ich habe die ganze Aufregung sowieso nicht verstanden, ich wurde für Interviews angefragt, um Stellungnahmen gebeten und fragte mich nur: »Warum?«

Winnetou, damit sind wir doch alle groß geworden, das Leitmotiv des Wildwest-Experten Karl May aus Radebeul bei Dresden war doch klar: Die Indianer, das waren die Edlen und die Guten, und die Bleichgesichter, das waren die Bösen und die Blöden, wenn ich mich nicht irre, hihihi. Das war doch in Ordnung und sehr realistisch dargestellt. Das Einzige, was ich als Kind an den Verfilmungen nie verstanden hatte, war, wie ein Franzose Häuptling der Apachen werden konnte.

Hauptsache, wieder ein Empörungsfass geöffnet, da sind wir

nicht zu bremsen. Rentnertanzgruppen der Arbeiterwohlfahrt mussten sich bei der Bundesgartenschau in Mannheim einem Gesinnungstest unterziehen, weil sie bei ihrer Tanzdarstellung (Motiv: »Weltreise«) beim Thementanz »Mexico« Sombrero-Hüte trugen. Das gehe nicht, meinte die gartenzuschauende Tanzaufsicht, dadurch würden die Mexikaner klischeehaft auf billige Strohhüte reduziert. Das nimmt den Menschen die Würde, schon klar. In Florida ist Aufruhr, weil im Disney-Themen-Park die Meerjungfrau Arielle von einer farbigen Nixe dargestellt wird. Das bringt den Gouverneur des Landes, den jungen alten weißen Mann Ron DeSantis, auf die Palme, der in seinem evangelikalen Wahn ohnehin alles verbieten möchte, was nicht hetero ist und die Republikaner wählt. Kein Wunder, dass auf so jemanden auch die bibelfesten CSU-Granden Andreas Scheuer und Dorothee Bär fliegen, die jüngst zu ihm flogen, um dem möglichen nächsten Präsidenten der USA ihre Aufwartung zu machen. Eine aus Steuerzahlungen finanzierte Parlamentarierinformationsreise. DeSantis soll von den beiden Maut-, Infrastruktur- und Digitalluschen aus Bayern sehr beeindruckt gewesen sein. Sofern er sie kannte und wusste, was sie eigentlich bei ihm wollten.

Die Winnetou-Debatte, der Hype um »kulturelle Aneignung«, die Aufregung ums Gendern. Okay, ich als alter weißer Mann tue mich mit Letzterem auch schwer. Ich bin diesbezüglich im ständigen Disput mit meiner Tochter, die ist Ende zwanzig, für diese Generation ist das wahnsinnig wichtig. Sie sagt mir dann immer: »Ja, Papa, für uns ist das mit dem Gendern heute eben das, was das mit dem Gegen-Atomkraft-Sein früher für euch war!«

Ich antworte dann: »Ja, klar, ist ja auch praktisch fast das Gleiche … äh … und für euch ist das ja auch schwierig, wo wollt ihr die ganzen Silben endlagern?«

Aber ernsthaft, könnten wir nicht mit allem etwas entspannter umgehen? Kann man manche Dinge nicht einfach mit einem Augenzwinkern betrachten?

Ende August, wie gesagt, war ich im Urlaub in Kanada am Fraser Lake. Da hab ich zu meiner Freundin gesagt: »Komm, da oben hat's bestimmt eine Bar, lass uns dort was trinken.«

Und dann kamen wir in eine völlig verhaute Bar, und da saßen drei … ich müsste jetzt sagen »Vertreter indigener Gruppen vom Stamme der tribalen Minderheit der schon fast ausgestorbenen Weißkopfadler« … quatsch, ich sag's, wie es mir in den Sinn kam: In der Bar saßen drei waschechte Indianer. Und an der Bar schenkte aus ein, so nahm ich ihn wahr, Inder. Also, ein kanadischer Inder. Die Jungs vom Stamme der Weißkopfadler meinten nur: »Hey, kommt, setzt euch doch zu uns.«

Und dann sagt der eine: »Geh mal zu dem Hindu, und hol uns fünf Bier.«

Da habe ich gesagt: »Woher weißt du, dass das ein Hindu ist?«

Sagt er: »Das weiß ich gar nicht. Aber du wirst doch nicht glauben, dass ICH zu DEM ›Indian‹ sage. Indians, das sind wir!«

Dann fragte er mich, wo wir eigentlich herkämen.

Ich antwortete pflichtbewusst: »Ja, wir sind da so bei Frankfurt, Germany.«

Er antwortete: »Ah Germany, du alter Nazi!«

Daraufhin ich: »Du blöde Rothaut.«

Dann haben wir angestoßen, es wurde ein schöner Abend.

Alltagsrassismus

Zurück zum Weissensee. Nach dem etwas ernüchternden Gespräch fuhr ich mit dem Bus wieder Richtung Campingplatz. Der Busfahrer war ein junger muskelbepackter Kerl.

An der nächsten Haltestelle stieg ein Pärchen zu, beide erkennbar mit Migrationshintergrund. Als sie den Fehler machten, hinten einsteigen zu wollen, quoll es aus dem Busfahrer streng heraus: »Vurn einsteigen!«

Das Pärchen zeigte seine Tickets und stieg vorn ein. Setzte sich.

Der Bus nahm Fahrt auf, der Fahrer auch: »Immer vurn einsteigen, dös ist bei uns Vurschrift. Hinten, oder egal wo, dös mocht ma in Wien. Durtn hot's eh nur noch afghanische Busfahrer oder de Tschuschn und oll des ondere Flüchtlingsg'schwerl, wos unsere Republik kaputtmocht. De gonzen Oarschlöcher. Oba dös is Wien. Bei uns am Land is am Land. Da is Ordnung. Da steigt ma vurn ein, kapiert?!«

Zwei Stationen später stieg ich aus, hinten natürlich, konnte es mir aber nicht verkneifen, nach vorn zu rufen:

»Übrigens: Nicht jeder Afghane ist ein Arschloch. So wie auch nicht jeder Österreicher ein Arschloch ist, selbst wenn er einen Bus fährt. Ausnahmen bestätigen natürlich die Regel.«

Dann bin ich ganz schnell weggewetzt. Zum Glück kann man einen Linienbus nicht schnell wenden, so wurde ich von den Muskelpaketen verschont.

Ampelgehampel

2021 fand mitten in der Corona-Zeit die Bundestagswahl statt. Zwar hatte sich damit der Traum vieler Pegida-Demonstranten erfüllt: Merkel war weg. Dennoch ging ich davon aus, dass die Union auch mit Armin Laschet, trotz all seiner Pannen, einen Wahlsieg einfahren würde. Umfragen traute ich nicht, auch wenn die glaskugelnden Meinungsforschungsinstitute alles bereits im Voraus zu wissen schienen. Wozu eigentlich überhaupt noch wählen? Ich sah schon den Trailer in der ARD vor mir: »Schalten Sie am Wahlabend ein. Alle Zahlen, alle Daten, alle Fakten. Ab 17 Uhr 30 in ihrer ARD. Und jetzt schon in der Mediathek!« In Umfragen vor einer Wahl, da ist der Deutsche mutig, da gibt er alles: »Die von Forsa ham mich angerufe … denne hab ich schön was uff die Backe erzählt. Da ham se mal zu tun, mit de Analyse, hehehe!«

Um dann, wenn es ernst wird, im Wahllokal doch wieder zu kneifen: »Oh je, was mach ich denn jetzt … der Herrgott schaut doch zu … und mir hawwe doch immer schwarz gewählt … die Eltern ham immer die Schwarze gewählt … die Oma und de Opa ham immer die Schwarze gewählt … die Uroma und de Uropa, die ham auch immer … na ja, gut – damals hieße die noch annerschd …«

Am Wahlabend schien bereits alles klar, zumindest dachte ich das, doch dann begann der Sinkflug – und die Union landete bei 24,1 Prozent. Im Bund! Noch nie habe ich mir ein schwarzes Bälkchen so gern angeschaut wie in diesem Jahr 2021. Ich machte sofort ein Standbild, an dem ich mich tagelang erfreute.

Seit über 40 Jahren mache ich jetzt Kabarett. All diese Jahre,

Jahrzehnte, haben viele Kollegen und ich uns an der Union abgearbeitet, um sie endlich auf die Prozentzahl der Wahl 2021 zu drücken, wieder und wieder sagten wir uns, dass ihnen doch irgendwann ihre ganzen Schmutzeleien und Skandale, ihre verkorkste Krisenpolitik vor die Füße fallen müssten – vergebens. Und kaum hatten wir wegen Corona anderthalb Jahre Berufsverbot – schon lief's. Das ist doch auch nichts für unser Selbstbewusstsein!

Eins musste man dem Kanzlerkandidaten Armin Laschet lassen. Er war zumindest authentisch: unsicheres Auftreten bei völliger Ahnungslosigkeit. Bei seinem Konkurrenten, seinem ewigen Piesacker Markus Söder, also dem »Parteifreund«, sah das ganz anders aus: sicheres Auftreten bei noch völligerer Ahnungslosigkeit. Wenn ich mir das überlege: Um ein Haar wäre er, der größte Blender seit Karl-Theodor zu Guttenberg, auch noch Kanzler geworden.

An dieser Stelle möchte ich mich ausdrücklich bedanken: »Danke, Armin, für deine Hartnäckigkeit! Als ›The last man standing‹ hast du so den Katastrophenfall für Deutschland verhindert!«

Nicht nur die Union erwischte es kalt bei dieser Wahl, auch die Grünen erlebten einen herben Dämpfer, hatten sie sich doch zuvor angesichts überragender Umfragewerte sogar in der Lage gesehen, den künftigen Bundeskanzler oder die künftige Bundeskanzlerin stellen zu können. Sie äugten aus ihrer optimistischen vermeintlichen 25-Prozent-Blase heraus und fühlten sich bestätigt, dass sich der deutsche Wähler nach nichts mehr sehne als nach der dringend benötigten Veränderung des Gemeinwesens zum Wohle des Weltklimas, ja, er lechzte ihrer Meinung nach geradezu danach. Das war, wie sich schon im Wahlkampf zeigen sollte, gedanklich zu kurz gesprungen.

In dem festen Glauben, dass nach 16 Jahren Angela Merkel

natürlich wieder eine Frau an der Spitze der Regierung stehen müsse, präsentierten sie mit Annalena Baerbock nach kurzem parteiinternen Gerangel eine Kanzlerkandidatin. Da wurde der sonst allseits vorausgesetzte Wunsch nach Veränderung geflissentlich ignoriert.

Auch der restliche Wahlkampf der Grünen gestaltete sich bemerkenswert dilettantisch. Kein grüner Think Tank war zu sehen, der die Spitzenkandidatin zur Seite nahm, um ihr einzuflüstern: »Annalena, pass mal auf. Wir müssen jetzt wissen: War da mal was, gibt es irgendwas, das wir wissen sollten, wenn ja, dann sag uns das, und zwar jetzt!«

Schnippisch antwortete sie: »Pfff! Was sollte da sein? Da ist nichts!«

Auch bei einem vermeintlichen Nichts, das musste den Grünen doch klar sein, würden die sich gegen sie verbündeten Medien der bürgerlichen Mehrheit, *BILD*, *Welt*, der *Focus* und die *FAZ*, die Parole ausrufen: »Gebt ihnen keine Chance. Alle Kanonen an Deck, Zielrichtung Spatz. Feuer frei!«

Klar, sie machte Fehler. Präsentierte ein Buch, das in weiten Teilen weder von ihr selbst verfasst noch belegbar zitierfähig war. Ihr Lebenslauf war geschönt, und sie leistete sich den einen oder anderen Versprecher in Talkshows. Sie sprach Kobalt so undeutlich aus, dass es wie Kobold klang. Oh, Empörung! Armin Laschet war dafür stolz auf seine CDU, weil sie die GSG9 gegründet hatte, die 1977 die Geiseln der RAF aus einer Maschine der Lufthansa »in Landshut« befreit habe. Da waren einige Landshuter überrascht: »Was? Bei uns ist des gwen, damois? Auf unserem kloanen Segelflugplatz? Da is a Boeing, Boing … von de Lufthansa g'landet? Mit de Terroristen drin? Gschossn ham's a! Ja, leck mi am Oarsch! Hab i gar ned mitgriagd. War i wieda beim Schafkopfen.«

Außer den Landshutern interessierte das niemanden.

Als es dann so weit war am Wahlabend, geschah das Unerwartete, oder vielleicht auch nicht so Unerwartete: Weder Union noch die Grünen, nein, ausgerechnet die SPD wurde stärkste Partei und schickte sich an, den Kanzler zu stellen. Den unerschütterlichen Glauben daran, dass ihre Stunde kommen würde, hatten die Genossen nie verloren, auch nicht, als sie beständig bei 15 Prozent dümpelten: Solange sie mit Olaf Scholz einen männlichen Fortführer der merkelschen Politik, eine Art Angela 2.0 präsentieren konnten, würden sie Erfolg haben.

Der baerbocksche Sturzflug führte dazu, dass die Grünen prozentual nicht in der Lage waren, allein mit der SPD, oder, auch das war in ihrer »Hauptsache wir regieren mit«-Haltung eine Option, mit der Union eine Regierung zu bilden, es musste ein dritter Partner mit ins Boot. Sie hätten wissen müssen, dass gerade dieser Partner, der ewig schmarotzende Putzerfisch FDP, von Beginn an alles daransetzen würde, das gemeinsame Regierungsboot leckzuschlagen, selbst dann, wenn kein Rettungsring in Sicht sein sollte.

Egal, es kam, wie es kam, und so entstand mangels Alternative: die Ampel. Eine »Fortschrittskoalition«, die mit der Vergangenheitsbewältigung und dem Reformstauabbau der letzten Jahre ein riesiges Arbeitspensum hatte und immer noch hat. Auch ohne Corona, den Krieg in der Ukraine, Inflation, Energiekrise und drohender Rezession. Das gab es als saures Sahnehäubchen noch als Topping dazu. Dabei ist das Ausmisten des Augias-Stalls der Kabinette Merkel I bis Merkel IV allein schon eine Herkules-Aufgabe.

Und nun? Nach 16 Jahren des Totalstillstands unter der mittlerweile mit Altmetall Hochdekorierten wird für das Ausmisten die einzige Partei in der Regierung verantwortlich gemacht, die, im Gegensatz zu SPD und FDP, in den letzten

16 Jahren nie an der Regierung beteiligt war. Winfried Kretschmann, der angeblich grüne, jedoch in der Wolle katholisch-konservativ gefärbte Ministerpräsident von Baden-Württemberg, soll gezürnt haben: »Wir müssen jetzt das aufwischen, was die anderen all die Jahre zuvor zerdeppert haben. Wir sind der Wischmopp der Ampel. Wir sind im Eimer.«

Dabei herrschte doch große Harmonie am Anfang, alle mochten sich. FDP und Grüne gluckssten und grinsten auf dem wissingschen Selfie wie Schüler, die ihrem Klassenlehrer gerade einen Streich gespielt hatten. Sogar die Opposition war angetan. Mich machte das schon bei der Vorstellung des Sondierungspapiers stutzig. Wer das alles toll fand: Der schneidige Herr Fuest vom IFO-Institut, dem wohltemperierten Abklingbecken der Großindustrie, lobte das Papier. Die Arbeitgeberverbände fanden es »äußerst konstruktiv«. Ulf Poschardt, Chefredakteur der *Welt* und informeller Pressesprecher der FDP, tönte: »Kein Tempolimit! Tolles Papier! Danke, Christian Lindner!«

Meine Güte, habe ich mir gedacht, wenn sich die Grünen nicht einmal bei diesem kindischen Thema durchsetzen können, einem der zentralen Themen ihres Wahlkampfs, was wollen sie denn dann überhaupt erreichen?

Überhaupt, die FDP, diese Kein-Partei: kein Tempolimit, keine Vermögens- oder Übergewinnsteuer, keine Aufweichung der Schuldenbremse. Hauptsache dagegen. Sie hat anscheinend bis jetzt noch nicht begriffen, dass sie nicht mehr in der Opposition, sondern in der Regierung sitzt.

Schützenhilfe bekam sie dabei stets von der SPD. Wenn ich die Ampel-Politik der letzten Monate betrachte, kommt mir das Bild in den Sinn: Zwei Wölfe und ein Schaf stehen auf der Weide, und die Wölfe entscheiden, was es zum Abendessen gibt. Das muss nicht gut ausgehen. Für das Schaf.

2025, sollte die Ampel bis dahin durchhalten, wird sich wohl nur eine Frage stellen: Mit wem wird die Union koalieren? Mit der SPD oder mit den Grünen? Sollte es wieder eine Große Koalition aus CDU/CSU und SPD werden, wird Olaf Scholz als Juniorpartner und dann wohl neuerlicher Finanzminister darauf bestehen, auf jeden Fall, auch wenn es nicht nötig sein sollte, die FDP mit ins Boot zu holen, so sehr scheinen ihm die Liberalen mittlerweile ans Herz gewachsen zu sein. Und die Grünen können sich mit einer Fußballweisheit trösten, die uns Hansi Flick nach einem wieder mal vergurkten Länderspiel gegen Belgien mit auf den Weg gab: »Wenn man von der schlechten ersten Halbzeit und dem Endergebnis absieht, haben wir ein gutes Spiel gemacht.«

Ist natürlich auch nicht einfach, wenn man auf dem Spielfeld gegen zwei gegnerische Mannschaften gleichzeitig antreten muss.

Glückliche Tölpel

Was ist eigentlich mit uns, was ist aus uns geworden, die wir einst angetreten waren, um mit jugendlichem Elan den bürgerlichen Mief zu vertreiben? Sind wir noch rebellische Revoluzzer oder doch eher saturierte Boomer, wie uns manch ein Vertreter der jüngeren Generation gern unterstellt?

Hm. Ein Punkrocker wie Campino erscheint im Gehrock mit bürgerlicher Fönfrisur beim royalen Dinner mit König Charles, die tote Hose. Claudia Roth, ehemalige Managerin von Ton Steine Scherben macht heute nicht mehr kaputt, was uns kaputt macht, sondern wandelt als Staatsministerin für Kultur und Medien auf dem Grünen Hügel zu Bayreuth herum und schert sich einen feuchten Kehricht um freie Kulturträger. Und der ehemalige Straßenkämpfer Joschka Fischer ist mittlerweile »Senior Strategic Counsel«, berät BMW, Siemens, Rewe und RWE und wacht über die Erdgaspipeline Nabucco. Als Elder Statesman hat er erkannt, worauf es wirklich ankommt: »Man muss entpolitisieren, sonst gibt es zu viel Widerstände für ein Unternehmen.«

Da quietscht der Turnschuh! Tritt i(h)n! Oder stehst du auf dem Schlauch, Rezzo?

Und wir? Um die Welt zu retten, wollten wir sie aus den Angeln heben. Viele von uns denken sich mittlerweile, dass Angeln an sich auch ganz entspannend sein kann. Überhaupt, was haben all unsere Proteste genutzt? Was haben wir verändert? Unseren Kontostand, okay.

Mir kam nach meinen über 40 Bühnenjahren bei einem hervorragenden San Polo Brunello di Montalcino Riserva an einem lauen Sommerabend wieder einmal Shakespeare in den Sinn, die Schlüsselszene aus *Macbeth*: »Leben ist nur ein Wanderschattenspiel. Ein armer Komödiant, der seine Zeit anstolzt und abschnauft auf der Bühne und nie mehr gehört wird dann. Ein Tölpelmund, voll von Getön und Toben, und es bedeutet – nichts.«

Da hat er recht, der William, sinnierte ich, nachdem die Flasche geleert war. Aber wenn das Nichts des wanderschattigen Spiels uns doch einen solchen Spaß macht, dann tönen und toben wir halt weiter. Im Leben und auf der Bühne. Schon der gute alte irische Volksdichter Lime Rick wusste: »Zu Orpheus am Rande des Styx / Sprach lächelnd die Göttin des Glyx / Lass fahren die Sorgen / Was kümmert dich morgen / Und siehst du ein Blümlein, dann pflyx.«

Also, genießen wir das Jetzt. Denn heute ist morgen schon die gute alte Zeit von gestern.

Zum Wohl!